'I'R FYDDIN FECHGYN GWALIA!'

Recriwtio i'r Fyddin
yng Ngogledd-Orllewin Cymru
1914–1916

'I'r Fyddin Fechgyn Gwalia!'

RECRIWTIO I'R FYDDIN
YNG NGOGLEDD-ORLLEWIN CYMRU
1914–1916

Clive Hughes

Cyfieithiad: Dylan Morgan

Cydnabyddiaeth lluniau

Tud. 59 (Recriwtiaid) Tud. 61 (Gwragedd)
Tud. 62 (Tiriogaethwyr/gafr)
Trwy ganiatâd y teulu Morris

Tud. 59 (Bathodyn y ddraig goch
Tud. 63 Tommy Williams
Trwy ganiatâd Mrs Mair Morris (née Williams)

Argraffiad cyntaf: 2014

(h) Clive Hughes

Cyhoeddwyr: Gwasg Carreg Gwalch

Cedwir pob hawl. Ni chaniateir atgynhyrchu unrhyw ran/rannau
o'r gyfrol hon mewn unrhyw ddull na modd
heb drefniant ymlaen llaw gyda'r cyhoeddwyr.

Rhif rhyngwladol: 978-1-84527-480-1

Mae'r cyhoeddwyr yn cydnabod cefnogaeth ariannol
Cyngor Llyfrau Cymru

Cynllun clawr: Siôn Ilar

Cyfieithwyd y testun i'r Gymraeg gan Dylan Morgan, Llangefni

Cyhoeddwyd ac argraffwyd gan Wasg Carreg Gwalch,
12 Iard yr Orsaf, Llanrwst, Conwy, LL26 0EH.
Ffôn: 01492 642031 Ffacs: 01492 641502
e-bost: llyfrau@carreg-gwalch.com
lle ar y we: www.carreg-gwalch.com

Byrfoddau

CHS : Corfflu Hyfforddi Swyddogion
Officers Training Corps
PRS : Pwyllgor Recriwtio Seneddol
Parliamentary Recruiting Committee
FfCB : Ffiwsilwyr Cymreig Brenhinol
Royal Welsh Fusiliers
CC : Y Corfflu Cymreig
Welsh Army Corps
PCGC : Pwyllgor Cenedlaethol Gweithredol Cymreig
Welsh National Executive Committee

Cynnwys

Rhagair Personol	8
Rhagymadrodd	10
1. Recriwtio	17
2. Bod yn Gymwys: Profion Meddygol ac Arian	44
3. Dilladu, Lletya a Hyfforddi	77
4. Swyddogion ac Arweinyddion	96
5. Parhaol, Tiriogaethwyr a'r Fyddin Newydd	135
6. Y Corfflu Cymreig	173
7. Y Galwad am Ddynion: Hysbysebu a Chyhoeddusrwydd	201
8. Y Galwad am Ddynion: Cyfarfodydd	231
9. Dyfodiad Gorfodaeth	252
Diweddglo	277
Llyfryddiaeth	284
Mynegai	293

'I'r Fyddin Fechgyn Gwalia!'

Rhagair Personol

Ddeugain mlynedd yn ôl, mewn swyddfa yn Neuadd Ymarfer Bangor, fe'm hardystiwyd yn ffurfiol yn aelod o'r Adfyddin Wirfoddol Diriogaethol a Byddinol. Roeddwn yn fy ngwisg ysgol, ac yn gwybod cyn lleied am fywyd a milwra â recriwtiaid bachgennaidd 1914-15. O fewn ychydig flynyddoedd roeddwn yn ymchwilio traethawd MA ar y dulliau a ddefnyddiwyd i ddarbwyllo gwŷr hen sir Gwynedd i listio'n filwyr yn y Rhyfel Mawr.

Cefais y fraint o sgwrsio gyda dynion lleol oedd wedi byw trwy uffern Coedwig Mametz, wedi gwasanaethu'r gynnau trigain pwys yn Fflandrys, a dioddef syched ofnadwy Palestina, cyn iddynt hwy a'u hatgofion droi'n hanes. Darganfûm mewn amgueddfeydd, archifdai, a llyfrgelloedd y taflenni, llythyrau, cofiannau, a phapurau newydd a groniclodd yr ymgyrchoedd recriwtio. Daliais yn fy nwylo bosteri recriwtio Cymreig a bathodynnau gwirfoddolwyr 'Byddin Lloyd George'. Edrychodd dynion ifanc fy mro - yn falch yn eu khaki dieithr – arnaf mewn ffotograffau hiraethus o fyd colledig drigain mlynedd ynghynt.

Seilir y gyfrol bresennol ar f'ymchwil gwreiddiol, wedi ei ddiwygio a'i ddiweddaru ar gyfer canmlwyddiant dechrau'r ymladdfa ddychrynllyd honno. Fe'm cynorthwywyd yn y fersiwn newydd hwn gan bobl a ranasant o'u gwybodaeth arbenigol, a dylwn ddiolch yn neilltuol i'm cyd-gyfranwyr yn Fforwm y Rhyfel Mawr: fe'm synnir yn barhaus gan ehangder a dyfnder eu gwybodaeth gyfunol. Rwyf yn ddiolchgar i Myrddin ap Dafydd a Dafydd Guto Ifan am rannu o'u gwybodaeth am ardaloedd y Ro-wen a Ffestiniog; a hefyd i Einion Thomas o Archifdy Prifysgol Bangor am dynnu fy sylw at ddefnydd newydd o Feirionnydd. Fy niolchiadau hefyd i Dylan Morgan am drosi'r gwaith hwn i Gymraeg ceinach na'r eiddo fi fy hun.

Rhaid hefyd crybwyll fy ngwraig Sue a'm holl deulu am eu cefnogaeth a'u hiramynedd gyda'm diddordebau hanesyddol hynod dros lawer blwyddyn.

CYFLWYNEDIG I'R GENHEDLAETH A FU FYW
TRWY GYFNOD Y RHYFEL MAWR

Clive Hughes
Ebrill 2014

Rhagymadrodd

Recriwtio yng ngogledd-orllewin Cymru
Bydd y llyfr hwn yn ceisio disgrifio sut yn 1914–16, mewn rhanbarth gydag agwedd ddiwylliannol amheus at bopeth milwrol, y rhoddwyd peirianwaith recriwtio torfol yn ei le. Defnyddiwyd awdurdodau lleol ar bob lefel i lawr at y plwyfol; eglwysi a chapeli; cyflogwyr a gweithredwyr gwleidyddol; a phlant hyd yn oed, i gasglu gwirfoddolwyr, ond eto daethant yn rhwydd ac anochel yn rhan o system gwasanaeth gorfodol.

Bydd hefyd yn cofnodi'r dulliau perswâd a ddefnyddiwyd ym mhedwar mis ar bymtheg cynta'r rhyfel, cyn i gonsgripsiwn ddechrau cael ei orfodi. Defnyddiwyd y cyfryngau – printiedig yn bennaf yn y cyfnod hwnnw – i bwrpas wrth hysbysebu, rhoi gwybodaeth, a hyd yn oed bwlio dynion i mewn i'r lluoedd arfog. Chwaraeodd y sinema gynnar, gorymdeithiau ffordd trwy'r ardal, a siaradwyr mewn cannoedd o gyfarfodydd cyhoeddus, oll eu rhan.

Yn bennaf oll, yn y rhan hwn o'r byd roedd yn rhaid cynnig y cyfle i recriwtiaid tebygol wasanaethu gyda dynion o'r un diwylliant Cymreig, mewn bataliynau gyda Chymry yn swyddogion. Roedd hyn o fudd i'r Tiriogaethwyr lleol ac i'r Corfflu Cymreig – cyfraniad Lloyd George at 'Fyddinoedd Newydd' yr Arglwydd Kitchener. Apeliai'r recriwtio at genedlaetholdeb Cymreig ond fe'i llethwyd gan gynllwynio gwleidyddol a ffafriaeth, ac fe'i casawyd gan hierarchaeth y Fyddin.

Gan fod hyn oll yn ddigynsail ac anhrefnus, roedd problemau – ceid cystadleuaeth a dyblygu ymdrech rhwng y Fyddin Barhaol, y Tiriogaethwyr a'r Byddinoedd Newydd. Roedd cystadleuaeth rhwng pob un o'r rhain a'r Llynges, y diwydiannau rhyfel ar eu twf, a chynnal gwasanaethau hanfodol o amaethyddiaeth i'r rheilffyrdd. Cynigiwyd bygythion a chymelliadau. Gweithiodd rhai syniadau i ennill recriwtiaid yn weddol dda, ond methodd eraill neu mi roddwyd cynnig arnynt.

Ymhen llai na blwyddyn, roedd hi'n amlwg bod llif dechreuol y gwirfoddolwyr yn gwanhau. Cododd Cynllun Derby wedyn: dull o ddarbwyllo dynion i wirfoddoli er mwyn atal consgripsiwn, ond a ddaeth fel y gwelir, yn fynedfa i'r union ddiben hwnnw.

Rhagarweiniad: Gogledd-orllewin Cymru yn 1914

Ni phryderai gogledd-orllewin Cymru yn haf poeth 1914 am Ewrop. Roedd meddyliau pobl ar y gwyliau oedd ar ddod a'r cynhaeaf, nid ar wrthdaro eto fyth yn y Balcanau trafferthus. Roedd yn fwy tebygol y gallai gwrthdaro ddigwydd yn Iwerddon, wrth i senedd grog gyda chydbwysedd grym yn nwylo'r Cenedlaetholwyr Gwyddelig geisio gorfodi hunanlywodraeth ar Ulster arfog a blin.

O ddiddordeb mwy i'r boblogaeth oedd Deddf yr Eglwys Sefydliedig (Cymru) yng nghamau terfynol ei thaith drwy'r Senedd. Erbyn adeg rhoi'r Cydsyniad Brenhinol ar 18 Medi i ddatgysylltu a dadwaddoli'r Eglwys yng Nghymru, fe'i cysylltwyd â'r Ddeddf Gohirio na chafodd ei gweithredu tan wedi i'r rhyfel orffen. Roedd y rhanbarth yn Anghydffurfiol yn bennaf o ran crefydd, a'r Methodistiaid Calfinaidd Cymraeg yr enwad mwyaf ymhlith yr Eglwysi Rhyddion. Yn 1905 cofnododd tair sir y gogledd-orllewin 22,381 o Anglicaniaid o'i gymharu â 99,922 o Anghydffurfwyr. Yr Ysgolion Sul oedd prif ffynhonnell addysg oedolion yng Nghymru. Arweiniai'r Gobeithlu a mudiadau tebyg y crwsâd yn erbyn y ddiod feddwol. Honnid bod Diwygiad Cymreig Evan Roberts yn 1904–05 wedi gweld tröedigaeth 100,000 o eneidiau, ac er bod y tân ysbrydol wedi diffodd roedd llawer wedi eu cyffwrdd ganddo. Roeddent hwy'n fwy tebygol o ddilyn athrawiaethau heddychol yr Annibynnwr dylanwadol, y Parchedig Henry Richard o Dregaron (1812–88), 'Apostol Heddwch', na drwm milwrol. Bymtheng mlynedd yn gynharach rhanasai Rhyfel y Boer y farn Gymreig, gyda'r Rhyddfrydwyr Cymreig a'r Anghydffurfwyr yn llai tebygol o gymeradwyo'r hyn a ymddangosai fel ymosodiad Imperialaidd ar ffermwyr Calfinaidd (un eithriad oedd AS Rhyddfrydol Môn, Ellis J. Griffith, a gefnogai'r rhyfel). Serch hynny roedd dathlu cyffredinol gyda rhyddhad Mafeking yn 1900.

Roedd y gogledd-orllewin yn gadarn Ryddfrydol o ran gwleidyddiaeth: ASau Rhyddfrydol oedd gan y rhan fwyaf o Gymru (26) er bod Llafur yn cryfhau gyda phump yn y de, ac roedd tri Cheidwadwr ac Unoliaethwr. Roedd David Lloyd George, AS Bwrdeistrefi Caernarfon er 1890, yn Ganghellor y Trysorlys. Gosododd ei 'Gyllideb y Bobl' radicalaidd yn 1909 seiliau'r Wladwriaeth Les fodern – a gorfododd y Rhydfrydwyr i gytuno i Ymreolaeth Iwerddon er mwyn hwyluso'r mesur trwy'r Senedd.

Cofnododd Cyfrifiad 1911 boblogaeth o 221,500 yn siroedd Môn, Caernarfon a Meirionnydd, allan o 489,000 ar draws chwe sir gogledd Cymru. Amaethyddiaeth oedd prif ffynhonnell cyflogaeth, a'r alwedigaeth bennaf i 21.4% o holl ddynion a 3.4% o holl ferched 10 oed a throsodd yng ngogledd Cymru. Yn y gogledd-orllewin, roedd yn alwedigaeth i 32% o ddynion Môn, 26.7% ym Meirionnydd a 16% yn sir Gaernarfon – cyfanswm o 18,568 o ddynion (a 3,279 o fenywod). Cynaeafid cnydau fel gwenith, haidd a cheirch, ond da byw fel gwartheg (Môn) a defaid (Meirionnydd) a geid gan fwyaf. Mae'n bosibl bod tua 60-65% o ddaliadau tir yn siroedd Môn a Chaernarfon o dan 20 erw; roedd rhai Meirionnydd yn fwy ond yn fwy bryniog. Roedd llai na 10% yn rhydd-ddaliadol, a'r mwyafrif yn cael eu dal ar denantiaethau blynyddol. Roedd y ffeiriau gwledig llawn cymaint yn ddigwyddiadau cymdeithasol ag yn achlysuron cyflogi a masnachu.

Chwareli llechi'r gogledd-orllewin oedd prif ddiwydiant y rhanbarth, ond gallai'r berthynas rhwng gweithwyr a chyflogwyr fod yn fregus. Roedd streiciau hir Chwarel y Penrhyn yn 1896 a 1900–03 yn atgof lleol chwerw a wanhaodd y diwydiant yn y pen draw. Hwyliai morwyr porthladdoedd Bangor a Chaergybi foroedd y byd, ac eraill o Amlwch, Porthmadog a phorthladdoedd llai yn hwylio llongau masnachol amrywiol eu maint. Caergybi hefyd oedd y prif borthladd ar gyfer Iwerddon, gyda symudiad cyson fferïau; yn yr un modd roedd yn ben draw llinell Rheilffordd Llundain a'r Gogledd-orllewin a gludai lawer o'r post a theithwyr. Twristiaeth oedd canolbwynt y trefi glan môr amrywiol, gan gynnwys Llandudno.

Bangor oedd mecca academaidd y rhanbarth. Safai Coleg Prifysgol Gogledd Cymru, Bangor gyda'i adeiladau celfyddydau newydd yn 1911 fel castell ar y gefnen uwchben y ddinas, a disgwyliai'r staff y mewnlif arferol o is-raddedigion ar ddiwedd yr haf. Ni allasent fod wedi breuddwydio y byddai adeiladau gwyddoniaeth newydd yn cael eu cyllido yn y 1920au fel rhan o goffâd i feirwon y rhyfel o ogledd Cymru. I lawr y ffordd, gweithiai'r Coleg Normal i gynhyrchu athrawon cymwys, a Choleg Bedyddwyr Gogledd Cymru a Choleg Bala-Bangor yr Annibynnwyr yn hyfforddi ymgeiswyr ar gyfer y weinidogaeth ordeiniedig.

Roedd gan Gymru 977,000 o siaradwyr Cymraeg 3 oed a throsodd yn 1911 (43.5% o'r boblogaeth), a bron 200,000 ohonynt yn Gymry uniaith. Gan dair sir y gogledd-orllewin oedd cyfran uchaf y 1,000 o'r boblogaeth a siaradai Gymraeg yn unig, gyda chyfartaledd lledled Cymru o 85. Roedd gan Fôn 362, sir Gaernarfon 356 a sir Feirionnydd

367. Yn yr un modd y rhanbarth oedd ar frig ystadegau'r pedair sir uchaf fesul 1,000 o boblogaeth a fedrai siarad y ddwy iaith: y cyfartaledd ar draws Cymru yn 350, roedd gan sir Fôn 887; sir Gaernarfon 856; a sir Feirionnydd 903.

Felly roedd y diwylliant traddodiadol Cymraeg yn gryf yn y rhanbarth, gyda'i gorau niferus ac eisteddfodau lleol. Gellid canfod gweithwyr cyffredin o chwarelwyr i botsiars ochr yn ochr â beirdd mwy academaidd, yn cynhyrchu cerddi coffa ar gyfer achlysuron teuluol a cherrig beddi, neu'n ymgodymu â'r gynghanedd i ennill gwobr. Y Parchedig Evan Rees ('Dyfed') oedd yr Archdderwydd a'r Eisteddfod Genedlaethol i fod i gael ei chynnal ym Mangor yn Awst 1911? Yr unig anhawster y gellid fod wedi'i ragweld oedd protestiadau'r Swffragetiaid, fel yn 1909 a 1912, ond fel y digwyddodd, gohiriwyd yr Eisteddfod tan 1915, pan gymerwyd rhan gan ddynion yn gwisgo *khaki*.

Roedd presenoldeb milwrol yng ngogledd Cymru yn cynnwys dyrnaid o recriwtwyr, ychydig wersylloedd a chanolfannau, rhai dynion milisia disylw a'r Llu Tiriogaethol ehangach. Roedd yr un olaf hwnnw'n llythrennol yn jôc theatr gerdd – 'gobaith olaf Lloegr!' – ac yn cael ei ystyried yn fwy o glwb cymdeithasol i'r rhai a hoffai chwarae bod yn filwyr na bod yn brif lu amddiffyn cartref. Nid oedd unrhyw elyn wedi bygwth Prydain ers canrif, a phe meiddient, yn sicr byddai'r Llynges bwerus yn ddigon i'w hatal.

Mae'r haf hyfryd hwnnw wedi ennill bri chwedlonol: edrycha llawer arno fel munudau euraid olaf byd oedd ar fin diflannu yn ffwrnais eiriasboeth y rhyfel. Cafodd y rhyfel effaith enfawr ar Gymru ynghyd â sawl gwlad arall, ond mae rhamantu'r cyfnod Edwardaidd dedwydd yn anwybyddu'i densiynnau cymdeithasol niferus a phroblemau economaidd.

Daeth yn ystrydeb i gyffelybu dechrau'r rhyfel yn 1914 i daranfollt annisgwyl. Eto i gyd sleifiodd yn gyflym at genedl a oedd i raddau helaeth yn anymwybodol o'r we o gytundebau a wnâi'r fath wrthdaro catastroffig yn bosibl. Ni chymerodd ond 37 diwrnod o'r adeg y saethwyd ergydion y llofrudd yn Sarajevo ar 28 Mehefin i Brydain gyhoeddi rhyfel ar 4 Awst. Ar y dechrau, nid oedd ymateb yn y wasg Gymreig i Sarajevo – Ulster oedd y pwnc amserol. Dim ond ar 25 Gorffennaf y cododd y tensiynau cynyddol dramor o droednodiadau i ran uchaf tudalennau canol y papurau newydd, ac nid ymddangosodd unrhyw fapiau lleoliad na sylw golygyddol am ddeuddydd arall. Ulster am gyfnod byr a barhaodd yn flaenaf ar 28 Gorffennaf, cyn i rybuddion telegram 'Cyfnod Rhagofalus' Swyddfa'r Rhyfel beri i bobl ddechrau cymryd sylw. Hyd yn oed wedyn, roedd llawn cymaint o wrthwynebiad yn y wasg i Rwsia ag i'r Almaen. Dim ond ar 2-3 Awst y difrifolodd pethau wrth i unedau Tiriogaethol yng Nghymru gael eu galw'n ôl a gadael eu gwersylloedd haf yn gynnar, ac y trodd ymwelwyr am adref.

Er syndod a dryswch mawr i'r cyhoedd, ar 4 Awst canfu Prydain ei hun mewn rhyfel – rhyfel ofnadwy nad oedd Ewrop ond prin barod amdani – yn erbyn lluoedd y gelyn oedd yn cael eu cyfrif yn eu miliynau. Ni wyddai Lloyd George hyd yn oed pa ffordd i droi – gwrthwynebasai Ryfel y Boer, ac am sawl diwrnod methai benderfynu sut i ymateb, cyn dewis cefnogi'r Llywodraeth. Yn yr un modd oedodd llawer o bobl rhag penderfynu gan wylio beth fyddai'n digwydd. Yr unig rai heb ddewis oedd y milwyr oedd yn cael eu galw'n ôl o'u statws wrth gefn, a rhaid oedd i'r recriwtwyr feddwl sut i gael gwirfoddolwyr i lenwi'r rhengoedd.

Clive Hughes

'I'r Fyddin Fechgyn Gwalia!'

Er Mwyn y Brenin a'r Deyrnas.

Gall Dynion awyddus i wasanaethu eu Gwlad yn yr argyfwng presenol wneyd hyny trwy ymuno ag un o'r ddwy Adran ganlynol o'r

Territorial Force

The 6th Batt. Royal Welsh Fusiliers ;
— NEU —
Welsh (Carnarvon) Royal Garrison Artillery.

Yr amser am ba un y gall dynion ymrestru ydyw tra y parhao y rhyfel, ond nid yn hwy na thair blynedd ; ac mor fuan ag y terfyno y rhyfel fe'u rhyddheir os mai hyny fydd eu dymuniad.

Gall dynion gymeryd y Gwasanaeth Tramorol neu y Gwasanaeth Cartrefol ; neu, os buont yn flaenorol yn gwasanaethu gyda unrhyw Adran o'r Fyddin, gallant ymuno er gwasanaeth yn y Manau Amddiffynadwy.

OED A MAINT.

Recruits, 17 i 35 mlwydd oed.

Dynion sydd wedi bod yn flaenorol yn perthyn i'r Fyddin ac yn dymuno ail-ymuno i wasanaeth yn y manau Amddiffynadwy, 35 i 50 mlwydd oed.

Taldra, 5 troedfedd 3 modfedd.

CYFLOG A DOGN.

Y tâl i Filwr Cyffredin yw 1s. yn y dydd yn ychwanegol at ei ddillad a'i fwyd, ac wedi talu cyfran er bûdd ei deulu, a 1¼c. y pythefnos am Yswiriaeth, mae yn gweithio allan fel y canlyn :—

Taflen recriwtio diriogaethol sir Gaernarfon, 1914

Pennod 1

Recriwtio

Y Recriwtwyr

Nid oedd gogledd-orllewin Cymru yn dir ffrwythlon i recriwtwyr y Fyddin Barhaol cyn 1914. Ni chymhellai ethos cyfredol gwrth-filitaraidd Anghydffurfiaeth Gymreig filwriaeth, ac roedd y boblogaeth yn llai na'r hyn oedd yn bellach i'r dwyrain. Roedd recriwtio Parhaol ac Arbennig Wrth Gefn yng ngofal ychydig o staff recriwtio parhaol gyda chymorth cyn-ringyllion ar eu pensiwn. Ymddangosent mewn ffeiriau llogi yn y gobaith o rwydo gweithwyr oedd wedi gwangalonni gyda bywyd amaethyddol, ond fel arall cyfyngent eu sylw i'r ardaloedd trefol a diwydiannol mwy poblog. Golygai dechrau'r rhyfel bod pwysau arnynt i ganfod dynion, felly pwy oedd am fynd allan i strydoedd a ffeiriau'r ardal i'w cael i ymuno?

Dengys hysbyseb o Awst 1914 bod staff recriwtio'r Fyddin Barhaol yn sir Gaernarfon yn cynnwys un ar ddeg o ddynion, a saith o'r rheiny yn ringyllion y Fyddin ar bensiwn. Gostyngodd yr angen am y math hwn o recriwtiwr yn ymarferol wrth i Bwyllgorau Sirol gael eu ffurfio, ac mae hysbyseb debyg ym Mawrth 1915 yn dangos un rhingyll bensiynwr yn unig ymhlith y sifiliaid. Sifiliaid oedd y Swyddogion Recriwtio sirol mewn gwirionedd, yn aml iawn yn ddynion dosbarth canol dros oed gwasanaeth gweithredol a chyda chefndir o wasanaeth yn y Llu Gwirfoddol neu Diriogaethol. Derbynient y swyddi hyn er anrhydedd er mwyn gweinyddu recriwtwyr eraill a phensiynwyr o'r fyddin yn eu his-ardaloedd. Swyddog Recriwtio sir Gaernarfon oedd Henry Rees Davies o Neuadd Treborth, mab y diweddar Richard Davies AS –

roedd yn ynad heddwch, cynghorydd sir ac Uchel Siryf Môn. O'i ganolfan ym Mangor, erbyn Mawrth 1915 cyfarwyddai ddeg recriwtiwr sifilaidd, ynghyd â chyn-ringyll a chlerc. Roedd gan Feirionnydd Robert Vaughan, tirfeddiannwr a addysgwyd yn Eton a'i ganolfan yn Nolgellau, o ble y rheolai ddau bensiynwr Byddin, dau glerc a chwe aelod arall o staff mewn wyth canolfan, a phedwar ychwanegol yn sir Drefaldwyn. Daeth Môn dan ofal Lefftenant-Gyrnol C. E. Dixon, swyddog wedi ymddeol o'r Fyddin Barhaol, ynad ac aelod o Gymdeithas Diriogaethol y sir. Yn ei ganolfan ym Mhorthaethwy roedd ganddo wasanaeth Capten Wyatt, cyn-glerc ringyll, un clerc sifil, un beiciwr modur a gwas swyddfa, ynghyd â dau ringyll bensiynwr yng Nghaergybi a Llangefni.

Deuai'r staff sifilaidd o gefndiroedd amrywiol. Ym Mangor, roedd Lewis Davies Jones (enw barddol 'Llew Tegid') yn ddarlithydd cyhoeddus, beirniad eisteddfodol ac awdur llyfrau ysgol niferus. Cyfreithiwr, clerc y dref a chyn-Gapten Tiriogaethol oedd Walter Cradoc Jones ym Mhwllheli. Yr asiant recriwtio sifil yng Nghaernarfon oedd T. Samuel Ingham, dilledydd 51 oed genedigol o Fanceinion, yn Ebeneser, Cwm-y-glo, oedd â phrofiad o hybu allfudwyr Cymreig i Ganada ar sail comisiwn. Roedd gan Ingham ddiddordeb yn yr arian bownti a delid am recriwtiaid, yn ychwanegol at ei gyflog fel rhingyll recriwtio. Yn Hydref 1914 ceisiodd yr awdurdodau gyfyngu recriwtwyr sifil, os nad eu diddymu'n llwyr o blaid cyn-filwyr neu rai'n gwasanaethu, ond ni ddiflanasant tan 1916. Arhosodd un pensiynwr ringyll, W. J. Parry, yn recriwtiwr ar gyfer Meirionnydd o 1914 tan ddyfodiad Gwasanaeth Cenedlaethol yn 1917.

Yn gyfochrog â rhwydwaith y Fyddin Barhaol, ac mewn cystadleuaeth â hwy, oedd y recriwtwyr Tiriogaethol. Meddiannai'r Llu Tiriogaethol neuaddau dril mewn un ar ddeg o ganolfannau ar draws sir Gaernarfon a thair arall ym Môn. Mae hysbyseb o 1914 yn rhestru eu recriwtwyr, dau gyn-ringyll Llu Gwirfoddol, meddyg, cyfreithiwr ac un fenyw (Miss Hammond ym Mhorthmadog, chwaer i bensiynwr Byddin a gwerthwr blodau lleol), oll dan reolaeth Capten Ransome, Ysgrifennydd Cymdeithas y Tiriogaethwyr. Rhoddai cysylltiadau lleol helaeth y Tiriogaethwyr fantais iddynt ym misoedd cynnar y rhyfel.

Yn achlysurol, cyflogwyd ffigyrau cyfarwydd fel recriwtwyr. Roedd Richard, mab David Lloyd George yn swyddog recriwtio yn sir Gaernarfon am gyfnod, ac enillydd cyntaf Croes Victoria Cymru yn y rhyfel, Lance-Corporal William Fuller o Abertawe, yn rhingyll recriwtio cyflogedig erbyn canol 1915. Gwnaeth ei ymddangosiadau a ddenai'r tyrfaoedd fwy na digolledu'i absenoldeb o faes y gad. Awgrymodd adroddiad ar ardaloedd y chwareli llechi ar ddiwedd 1914 y gallai milwyr lleol gael gwyliau arbennig i helpu recriwtio, ar y ddealltwriaeth eu bod yn darbwyllo'u cyfeillion i ymuno. Yn Ionawr 1915 datblygwyd y syniad yn swyddogol, a milwyr yn cael cynnig estyniad o ddiwrnod o wyliau gartref am bob recriwt a enillent. Pe dangosent addewid yn y gwaith gallent gael trwydded arbennig i barhau, a dod yn gymwys am arian bownti am bob recriwt ganddynt. Daethpwyd â hyn i ben yn Nhachwedd 1915 er mwyn atal hawlio gormod o wyliau i lifeiriant gwirfoddolwyr Cynllun Derby.

Wrth i ymchwydd cyntaf recriwtiaid ddechrau arafu, dechreuodd recriwtwyr ddenu beirniadaeth am wneud sylwadau i sifiliaid cyndyn y byddai'n well iddynt ymuno cyn cael eu gorfodi i wneud hynny. Yn yr adroddiad uchod gresynwyd hefyd yn ardaloedd y chwareli nad oedd y recriwtwyr yn lleol, ond:

aliens in tongue and sympathy ... unable to enter into

the life of the people or exercise the tact needed to persuade and attract men to join the forces.

Yn gynnar ym Medi 1914 pan ofynnodd swyddog i Gyngor Sir Feirionnydd am gymorth i godi'r bataliwn sirol ar ôl dechrau araf, gwnaeth henadur sylw:

> dylai fod Cymro yn swyddog gyda'r recruiters (Clywch, Clywch) i apelio at ein bechgyn ifanc ... [*yn ymateb*] Dywedodd Capten Richards y buasai yn dda ganddo gael dau Gymro i fyned o gwmpas y wlad i areithio ar gyfer hyn ... telid ei gostau.

Roedd rhai, yn recriwtwyr ac eraill, a fedrai gymryd mantais ar rai ifanc diniwed. Aeth William Jones-Edwards i Aberystwyth i ymrestru fel marchog gyda'r Marchoglu Cymreig, ond fe'i gwrthodwyd ar sail meddygol. Yn ddiweddarch y diwrnod hwnnw aeth clerc y recriwtiwr ato a dywedodd, fel ffafr arbennig, y gellid cael lle iddo gyda Gororwyr De Cymru ym Mae Colwyn. Roedd Edwards yn ddigon diniwed i roi cildwrn iddo am y 'ffafr' hon.

Cymro Cymraeg o was fferm, Ifan Gruffydd o Langristiolus, Môn oedd un o'r rhai a aeth ym Medi 1914 i weld golygfa ysblennydd y pensiynwr Rhingyll Hennessey o'r FfCB yn Llangefni. Wedi'i hudo gan y lifrai sgarlad, cap a sbardunau – a hefyd gan huotledd y recriwtiwr – cyn iddo sylweddoli beth oedd yn digwydd, roedd yn eistedd mewn tafarn, yn llofnodi dogfen yr honnai oedd yn annealladwy iddo, ond a oedd yn ymrestriad llawn chwe blynedd i Lu Wrth Gefn Arbennig y FfCB. Bu bron i'w archwiliad meddygol y diwrnod canlynol ym Mhorthaethwy ei wrthod ar sail ei faint, ond fe'i gyrrwyd i Bencadlys Wrecsam. Yno crwydrai o gwmpas yn ddigalon am sawl wythnos, yn methu â deall gair a ddywedwyd, tan iddo ganfod Cymro Cymraeg arall a roddai oleuni iddo. Hyd yn oed pan ofynnwyd iddo a ddymunai barhau yn y Fyddin, methodd â deall y cwestiwn a bu'n rhaid iddo rygnu ymlaen am y tymor llawn.

Gwisgai rhai recriwtwyr ddillad eu hunain er mwyn peidio dychryn ymgeiswyr posibl. Roedd angen hunan reolaeth ac amynedd arnynt wrth ddelio ag esgusodion pam nad ymrestrai dynion, ac annoeth fyddai iddynt fygwth, bwlio neu sarhau eu cynulleidfa. Yn ogystal â chyrchoedd i'r strydoedd neu ymddangosiadau ar hystingau cyhoeddus, roedd rhaid i recriwtwyr drefnu gwaith papur ymrestru ac archwiliadau meddygol, crynhoi ystadegau, trefnu a hysbysebu cyfarfodydd a danfon gwirfoddolwyr i'w hunedau. Nid oedd llawer yn aros yn y gwaith hwn yn hir, ac wrth i 1915 fynd rhagddi cymerwyd eu lle gan glwyfedigion oedd yn gwella, rhai nad oedd yn feddygol gymwys, neu swyddogion eraill. Dymunai llai o sifiliaid fod ynghlwm â pheirianwaith gorfodaeth, ac o Fawrth 1916 y Filwriaeth oedd yn trafod galw dynion i ymuno. Ymddiswyddodd H. R. Davies, er enghraifft, o fod yn Swyddog Recriwtio yn Rhagfyr 1915.

Arian bownti

Cawsai recriwtwyr fudd ariannol o hen sgêm 'arian bownti'. Ganrif yn gynharach y recriwtiaid eu hunain oedd yn cael addewid o fownti sylweddol (a ddiflannai'n ddirgel yn aml), ond erbyn 1914 gwobrwyid y recriwtiwr neu unrhyw un a gyflwynai recriwt cymeradwy yn uniongyrchol. Roedd milwyr troed a marchfilwyr cyffredin, a recriwtiaid ar gyfer y Corffluoedd Hedfan, Meddygol, Gwasanaeth ac Ordnans yn werth 2s 6d. Denai magnelwyr, peirianwyr, gwarchodfilwyr a gyrrwyr trafnidiaeth mecanyddol 5s. Y recriwtiaid mwyaf gwerthfawr oedd y rhai ar gyfer Marchoglu'r Llys, lle gallai dynion o safon uchel ddod â £3 i'r recriwtiwr. I recrwit uned Arbennig Wrth Gefn dim ond 1s 6d oedd ei werth.

Newidiodd dyfodiad Byddin Newydd Kitchener y system gan fod talu am luoedd o filwyr dros dro yn ddrud iawn. Mewn mannau lle roedd staff recriwtio yn trafod ugeiniau o ddynion bob dydd, roedd rhannu'r arian o gwmpas y swyddfa hyd yn oed yn dod â chryn swm i mewn. Os nad oedd person arall yn hawlio'r bownti, gallai'r recriwtiwr a ddeliai gyda gwirfoddolwr ei hawlio, ar y cyd â'r clerc a lenwai'r ffurflenni. Yn Hydref 1914, gostyngwyd y bownti 'dros gyfnod y rhyfel' i ddynion i 1s yn unig. Rhybuddiodd Pwyllgor Cenedlaethol Gweithredol Cymru (PCGC), oedd yn codi arian ar gyfer y Corfflu Cymreig (CC), ei Bwyllgorau Sirol nad oedd y swm hwn hyd yn oed i'w roi i'w staffiau recriwtio, ond i'w neilltuo yn erbyn treuliau gweithredu. Hawliai staffiau rhai Swyddfeydd Cyflogi yr arian am annog dyn di-waith i ymuno, ond ataliwyd hyn yn gynnar yn 1915. Cododd israddio'r symiau wrychyn y recriwtwyr, yn enwedig T. Samuel Ingham yng Nghaernarfon a ysgrifennodd at PCGC yn Chwefror 1915:

> Caernarfon town has, and is, doing badly. The total that I have enlisted from 22 September to date being only 49, or an average of 2.57 per week during a period of 19 weeks ... The solid fact is, that the young men of this town fairly shirk their duty to their King and Country ... The surrounding country districts are doing their share fairly well, but this town is a disgrace to the country.

Daeth yr ergyd nesaf gyda Chynllun Derby yn Nhachwedd 1915, pan benderfynwyd na fyddai'r bownti'n daladwy os oedd y recriwtiaid wedi'u gyrru i mewn gan y canfaswyr, a'r clercod yn peidio â bod yn gymwys o gwbl. Yng nghanol Ionawr 1916 ymddiswyddodd Ingham mewn siom gan honni na allai oroesi ar ei gyflog recriwtio o 24s yr wythnos gan fod y gwobrau ar gyfer ymrestwyr 'Grwpiedig' y Cynllun wedi'u dileu.

Erbyn Mai 1916 roedd gwobrau'n daladwy yn unig os oedd dynion yn gwirfoddoli i wasanaethu ar unwaith cyn cael eu galw i fyny. Gyda'r angen i ailadeiladu'r Fyddin broffesiynol, atgyfodwyd y bowntïau ar ôl y rhyfel. Argraffwyd hysbysebion yn annog cyn-filwyr i ennill y symiau hyn ar gefn papurau rhyddhau ac mewn llyfrau dogni, a hyd o leiaf 1935 cyfarwyddwyd dynion ar wyliau o'r FfCB ar ddulliau canfod recriwtiaid a'r gwobrau am wneud hynny.

Y Pwyllgorau Recriwtio

Ar ddechrau'r rhyfel nid oedd fawr o beirianwaith ar gyfer derbyn a thrafod recriwtiaid ar lefel sirol, neu ar gyfer trefnu recriwtio'n gyffredinol, y tu allan i'r system Diriogaethol. Pan ddechreuodd y Byddinoedd Newydd ffurfio cynigodd rhai Cymdeithasau Tiriogaethol help llaw, ond fel rheol ymestynwyd eu hadnoddau i lenwi lleoedd gweigion eu hunedau eu hunain. Cymdeithasau Siroedd Dinbych a Fflint oedd hyrwyddwyr gwreiddiol bataliwn 'Pals' Gogledd Cymru cyn i'r PCGC gymryd cyfrifoldeb drosto.

Erbyn diwedd Awst 1914 ymddangosodd mudiad canolog cymeradwy ar ffurf y Pwyllgor Recriwtio Seneddol (PRS), canlyniad cydweithredu trawsbleidiol. Defnyddiai hwn y rhwydweithiau a fodolai gan weithwyr pleidiau gwleidyddol, oedd yn fwy nac abl i drefnu cyfarfodydd cyhoeddus, canfasio o ddrws i ddrws a chynhyrchu llenyddiaeth bropaganda. Gyda chymeradwyaeth Swyddfa'r Rhyfel, cydlynodd y corff hwn ymdrechion recriwtio ledled y wlad o'i bencadlys yn 12 Downing Street, Llundain. Roedd ei Glerc, Humphrey Davies, yn ŵr o Feirionnydd a fu cyn hynny'n ysgrifennydd preifat i'r Prif Chwip Rhyddfrydol.

Roedd pwyllgorau sirol i gael eu ffurfio dan ei ymbarél, ac ar 29 Medi anogodd Lloyd George siroedd Cymru i wneud hynny mewn cydweithrediad â recriwtwyr a chynghorau lleol. Môn oedd un o'r cyntaf i ymateb, a Hugh Pritchard o Langefni wedi cynnig y diwrnod blaenorol i'r PCGC newydd rwydwaith o dri deg o is-bwyllgorau lleol a ddechreuasai gynnal cyfarfodydd eisoes i geisio ffurfio bataliwn sirol. Ef oedd cadeirydd Cyngor Dosbarth Trefol Llangefni, a byddai'n cael ei gomisiynu'n fuan yn y FfCB er mwyn helpu recriwtio. Yn gynnar yn Hydref cysylltodd PCGC â phob Arglwydd Lefftenant yng Nghymru, yn hybu system seiliedig ar siroedd yn hytrach nac Ardaloedd Recriwtio a'u gwahodd i arwain y pwyllgorau newydd. Addawyd cymorth y Cymdeithasau Tiriogaethol, ynadon, cynghorau sir a'r Bwrdd Masnach. Gofynnwyd i ffigyrau blaenllaw o'r eglwysi Anghydffurfiol a'r byd gwaith i ymuno.

Roedd llawer o Arglwyddi Lefftenant a gwŷr amlwg sirol yn ddifater os nad yn elyniaethus at y syniad o bwyllgor, hyd yn oed pan esboniwyd iddynt mai bwriad y system newydd oedd i gefnogi'r system bresennol nid ei disodli hi. Roedd yr Arglwydd Penrhyn fel Arglwydd Lefftenant Môn yn gwasanaethu gyda'r Llynges Frenhinol felly syrthiodd ar ei ddirprwy, Cyrnol T. E. J. Lloyd, i awgrymu i'r PCGC y dylid cwblhau'r Tiriogaethwyr wrth gefn cyn ystyried unrhyw fenter newydd. Yn sir Gaernarfon cafwyd anghytundeb nodedig gyda'r Arglwydd Lefftenant J. E. Greaves, a'i safbwyntiau'n ddrych i rai Lloyd. Beth bynnag bu rhaid gohirio'r cynllun tan i'r Swyddfa Ryfel osod sancsiwn ar CC yn ffurfiol ar 10 Hydref.

Gofynnodd PCGC i'r Arglwyddi Lefftenant unwaith eto i ffurfio ac arwain pwyllgorau recriwtio sirol yn cynnwys Dirprwy Lefftenantiaid, aelodau'r cynghorau sir, ynadon, cadeiryddion y cynghorau dosbarth a Byrddau Gwarchod. Eu swyddogaeth fyddai trefnu a chynorthwyo recriwtio, a lletya a gofalu am anghenion recriwtiaid cyn i'r Fyddin gymryd cyfrifoldeb drostynt. Unwaith eto roedd ymateb llugoer o rai mannau: ofnai Greaves ddyblygu ymdrech a synhwyrai gynllwyn i hepgor codi dynion ar gyfer y Tiriogaethwyr a ffurfiadau 'Kitchener' cynharach. Ceisiodd y brodor o Lanberis – O. W. Owen fel Ysgrifennydd PCGC i sicrhau amheuwyr, ac unwaith y llenwid pob man gwag Tiriogaethol a mannau gwag eraill y byddai holl bwysau'r ymgyrch recriwtio Gymreig yn cael ei thaflu at godi'r CC, tra'n berwi'n dawe; at ddiffyg diddordeb a phengaledwch Greaves. Cwynodd wrth Lloyd George am 'arafwch anesboniadwy ar ran yr awdurdodau sirol yn ffurfio Pwyllgorau.'

Ymateb y Canghellor oedd gofyn i'w fab, Capten Richard Lloyd George i gael gair â Greaves. Canfuwyd yn fuan nad oedd gan yr Arglwydd Lefftenant unrhyw fwriad i alw cyfarfod i ffurfio Pwyllgor Sirol, gan wrthwynebu unrhyw gyfarwyddiadau 'allanol' ac ymyrraeth â'r hen system. Ar ôl ymdrech, fe'i darbwyllwyd i gydweithredu ac ar 3 Tachwedd cytunodd cyfarfod sir i ffurfio Pwyllgor. Dywedodd O. W. Owen wrth Ellis Davies AS, bod 'cryn wrthwynebiad o amryw fannau ledled y Dywysogaeth' o hyd tuag at syniad CC.

Roedd hyn efallai'n anochel: er gwaethaf undod tybiedig y prif bleidiau gwleidyddol dros amcanion y rhyfel, tebyg i'r *union sacrée* gan y Ffrancwyr, y ffaith oedd bod CC yn cael ei weld i raddau helaeth fel cynnyrch meddwl Rhyddfrydol Gymreig-Genedlaetholgar Lloyd George. Fel pob clymblaid, roedd mudiad recriwtio Cymreig angen pobl o safbwyntiau gwahanol ar bolisi er mwyn symud ymlaen ar ôl sawl blwyddyn o wrthdaro gwleidyddol ac mewn rhai achosion, elyniaeth bersonol. Roedd hyn yn amlwg hyd yn oed o fewn y PCGC, heb sôn am unman arall. Ychwanegai haenen arall o drefniadaeth a chystadleuaeth o fewn y maes recriwtio oedd yn orlawn yn barod, wrth i'r Parhaol/Wrth gefn, Tiriogaethwyr a'r Byddinoedd Newydd (a'r Llynges) oll geisio dynion: tra bod y diwydiannau rhyfel oedd yn ehangu yn cynnig gwrth-atyniad yn nhermau cyflog gwell. Roedd gan yr Arglwyddi Lefftenant ddiddordeb hirdymor mewn hybu'r ffurfiadau Arbennig Wrth Gefn a Thiriogaethol a fodolai, ac felly'n annhebygol o anwesu'n gynnes fudiad a fygythiai ddisodli a dargyfeirio recriwtiaid oddi wrthynt. Eithriad oedd Syr Ivor Herbert, Arglwydd Lefftenant sir Fynwy, a oedd mor frwd o blaid y CC fel ei fod yn ystyried ei hun yn sylfaenydd answyddogol iddynt.

Ar yr un pryd, roedd Pwyllgor Sirol newydd sir Fôn yn cael anhawster yn barod. Dywedwyd ei fod yn gynrychioladol eang a brwd, ond ganol Hydref cyfaddefasant eu bod yn ansicr â pha Fataliwn y byddent yn gofyn i ddynion ymuno. A fyddai rhaid iddynt recriwtio i'r Tiriogaethwyr? Cadarnhaol oedd yr ateb, gan fod rhaid dan sancsiwn y Swyddfa Ryfel i CC, i bob lle gwag a fodolai yn yr unedau Cymreig gael eu llenwi cyn i'r mudiad newydd fedru dechrau codi'i ffurfiadau ei hun. Erbyn diwedd Hydref prin oedd y dynion a ddaethai ymlaen i ymuno â'r 'bataliwn Môn' arfaethedig er gwaetha'r cyfarfodydd cyhoeddus niferus. Rhoddwyd y bai am y methiant ar wrthodiad Swyddfa'r Rhyfel i gadarnhau'r bataliwn hwn, a hefyd yn rhyfedd ddigon ar ddiffyg honedig cynrychiolaeth Anghydffurfiol ar 'Bwyllgor Milwyr a Morwyr' y Cyngor Sir. Beth bynnag oedd y rheswm, erbyn Tachwedd roedd recriwtio ym Môn wedi sefyll yn ei unfan er gwaethaf ymdrechion gorau parchusion lleol fel y Brigadydd-Gadfridog Owen Thomas o Lanfechell, neu'r Parchedig John Williams, Brynsiencyn. Roedd Hugh Pritchard yn dal i geisio ffurfio is-bwyllgorau lleol, ond bod y rhain wedi dirywio o dri deg un i un ar ddeg. Erbyn y Flwyddyn Newydd fodd bynnag bodolai tua ugain o is-bwyllgorau, cynigiwyd cynllun amgen yn Nhachwedd gyda gwirfoddolwyr lleol yn cael eu gyrru i Frigâd Gogledd Cymru CC Owen Thomas pan ganiatawyd i honno ddechrau. Nid oedd eu niferoedd yn fawr, ac felly bu rhaid i ddynion Môn fod yn fodlon â ffurfio rhan yn unig o Fataliwn newydd 14 (Sir Gaernarfon a Sir Fôn) FfCB.

Ym Meirionnydd tueddai'r Arglwydd Lefftenant Syr Osmond Williams i fod yn fwy cadarnhaol ond methai â goresgyn syrthni lleol. Anogodd O. W. Owen y Cyngor Sir yng nghanol Hydref i gynnal llai o arddangosiadau o wlatgarwch ac i ffurfio pwyllgorau lleol, ond ni ddaeth dim un i fodolaeth. Mewn cyfarfod ym Mlaenau Ffestiniog ar 6 Hydref ffurfiodd Syr Osmond Bwyllgor Sirol o fath dan gadeiryddiaeth Haydn Jones AS, ond heb Swyddog Recriwtio egnïol neu drefniant lleol ofer oedd ei ymdrechion. Ar 5 Tachwedd ysgrifennodd yn drist bod, *'the members [are] eager to be on the Committees, and meet and discuss but I fear little real canvassing results!'* Aneffeithiol hefyd oedd ymdrechion pellach yn Ionawr 1915.

Dros Gymru gyfan cymysg oedd yr ymateb: bodolai Pwyllgorau Sirol cryf o'r dechrau yn sir Fynwy a sir Drefaldwyn, a'u dilyn yng nghanol Hydref gan sir Gaerfyrddin, sir Aberteifi, sir y Fflint a sir Fôn. Gwelodd Ionawr 1915 ychwanegu sir Gaernarfon, ond dirywiodd siroedd Môn, Fflint ac Aberteifi erbyn hynny. Erbyn canol Ionawr teimlai O. W. Owen mai 'myth ar y cyfan' oedd y pwyllgorau.

I'r rhai a ffurfiodd, dechreuodd y gwaith recriwtio. Cyfarfodydd cyhoeddus oedd y dull mwyaf syml i ddenu gwirfoddolwyr, ond fe'u gwelwyd yn barod yn anghynhyrchiol. Hyd yn oed o gael eu darbwyllo, roedd angen recriwtwyr wrth law i gymryd manylion milwyr tebygol a rhaid oedd i drefniant fodoli i ofalu am y dynion tan iddynt gael eu gyrru i'r Fyddin. Diffyg trefniant o'r fath a barodd i Lloyd George beidio ag ymweld â sir Gaernarfon i annerch ralïau yr hydref hwnnw. Erbyn Ebrill 1915 roedd y PCGC yn apelio'n ofer i'r Rheolaeth Gorllewinol i sefydlu Pwyllgorau Sirol lle nad oedd yr un yn bodoli.

Wynebai pwyllgorau bob math o anawsterau. Wedi cael addewid o ad-daliad o gronfeydd y Fyddin ar gyfer dillad, lletya a bwydo recriwtiaid, bu'n rhaid i Bwyllgor sir Gaernarfon ymostwng i wneud apêl gyhoeddus am £250 i dalu am ymgyrch recriwtio yn Ionawr 1915. Roedd yn rhaid i is-bwyllgorau ganfod y drafnidiaeth angenrheidiol a threfnu hysbysebu. Hefyd roedd aelodau hunanbwysig na wnâi lawer mwy na harddu llwyfannau mewn cyfarfodydd, ac a wrthodai ymgymryd â gwaith caled canfasio o ddrws i ddrws.

Un a wnaeth fwy na'i gyfran deg oedd Isaac Edwards, Prif Brisiwr y Llywodraeth i Ranbarth Siroedd Caernarfon, Môn a gorllewin Dinbych. Yn heddychwr, newidiodd ei safbwyntiau ar ôl darllen am erchyllterau'r Almaen yng ngwlad Belg a daeth yn Ysgrifennydd Pwyllgor sir Gaernarfon. Mewn chwe wythnos ffurfiasai dri deg un o bwyllgorau lleol, trefnasai orymdeithiau ffordd i recriwtio, a pharatoasai 'Roliau Anrhydedd' cyhoeddus o'r rhai a ymrestrodd ym mhob ardal. Ac yntau dros oed gwasanaeth gweithredol, helpodd yn ogystal i ffurfio Corfflu Hyfforddiant Gwirfoddol sir Gaernarfon (yr hyn a gyfatebai yn y Rhyfel Byd Cyntaf i Warchodlu Cartref yr Ail) a helpodd waith ffoaduriaid gwlad Belg. Yn ddiweddarach yn 1915 trefnodd gyfarfodydd ar Gofrestru Cenedlaethol a'r Cynllun Derby, cyn symud i dde Cymru yn 1917. Yno parhaodd i helpu'r Corfflu Gwirfoddol, a gwasanaethodd ar Dribiwnlysoedd y Ddeddf Gwasanaeth Milwrol.

Er gwaethaf ymdrechion fel rhai Pwyllgor Dwyrain sir Ddinbych a gododd 2,000 o ddynion rhwng Mawrth ac Awst 1915, gostyngodd ystadegau recriwtio'n gyson yn ystod y flwyddyn honno. Gyda Chofrestru Cenedlaethol a'r Cynllun Derby yn yr haf a'r hydref, ymddangosai pwyllgorau newydd mewn ymdrech olaf i wthio'r system wirfoddol mor bell â phosibl cyn bod rhaid mabwysiadu

*Hysbyseb Byddin Arglwydd Kitchener yn sir Gaernarfon gyda'u
swyddfeydd a recriwtwyr
Y Genedl Gymreig 24 Tach. 1914*

'I'r Fyddin Fechgyn Gwalia!'

Equal to the Occasion.

CUSTOMER: (Mr. Lloyd George) Good day, ma'am! I am afraid I have come with rather a large order. I want an army corps of forty thousand Welshmen for the front.
DAME WALES: Certainly, sir. Indeed, look you, I shall have no trouble whatever in executing the order. When shall I send them, sir?

Mr. Lloyd George has taken the lead in the movement to raise, in the Principality, an Army Corps of 40,000 men for service at the front.

Wednesday, September 9th, 1914.

Pro Patriæ.

DAME WALES: My own Welsh Horse! There's proud of them I am this day, look you! But I shall be prouder of them later on. Yes, indeed!

Wales' part in the War. Formation of a Regiment of Welsh Horse.

Friday, August 14th, 1914.

Dau o gartwnau recriwtio cynnar J. M. Staniforth o'r Western Mail adeg y Rhyfel Mawr gorfodaeth. Roedd difaterwch yn amlwg o hyd: yn Hydref gwrthododd Cyngor Dosbarth Gwledig Ogwen ag ymgymryd â dyletswyddau recriwtio pellach, a Chyngor Dosbarth Trefol Bethesda hefyd yn ceisio osgoi'i gyfrifoldebau yn hyn o beth. Prin y medrai Syr Henry Lewis ffurfio pwyllgor yn yr ardal y Tachwedd hwnnw, gyda'r honiad yn ddiweddarach 'nad oes digon o ysbryd cyhoeddus ymhlith y trigolion blaenllaw'.

Effeithiwyd y PRS ei hun, a dod yn Hydref yn Bwyllgor Seneddol a Recriwtio Llafur ar y cyd, dan reolaeth yr Arglwydd Derby fel Cyfarwyddwr newydd Recriwtio. Cyfarwyddai yn awr y pwyllgorau sirol yng ngwaith canfasio, a olygai ddethol canfaswyr lleol, talu treuliau a chasglu adroddiadau. Pan oedd Cynllun Derby wedi rhedeg ei gwrs, fe'u disgwylid i ddarparu pwyllgorau cynghori sirol i'r tribiwnlysoedd a sefydlwyd gan awdurdodau lleol. Wedi'u sefydlu i annog gwirfoddolwyr, eu tynged felly oedd diweddu'n rhan o beirianwaith gorfodi.

Canfasio a Chynllun Deiliaid Tai 1914
Ar lefel sylfaenol y mudiad recriwtio, ac ymhlith ei weithwyr bywiocaf, roedd y canfaswyr. Fel aelodau o'r pwyllgorau lleol o dan y system Sirol roedd ganddynt well gwybodaeth am bobl yn eu hardal na'r recriwtwyr milwrol, a felly roedd yn anoddach i osgoi eu sylw. Yn gyffredinol roeddent yn bobl â phroffil uwch yn lleol – blaenoriaid capel, athrawon ysgol, perchnogion siopau, meddygon ac yn y blaen. Wrth iddynt fynd o dŷ i dŷ yn ceisio darbwyllo trigolion i wneud eu dyletswydd, roedd y rhai a fedrai hel esgusodion i gymeriadau fel T. Samuel Ingham, yn ei chael yn anos o lawer i ymesgusodi o wasanaeth gweithredol o flaen dynion a wyddai bob manylyn am amgylchiadau eu teuluoedd a'u hanesion personol. Roedd yn rhaid i'r canfaswyr fedru ateb cwestiynau am dâl y Fyddin, lwfansau a thelerau gwasanaeth.

'I'r Fyddin Fechgyn Gwalia!'

Roedd canfasio yn ddull effeithiol o'i gymharu â chyfarfodydd cyhoeddus. O dan Syr Watkin Williams-Wynn cyflwynwyd y system yn sir Drefaldwyn yn 1914, a phob ward etholiadol yn paratoi rhestr o ddynion 19-38 oed, ac yna'n defnyddio pwyllgorau plwyf gyda chymorth gweinidogion anghydffurfiol. Gan mor effeithiol oedd hyn, cliriwyd dynion oedd ar gael i bob pwrpas o rai ardaloedd. Ar 11 Tachwedd dywedodd wrth R. J. Lloyd Price o'r Bala y dylai Meirionnydd gopïo'r dull hwn, a godasai 1,700 o ddynion hyd at hynny gyda'r gobaith am 7-800 arall. Mewn cymhariaeth, meddyliai bod 6,722 o ddynion 20-40 oed ym Meirionnydd, a phe bai dim ond 35% wedi ymrestru dylent fod wedi codi 2,100 erbyn hyn; roedd y swm cyfredol islaw 700. Roedd sir Fynwy yr un mor llwyddiannus gyda chanfasio trefnus, ond ni chafodd y dull ei fabwysiadu'n eang yng ngweddill Cymru.

Ar ôl i lifeiriant cyntaf gwirfoddolwyr ledled y wlad dawelu erbyn Hydref 1914, cymerodd yr awdurdodau eu gwynt atynt a dechrau ystyried sut i drafod niferoedd mawr o recriwtiaid yn y dyfodol. Ymrestru 'Gohiriedig' oedd un ateb, gyda'r dynion yn cael dychwelyd adref ar ôl ymrestru ffurfiol tan y gallai'r system eu galw'n ôl. Ar dâl o 6d. y diwrnod, profai hyn yn rhy ychydig i fyw arno a chodwyd y swm felly i 3s. Dim ond annog rhuthr i ymrestru arall wnaeth hyn! Ceisiwyd codi'r safonau taldra nesaf, ond arafodd recriwtio yn arw a phenderfynwyd gwrthdroi hyn erbyn diwedd y mis.

Erbyn hynny roedd y PRS wedi dyfeisio'r Cynllun Deiliaid Tai – cyfrifiad cenedlaethol cyntaf y rhyfel. Cynigodd ddull rhad a syml o gofnodi pa ddynion oedd yn abl ac awyddus i wasanaethu. Aeth gweithwyr pwyllgor ym mhob ardal â ffurflen binc i bob cartref, ynghyd â llythyr esboniadol (wedi'i argraffu'n ddwyieithog yng Nghymru). Gwahoddwyd trigolion tai i lenwi'r ffurflen, gan roi oedrannau, galwedigaethau, statws priodasol, a nifer plant pob gwryw preswyl 19 i 38 oed oedd yn barod i ymrestru ar gyfer y rhyfel yn ei chyfanrwydd. Trefnid cyfarfodydd i hybu'r cynllun, gyda hysbysebion a thaflenni. Pe caent eu cwblhau, âi'r ffurflenni i'r pwyllgorau sirol a'u defnyddiai i greu rhestrau o'r dynion oedd ar gael. Trosglwyddwyd y wybodaeth i ganolfannau milwrol yn yr ardal, a fyddai'n symud ymlaen i alw'r dynion pan geid lle. Yn ddelfrydol, canlyniad hyn fyddai llif rheoladwy o recriwtiaid a dim gorlwytho'r system. Rhedodd y cynllun ochr yn ochr â recriwtio cyffredin, a barhaodd yn ei ffurfiau uniongyrchol a gohiriedig.

O 12 Tachwedd 1914, dechreuwyd dosbarthu'r ffurflenni – proses a barhaodd tan yn gynnar yn Ionawr. Aeth y cynllun yn rhwydd, a chyda dosbarthu 4,400,000 o ffurflenni erbyn 12 Rhagfyr, dychwelwyd dros eu hanner ddeng niwrnod yn ddiweddarach. O'r rhain, dywedodd tua 9% eu bod yn barod i wirfoddoli. Yn y pen draw dosbarthwyd dros 8,200,000 o ffurflenni, ac adroddwyd bod 44% wedi cael eu llenwi.

O'r rhai a gytunodd i wirfoddoli, collwyd canran sylweddol: newidiodd rhai eu meddyliau a gwrthod ag ymuno pan gawsant eu galw, a chyflogwyr i eraill yn gwrthod rhoi caniatâd i ymrestru. Gan mai gwirfoddol oedd y cynllun, nid oedd modd gorfodi'r rhai a dynnodd yn ôl i'r Fyddin. Digon brwd hefyd oedd rhai dynion, ond bod eu cyflwr meddygol yn eu hatal rhag cael eu derbyn. Yng Nghymru gorchmynnwyd recriwtwyr i ofyn am gymorth dynion a wrthodwyd yn feddygol, i helpu i gael recriwtiaid pellach, a rhoddwyd lwfansau iddynt am y gwaith.

Profwyd bod datganiadau bodlonrwydd i wirfoddoli yn annibynadwy, a felly hwyluswyd cofrestru gorfodol dynion a menywod ychydig fisoedd yn ddiweddarach. Erbyn Mai 1915 gorchmynnid recriwtwyr i baratoi rhestrau o bob dyn o oed milwrol yn eu hardaloedd. Cofnod y Deiliaid Tai oedd y cyntaf yn unig o nifer o arolygon o'r dynion ar gael, ac er iddo fethu yn ei bwrpas gwreiddiol roedd y profiad a fagwyd gan recriwtwyr a chanfaswyr o fudd iddynt pan ddaeth yn fater o Gofrestru Cenedlaethol.

Hynt a Helynt Recriwtio 1914-15

Mae'n ymddangos bod recriwtio lleol wedi dechrau yn y gogledd-orllewin ar 6 Awst 1914, pan agorwyd Neuadd y Dref Caernarfon yn orsaf recriwtio ar gyfer iwmoniaeth y Marchoglu Cymreig. Dilynodd hyn apêl gan y maer i gynfilwyr Rhyfel y Boer i ymuno â'r gatrawd newydd. Agorwyd swyddfa hefyd ym Mangor tua'r un adeg. Hyd yn hyn nid oedd ond ychydig iawn o gyfarfodydd cyhoeddus, a'r recriwtio gweithredol yn cael ei wneud gan ddyrnaid o staff recriwtio parhaol a'r Tiriogaethwyr, a thrwy eu cysylltiadau lleol y denwyd y gwirfoddolwyr cynharaf. Nid tan ganol y mis y daeth ymdrechion yn fwy trefnus, ar ôl amhendantrwydd a dryswch cychwynnol.

Tuedda ystadegau'r Llywodraeth i ddangos mai un deg saith recriwt yn unig a ymrestrwyd i'r Fyddin yn chwe sir gogledd Cymru rhwng 4 a 8 Awst, allan o 288 trwy Gymru gyfan. Erbyn 13 Awst, ymunai cant o ddynion y dydd. Honnir mai chwe deg o ddynion Môn yn unig a ymrestrodd yn ystod y mis cyntaf. Erbyn 11 Medi dywedwyd mai'r unig recriwtiaid yn Harlech oedd Robert Graves (ymwelydd) a chadi Clwb Golff.

Yn dilyn lawnsio'r Byddinoedd Newydd, dechreuodd yr unedau lleol ffurfio yn ystod rhan olaf Awst a Medi. Codwyd pum bataliwn FfCB yn y cyfnod hwn yn seiliedig ar Bencadlys Wrecsam. Yn sir Gaernarfon fodd bynnag honnwyd ar 4 Medi nad oedd deng niwrnod o recriwtio ond wedi esgor ar drigain o ddynion, ac ymdrechion cynnar i ffurfio unedau Sirol yn yr ardal wedi methu. Mae'r rhesymau'n cynnwys diffyg mudiad gyda chyfleusterau i recriwtio, lletya a hyfforddi gwirfoddolwyr; cystadleuaeth gan y Tiriogaethwyr a difaterwch ar ran Swyddfa'r Rhyfel ac awdurdodau sirol. Ochr yn ochr wrth gwrs â drwgdybiaeth hanesyddol yr ardal at filitariaeth Lloegr: fel yr esboniodd Ifan Gruffydd o Langristiolus yn ei hunangofiant yn 1963:

> Pethau pell iawn a phethau estronol hefyd i ni y pryd hynny oedd milwyr a byddinoedd, a rhyfeloedd, a phopeth militaraidd felly. Nid oedd a wnelom ni ddim â nhw – pethau'r Saeson oeddynt a gwaith Lloegr oedd rhyfela, a ninnau i glywed am ei gorchestion. Er i ni hefyd edmygu a rhyfeddu wrth weld milwyr wedi ymddangos ar ddydd marchnad yn Llangefni unwaith mewn canwaith efallai, a'i weld yn hardd iawn mewn côt goch ... ni pherchid y milwr y pryd hynny fel y perchir ef heddiw. Edrychid arno fel un wedi dewis y bywyd i osgoi'r cyfrifoldeb o fyw'n barchus.

Yn ystod wythnos olaf Medi, er gwaethaf ymdrechion gorau y pwyllgor recriwtio sirol ni wirfoddolodd unrhyw ddyn ym Môn ar gyfer y Byddinoedd Parhaol na Newydd, a dyrnaid yn unig a ymunodd â'r Tiriogaethwyr. Diwerth oedd cynigion fel rhoi Pafiliwn Eisteddfod Genedlaethol Bangor ym Medi yn ganolfan recriwtio heb ddynion i ymrestru. Cyfrifai rhestrau papurau newydd yr ardal recriwtiaid y Tiriogaethwyr fesul dwsin, ac eraill dim o gwbl. Roedd ganddynt y neuaddau dril, y Cymdeithasau sirol, swyddfeydd ac arian, heb sôn am fedru agor swyddfeydd recriwtio yn gyflym – hyd yn oed os oedd rhai'n drefniadau dros dro fel y Banc National Provincial yn Llangefni, Ysgol y Cyngor yng Nghricieth, neu haearnwerthwr Stryd Mostyn yn Llandudno.

Amrywiai'r recriwtio ledled y wlad y mis hwnnw, wrth i fethiant y system i ymdopi â'r llifeiriant o wirfoddolwyr gael ei ddinoethi, daliwyd lwfansau Byddin yn ôl, a syrthiodd syniad ymrestru 'gohiriedig' yn brin o'i addewid. Ar y cyfan fodd bynnag, cododd y ffigyrau. Daeth Hydref â gostyngiad a effeithiodd ar y Tiriogaethwyr wrth i ddynion droi'n gynyddol at y Byddinoedd Newydd. Atebodd cylchgrawn *The Welsh Outlook* feirniadaethau y dylai popeth fod wedi cael ei drefnu a'i baratoi cyn galw am recriwtiaid gan ddweud: 'You must take men in their first flush of keenness ... Men were, and still are, the first necessity.'

Amcangyfrifai y PCGC bod Cymru hyd at ddiwedd Medi 1914, wedi cynhyrchu 20-30,000 o recriwtiaid Tiriogaethol a Chenedlaethol Wrth Gefn, gyda 47,697 pellach o wirfoddolwyr Byddinoedd Newydd, ac ardal Gogledd Cymru'n cyfrannu 4,900. Rhifai ystadegau'r Llywodraeth fodd bynnag 9,786 o Diriogaethwyr a 27,936 o recriwtiaid Parhaol a Byddin Newydd. Tanddatganwyd Gogledd Cymru, gan fod 5,337 yn swyddogol wedi ymrestru yno.

Roedd cystadleuaeth ar droed – nid yn unig y Fyddin yn erbyn anghenion y Llynges (a Diwydiant yn erbyn y ddau), neu'r Parhaol yn erbyn Tiriogaethwyr, ond Anglicaniaid yn erbyn Anghydffurfwyr wrth i'r rheiny ollwng yn gynyddol eu safiad gwrth-filitaraidd a chychwyn rhyfel eiriau chwerw dros gyfrannau enwadol y recriwtiaid.

Cyflwynodd dyfodiad mudiad CC Lloyd George yn hwyr ym Medi ragor o gystadleuaeth hyd yn oed, ond hefyd drefn yr oedd gwir angen amdani yng Nghymru. Roedd yn rhaid i CC frwydro am gydnabyddiaeth swyddogol wrth iddo ddechrau ymsefydlu. Ymhen amser gydag arweinyddion egnïol a chefnogaeth y Dewin Cymreig gorchfygwyd gelyniaeth swyddogol, a chyflawnwyd yr hyn a allai fod wedi profi'n rhwymedigaeth barlysol i lenwi'r holl leoedd gwag mewn bataliynau Cymreig eraill. Cydnabyddwyd ac ymgorfforwyd bataliwn Byddin Newydd a fu'n ymdrechu i godi yn y Rhyl ers mis yn swyddogol yn y CC fel Bataliwn 13 (1 Gogledd Cymru 'Pals') FfCB, a darparodd uned gychwynnol ar gyfer ehangu lleol y tu hwnt i gartref y Fyddin barhaol yn Wrecsam.

Yn nyddiau cynnar y rhyfel argraff eang y byddai recriwtio yn peidio wedi cael y rhif angenrheidiol o wirfoddolwyr. Roedd hyn yn afrealistig, o ystyried bod Prydain Fawr bellach yn rhan o wrthdaro cyfandirol a bydeang yn erbyn gelynion a allai fyddino miliynau o ddynion. Roedd meddylfryd llawer o bobl wedi'i ganolbwyntio ar ryfel fer, neu o leiaf un fel Rhyfel y Boer lle byddai digon o wirfoddolwyr Ymerodraethol rhywsut yn camu ymlaen i gyflawni'r gwaith. Ni chwestiynai'r awdurdodau hyn ar yr wyneb, tra'n gadael unrhyw ffigwr terfynol yn benagored.

Gosododd Rheolaeth Gorllewinol nod (cychwynnol) ar 7 Hydref i'r PCGC ar sail y nifer amcanedig y gallai pob sir Gymreig godi. Ar gyfer yr Adran Gyntaf, roedd gogledd Cymru i fod i ddarparu wyth bataliwn ac ychydig dros fil o ddynion ym mhob un (yn cyfateb i ddwy Frigâd Milwyr Troed). Cyflawnwyd y cyntaf o'r rhain i bob pwrpas gan y 'Pals' yn y Rhyl. Roedd yr ail i ddod o sir Gaernarfon, y trydydd o sir y Fflint, y pumed a'r chweched o sir Ddinbych, y seithfed o Feirionnydd a'r wythfed o sir Drefaldwyn. Cyfuniad oedd Y 'Pedwerydd Bataliwn' gyda chwmni yr un o sir Faesyfed, sir Gaernarfon a sir y Fflint, a hanner cwmni yr un o sir Fôn a sir Ddinbych. Deuai gweddil y CC o dde Cymru, gan gynnwys yr holl arfau atodol ac eithrio rhai dynion o sir Ddinbych a sir y Fflint tuag at y corfflu oedd meddygol a gwasanaeth. O ogledd-orllewin Cymru felly amcangyfrifwyd y cyfraniad o Fôn yn 3 swyddog 116 o rengoedd eraill, o sir Gaernarfon, 30 swyddog 1,160 o rengoedd eraill, a Meirionnydd, 24 swyddog 928 o rengoedd eraill.

Wythnos yn ddiweddarach, amcangyfrifodd Syr Ivor

Herbert o'r PCGC y dylai'r mudiad fedru codi dwy Adran â chyfanswm o 36-38,000 o ddynion ar draws Cymru yn ddidrafferth, er mai un bataliwn o ogledd Cymru a ragwelai, sef y 'Pals'. Ni ddaeth dim o'r gosod nod hwn nac o fudiad Herbert. Wrth i Hydref ddirwyn i ben, roedd ffigyrau'n gostwng eto er gwaethaf safonau taldra is a gwella taliadau lwfansau. Nid oedd ffigyrau recriwtio Cymreig y mis hwnnw ond traean yn unig o'r niferoedd yn ymuno â'r Byddinoedd Parhaol a Newydd ym Medi, a hanner y Tiriogaethwyr. Yn sir Gaernarfon disgrifiwyd derbyn saith deg o ddynion yn ystod ail wythnos Hydref fel 'cyson' yn unig. Gan chwarae gêm beio, rhoddwyd y bai am y gostyngiad gan lwfrdra, difaterwch, dylanwad niweidiol gwragedd a mamau, cyflog bach y Fyddin, gor-optimistiaeth newyddion y rhyfel ac athrawiaethau heddychol anghydffurfiaeth.

Gwelwyd yn gynnar yn Nhachwedd 1914 drefnu Pwyllgorau sirol mewn rhai ardaloedd, a gosodwyd cwotâu newydd iddynt. Disgwylid i Fôn a Meirionnydd yn awr i gynhyrchu 620 o ddynion yr un, a sir Gaernarfon yn gorfod codi 1,750. Llongyfarchodd cyfarfod cyntaf Pwyllgor Sirol sir Gaernarfon ei hun ychydig ddyddiau'n ddiweddarach bod y sir wedi codi bron cymaint â hynny o ddynion yn barod ond rhagwelai'r Brigadydd-Gadfridog Owen Thomas yn gywir y byddai angen llawer mwy.

Faint yn union fyddai eu hangen oedd y cwestiwn o hyd. Roedd yr unig ffigyrau swyddogol cenedlaethol yn niwlog ac amhendant. Amcangyfrifwyd y fath ffigyrau fel recriwtiaid y 10,000 pen o'r boblogaeth am dri mis cynta'r rhyfel. Ar y sail hon, cynhyrchodd ardal yn cynnwys swydd Gaer, darn o swydd Gaerhirfryn a'r siroedd Cymreig 135 recriwt. Roedd hyn yn well na gogledd a dwyrain Iwerddon ar 127, ond yn llai nac ardal swydd Efrog, Durham a Northumberland ar 150. Dim ond yn Ionawr 1916 y daeth y wybodaeth hon yn gyhoeddus.

Yng nghanol Tachwedd goddiweddwyd syniad y cwota gan apêl o'r newydd am filiwn o ddynion, o ganlyniad o bosibl i'r colledion trwm a ddioddefwyd ar y pryd yn Ffrainc. Gwellodd y ffigyrau recriwtio, ac eithrio'r Tiriogaethwyr. Yn rhydd o orfod helpu llenwi lleoedd gwag bataliynau eraill, dechreuodd CC ddenu dynion yn eu niferoedd a dechreuodd bataliwn siroedd Caernarfon a Môn ffurfio, ynghyd ag un arall o'r 'Pals' Gogledd Cymru oedd bellach yn rhy gryf.

Erbyn Rhagfyr roedd gostyngiad arall yn amlwg yng Nghymru, ond erbyn diwedd y flwyddyn roedd y cyfraniad Cymreig i'r Fyddin ers dechrau'r rhyfel yn 62,000 o ddynion. O'r rhain roedd tua 73% yn ymrestriadau Byddin Barhaol a Newydd, a 27% yn Diriogaethwyr. Prociodd yr elfen gystadleuol i'r wythnosolyn *Y Genedl Gymreig*, hawlio bod Cymru o'i thrydedd safle ym Medi, erbyn diwedd Rhagfyr ar sail recriwtiaid y pen o boblogaeth yn awr ar ben rhestr cenhedloedd cyfansoddol y DU. Roedd hyn yn anghywir: roedd 3.06% wedi gwirfoddoli o gymharu â 3.37% yr Alban, 2.67% o Loegr a 1% o Iwerddon.

Gwelodd mis cyntaf blwyddyn newydd 1915 Frigâd Gogledd Cymru CC yn Llandudno yn tyfu'n gyflym ar gyfradd o tua 50 o ddynion y dydd. Roedd rhai unedau'n rhy gryf yn barod ond eraill yn cael anhawster. Fodd bynnag, y CC yn awr oedd ar y blaen gyda recriwtio Cymreig, a hawliwyd allan o 7,500 o ymrestriadau Byddin Barhaol a Newydd yn Ionawr, fe ymunodd 6,000 â'r mudiad. Arafodd y cynnydd yr un mor sydyn, ac erbyn Chwefror gostyngai'r ystadegau unwaith eto.

Roedd Syr Ivor Herbert cyfarwyddwr hunanbenodedig recriwtio Cymru yn dal i chwarae â syniadau o 'Fyddin Genedlaethol Gymreig' neu 'Fintai Gymreig Lluoedd EF' yn ymgorffori pob uned Gymreig arall a hyd yn oed rannau o'r Llynges – a'r cwbl dan ei gyfarwyddyd canolog ef. Nid oedd yr hunan-dwyll hwn yn gydnaws â'r anghenion am ddynion, y Swyddfa Ryfel, na hyd yn oed y PCGC. Roedd yn wir y byddai rhywfaint o gronni adnoddau o fudd i'r Llu Wrth Gefn Arbennig oedd yn brin eithriadol o recriwtiaid, a gallai hynny gywiro'r diffyg cydbwysedd rhwng cryfderau uned ac un arall.

Daeth Mawrth 1915 ag adferiad dros dro mewn recriwtio, cyn i ddirywiad ymwreiddio rhwng Ebrill a Hydref. Erbyn hyn roedd y llywodraeth yn blaenoriaethu arfau uwchlaw personél milwrol, a chyflogau da i'w hennill yn y diwydiannau rhyfel. Wrth i'r rhaglen arfau rhyfel gynyddu felly hefyd yr angen am weithwyr, oedd yn cael cynnig nid yn unig gyfraddau tâl hael ond hefyd ryddid rhag y recriwtwyr. Hawliai'r Recriwtiwr H. R. Davies nad oedd sir Gaernarfon erbyn diwedd Mawrth ond wedi codi 4,200 o ddynion. Yn ddiweddarach adroddodd Pwyllgor Sirol sir Gaernarfon mai 156 o ddynion yn unig ddaeth ymlaen ym Mai, ond gan ychwanegu'n amddiffynnol bod cyfraniad dynion y sir hyd at hynny yn rhifo 5,000 (roedd gogledd Cymru mewn gwirionedd wedi codi 15,660 o recriwtiaid i'r fyddin yn ôl ystadegau swyddogol).

Ym Mehefin 1915 aeth y cyfanswm Cymreig heibio i'r rhicyn 100,000 – ond hwn oedd mis y Bil Cofrestru Cenedlaethol a baratoai gyfrifiad o'r dynion (a'r merched) ar ôl. Yn ystod Gorffennaf, ataliodd Rheolaeth Orllewinol syniad ail Adran CC a chwythodd y mudiad ei blwc i bob pwrpas. Y mis dilynol cymerodd Swyddfa'r Rhyfel reolaeth dros recriwtio, gan ddechrau dadberfeddu'r system ganfaswyr. Cyflwynodd Syr Ivor Herbert ar unwaith – ac o'i ben a'i bastwn ei hun – gynllun arall ar gyfer recriwtio canolog Cymreig a elyniaethodd y PCGC i ryw raddau. Erbyn Gorffennaf dywedwyd bod tua 1,063 o ddynion Môn wedi ymuno â'r lluoedd arfog ers dechrau'r rhyfel – cyfanswm a fernid yn anfoddhaol.

Gwelodd Awst hefyd y cyfrifiad Cofrestru Cenedlaethol,

a lansiwyd cynllun yr Arglwydd Derby yn Hydref. Dyma roddodd y farwol i fudiad CC, er i'r PCGC gael pleser gwyrdroëdig o nodi bod eu cynlluniau pwyllgor sirol a chanfasio yn cael eu hadfywio ar gyfer pwrpasau'r Cynllun. Gwellodd ystadegau recrwitio yn fawr yn ystod Hydref a Thachwedd o dan ddull Derby o gynnig abwyd, er i ganlyniadau Rhagfyr syrthio ychydig.

Y Canlyniadau

Mae'n anodd catgagoreiddio'n gymdeithasol y math o ddynion a ymrestrodd yn 1914-15. Awgryma un dadansoddiad cyn y rhyfel o Filwyr Parhaol bod 70% o'r dosbarth gweithiol is, 25% o'r dosbarth gweithiol a 5% o'r dosbarth canol is. Adeg Rhyfel y Boer tua 1900 mae'n bosibl bod y categori cyntaf wedi cynhyrchu 90% o recriwtiaid. Mae'n ymddangos bod bataliynau cyntaf 'Kitchener' yn debycach eu cyfansoddiad i'r rhai parhaol cyn y rhyfel, lle safai dyrnaid o ddynion o statws cymdeithasol uwch allan. Ond erbyn yr adeg roedd y CC yn recriwtio, roedd mwy o gymysgedd cymdeithasol.

Mae ystadegau ar gyfer galwedigaethau 273 recrwt ar gael i gwmni 'E' (Wrth Gefn) Bataliwn 16 FfCB yn y cyfnod cyn Cynllun Derby yn Hydref 1915. Mae'r rhain yn dangos bod 27% yn lowyr, ac yn eu dilyn yn eu cyfran ddisgynnol deuai labrwyr, clercod, gweision fferm a chwarelwyr. Yn nhermau galwedigaethau wedi'u grwpio, roedd y gweithwyr llaw trymach yn cyfrif am 52%; clercod, gweision a gweithwyr siop 18%; crefftwyr eraill 11%; gweithwyr ffatri a gweithwyr eraill 9%; perchnogion siop a dynion proffesiynol 7% ac amrywiol 3%. Mae hyn yn gosod y garfan ddosbarth gweithiol cyffredinol tua 93%, gyda'r rheiny ar gyrion parchusrwydd neu well ar 7%.

Mae rhyw 71 recrwit ar gyfer yr un cwmni – a ailenwyd yn ddiweddarach yn Gwmni 'D', Bataliwn 20 (Wrth Gefn)

FfCB – ar gyfer cyfnod Cynllun Derby Hydref 1915–Chwefror 1916 yn dangos i'r gwrthwyneb mai clercod yn awr oedd yr alwedigaeth fwyaf ar 15%. Fesul galwedigaethau wedi'u grwpio roedd y clercod, gweision a gweithwyr siop bellach yn y mwyafrif ar 31%; gweithwyr llaw trymach 24%; perchnogion siopau a dynion proffesiynol 20%; gweithwyr ffatri ac eraill 12.5%; crefftwyr eraill 8.5% ac amrywiol 4%.

Erbyn diwedd 1915 a'r system recriwtio gwirfoddol, roedd Cymru wedi darparu cyfanswm o 122,986 o wirfoddolwyr. O'r ffigwr hwn, roedd 73% yn ymrestriadau Byddin Barhaol a Newydd, a 27% yn Diriogaethwyr (yr un gyfran ac ar ddiwedd 1914). O'r cyfanswm hwn, cynhyrchodd Rhanbarth Caerfyrddin (sef y rhan fwyaf o orllewin a de Cymru) 71%, Rhanbarth Brycheiniog (sef sir Frycheiniog a sir Fynwy) 12% a Rhanbarth Wrecsam (gogledd Cymru) 17%.

Mae hyn yn gosod y cyfraniad Cymreig yn y cyfnod gwirfoddol, wedi'i fesur o fewn canran y boblogaeth, ar 4.9%, o gymharu â'r Alban 6.18%, Lloegr 5.56% ac Iwerddon 2.06%. Derbynnid gwirfoddolwyr cyn cael eu galw hyd yn oed ar ôl gorfodaeth lawn ym Mai 1916. Yn 1917 cymerodd Gweinyddiaeth Gwasanaeth Cenedlaethol gyfrifoldeb dros recriwtio, a'i Chyfarwyddwr Cymreig yn neb llai na Syr Ivor Herbert a gyflawnodd ei uchelgais felly o reoli system recriwtio Gymreig unedig, a chafodd ei urddo y Mehefin hwnnw yn Farwn Cyntaf Treowen.

MEN OF CARNARVONSHIRE
——ARM——
TO SAVE YOUR NATIVE LAND!

DDYNION SIR GAERNARFON
Ymarfogwch
I ACHUB GWLAD EICH GENEDIGAETH!

WHY IS BRITAIN AT WAR?

For three reasons—

(1) To save her good name.

(2) To save the life of herself and of her Empire.

(3) To save the freedom of the democracies of Europe.

(1) The war was started as a mere quarrel between Austria and Servia. When Germany seized the chance she had been waiting for to make an unprovoked assault on France, who is our friend, and relies upon our loyalty, we could not simply look on. But there is a stronger reason yet. Germany and Britain had both, by treaty, solemnly taken Belgium under their protection and promised her safety and independence. This treaty the Germans have wantonly broken. The better to invade France they have attacked and massacred the peaceful Belgians. The King of the Belgians appealed to us for help, knowing that we believed in honourable dealings. If we had refused it, the name of Britain would never have stood high again. To us who are now living future ages would point as having brought our country into discredit and lost her good repute among the nations of the world.

(2) There is no secret about the avowed intentions of the German Eemperor. They are, first, to "wipe out" France as a nation; then to turn to Britain, strip her of her trade and her colonies, and trample our rights and liberties under foot. We should certainly be treated with

PAHAM YR AETH PRYDAIN I RYFEL?

Am dri rheswm—

(1) I gadw'i henw da.

(2) I gadw ei bywyd ei hun a bywyd yr Ymerodraeth.

(3) I gadw rhyddid gweriniaethau Ewrob.

(1) Nid oedd y rhyfel i ddechreu ond megis cweryl rhwng Awstria a Serfia. Pan fanteisiodd Germani ar y cyfle i wneud ymosodiad diachos ar Ffrainc, yr hon sy'n gyfeillgar a ni ac sy'n dibynnu ar ein ffyddlondeb, nis gallem aros i edrych yr unig. Ond y mae rheswm cryfach eto. Yr oedd Prydain a Germani, trwy gytundeb, wedi cymeryd Belgium dan eu hamddiffyniad ac wedi addaw iddi ei diogelwch a'i hanibyniaeth. Torrodd y Germaniaid y cytundeb hwn yn y modd mwyaf diegwis. Er mwyn cael ffordd rwyddach i Ffrainc y maent wedi ymosod ar y Belgiaid heddychol ao wedi eu lladd. Apeliodd Brenin Belgium atom am help, gan wybod ein bod yn arfer gwneud a phawb yn ol ein hanrhydedd. Pe wedi peidio rhoddi help ni buasai enw Prydain byth mwy yn uchel yn y byd. Buasai oesau sy'n dod yn edrych arnom ni sy'n awr yn fyw fel rhai wedi dwyn dianrhydedd ar ein gwlad a pheri iddi golli ei safle dda ymysg y cenhedloedd.

(2) Nid oes un dirgelwch parthed y bwriadau y mae Ymerawdwr Germani wedi ymdynghedu i'w cario allan. Dyna ydynt, yn gyntaf, sef clirio Ffraine ymaith fel cenedl; yna troi ei sylw at Brydain, dwyn oddiarni ei masnach a'i threfedigaethau, a mathru ein hawliau a'n rhyddid dan draed. Y mae'n dra sier y triniad ni yr un mor erchyll greulon ag y triniodd efo y Belgiaid.

Taflen recriwtio ddwyieithog, sir Gaernarfon 1914. Printiwyd gan y North Wales Chronicle. Mae'r awdur yn anhysbys, ond efallai yn un o staff y Coleg ym Mangor.

Pennod 2

Bod yn Gymwys: Profion Meddygol ac Arian

Iach i Frwydro? Ffactorau Iechyd ac Oed

Y prawf mwyaf tyngedfennol yn wynebu unrhyw recriwt oedd ei iechyd corfforol. Ar sail asesiad meddyg byddai naill ai'n cael ei basio'n iach Dosbarth 'A'; yn cael ei leoli i wasanaeth â llai o straen, neu'n cael ei wrthod yn gyfan gwbl. Yn ei ffurf mwyaf sylfaenol, y prawf cychwynnol yn syml oedd yr hyn a welai'r staff recriwtio pan gyflwynai dyn ei hun iddynt; ond os nad oedd unrhyw broblemau corfforol amlwg byddai'r ffurflenni ymrestru yn cael eu llenwi, gan gynnwys un gyda chwestiynau meddygol pellach.

Byddai'r darpar recriwt yn mynd â hon at y meddyg â wnâi'r archwiliad, oedd yn aml mewn ystafell arall. Yn barod erbyn Tachwedd 1914 gofynnid i archwilwyr i beidio â bod yn llym wrth wrthod dynion a mân ddiffygion arnynt. Gallai'r rhai â brest wan wneud gwaith clerigol, tra bod dannedd diffygiol yn llai o broblem mewn corffluoedd 'nad oedd yn saethu'. Cawsai'r rheiny a wrthodwyd ar yr adeg hon gadw'u papurau, wedi'u stampio i'r perwyl eu bod wedi gwirfoddoli ond eu bod wedi'u gwrthod ar sail feddygol. Yn bell o fod yn stigma, roedd galw am y fath slipiau gwrthod fel gwarchodaeth yn erbyn recriwtwyr neu eraill oedd yn gofyn cwestiynau miniog pam nad oedd y dyn mewn lifrai.

Cyn y rhyfel, roedd yn rhaid i ymrestrwyr â'r Fyddin Barhaol fod rhwng 18 a 25 oed, oni bai am dderbyn ymunwyr Bechgyn (yn gwasanaethu fel aelodau band neu deilwriaid) rhwng 14 a 17 oed. Dechreuai rheolau'r lleiafswm taldra ar 5 troedfedd 2 fodfedd i'r Corfflu Hedfan Brenhinol, ac o leiaf 5 troedfedd 11 modfedd i Farchoglu'r Llys. Roedd rhaid i'r Milwr Wrth Gefn Arbennig ar y dechrau fod rhwng 17 a 30 oed, gyda lleiafswm taldra o 5 troedfedd 2 fodfedd. Cymerai'r Tiriogaethwyr ddynion o 17 i 35 oed, gyda safonau taldra tebyg. Roedd problemau yn Awst 1914, pan ganfuwyd bod llawer o'u dynion yn gynhenid anabl ar gyfer gwasanaeth gweithredol a symudwyd hwy i drefniadau Ail Linell.

Un broblem a ganfyddid ym mhob cangen yn ystod y cyfnod hwn oedd dannedd diffygiol. A barnu o bapurau ymrestru sydd wedi goroesi, roedd pydredd dannedd ar lefel epidemig yn y boblogaeth. Oherwydd y problemau iechyd y gallai hyn achosi, yr unig ateb oedd tynnu ac, os oedd angen, gosod platiau dannedd ar gost y Fyddin. Yn gynnar yn haf 1915 archwiliwyd Bataliwn Diriogaethol 1/6 (Caernarfon a Môn) FfCB cyn iddynt fynd dramor. Roedd pydredd dannedd mor rhemp nes y bu bron iddynt gael eu hatal rhag bwrw ymlaen, a thyniadau lluosog ar frys yn unig gan ddeintyddion yn eu hardal letya yn swydd Northampton alluogodd yr uned i hwylio. Flwyddyn yn ddiweddarach, daliodd casgenaid o ddannedd gosod (heb eu labelu) i fyny â hwy ar Gamlas Suez.

Cyn y rhyfel roedd yn rhaid i Filwyr Traed Parhaol fod o leiaf 5 troedfedd 3 modfedd o daldra, pwyso dros 112 pwys, a chael mesur brest llawn o 35½ modfedd. Codwyd bataliynau cyntaf y Fyddin Newydd o 7 Awst 1914 gyda gofynion oed rhwng 19 a 30, taldra megis y Milwyr Parhaol, a brest 34 modfedd. Derbynnid dynion priod a dynion gweddw. Gallai cyn-filwyr ymuno hyd at 42 oed. Gallai cyn-Diriogaethwyr hyd at 50 hefyd ymuno â'u Cwmnïau Cenedlaethol Wrth Gefn i warchod carcharorion rhyfel, a dyletswyddau diogelwch eraill (ailffurfiwyd fel y Corfflu Amddiffyn Brenhinol yn 1916 a chodwyd y trothwy oedran uwch i 60 ac roedd safonau ffitrwydd yn isel iawn).

Er bod ymrwymiadau llawn Parhaol yn aros heb newid, newidid safonau'r Fyddin Newydd (neu 'Cyfnodol') yn aml yn ôl y gofyn. Erbyn diwedd Awst 1914 cododd terfynau oed i 35. Ym Medi fodd bynnag, wrth i fwy o recriwtiaid lifo i mewn nac y medrid ymdopi â hwy, cododd safonau taldra i 5 troedfedd 6 modfedd. Arweiniodd hyn at gwymp, felly yn Hydref a Thachwedd gostyngwyd y taldra fesul tipyn i 5 troedfedd 3 modfedd a chodwyd yr oedran i 38, gan alluogi'r CC i gystadlu â'r Tiriogaethwyr yn hynny o beth.

Cafodd y fath fân newidiadau effaith bendant ar recriwtio: cadwodd 'Gyn-wŷr Trwm' Magnelwyr y Garsiwn Brenhinol Cymreig (Sir Gaernarfon) (Tiriogaethwyr) leiafswm taldra 5 troedfedd 6 modfedd yn Nhachwedd 1914 hyd yn oed, a'i chael yn anodd o gymharu â chymrodyr mwy heini o'r Magnelwyr Maes Brenhinol yn 5 troedfedd 2 fodfedd. Nid syndod oedd i'r Tiriogaethwyr a'u hoedran lleiaf dros 17 (a'u safonau meddygol honedig llacach) ddenu recriwtiaid iau.

Yn Chwefror 1915 canlyniad pwysau Cymreig oedd gostwng safon taldra y catrodau Cymreig dros dro i 5 troedfedd 2 fodfedd, ac erbyn Mai i 5 troedfedd 1 fodfedd. Yn y canol, ym Mawrth 1915 codwyd unedau Byddin Newydd 'Bantam' ledled y wlad o fewn rhychwant taldra 5 troedfedd 0 modfedd – 5 troedfedd 3 modfedd, gyda phedair bataliwn o'r fath yn cael eu creu yng Nghymru.

Ni fedrai'r holl newidiadau hyn wrthdroi'r dirywiad mewn recriwtio. Ar 31 Mai gostyngwyd y safon taldra cyffredinol i 5 troedfedd 2 fodfedd, a'r oed uwch yn 40 oed tan i Gynllun Derby yn Hydref ei ymestyn i 41 oed.

Ar unrhyw adeg achosai'r safonau taldra bryder arbennig i recriwtwyr Cymreig. Ysgrifennodd Lefftenant Hugh Pritchard o Bwyllgor Sirol Môn at y PCGC ar 28 Medi yn mynnu y byddai taldra lleiaf 5 troedfedd 6 modfedd yn atal i bob pwrpas 70% o ddynion y sir rhag ymrestru. Nid oedd adroddiad cyfredol yn y wasg bod criw o recriwtiaid o Fôn wedi cael eu gwrthod gan y Fyddin Newydd ar seiliau taldra yn gymorth. Ymunodd PCGC â'r protestiadau yn Hydref, gan y teimlid bod gormod o ddynion yng Nghymru yn cael eu troi i ffwrdd am y rheswm hwn. Ysgrifennodd Syr Ivor Herbert o'r PCGC ar 8 Tachwedd bod: '32 allan o 50 recriwt wedi'u gwrthod ddoe yn Wrecsam ar y sail hwn: mae hyn yn cael effaith ddrwg ar recriwtio.' Mae'n debygol bod gostyngiadau taldra diweddarach wedi bod o gymorth.

Profion Meddygol
Ar ddechrau'r rhyfel, nid oedd niferoedd y meddygon milwrol ar gael yn ddigon i brosesu'r lluoedd o recriwtiaid yn feddygol, a bu'n rhaid cyflogi ymarferwyr sifilaidd i'r ddyletswydd hon. Gydag ehangu'r gefnogaeth feddygol i'r Fyddin, cyflogwyd eraill ar gytundebau tymor-byr fel swyddogion llawn o'r Corfflu Meddygol Byddinol Brenhinol. Un a gynigodd ei wasanaeth i'r PCGC yn y dull hwn oedd Dr Edward Llewelyn Parry-Edwards, Swyddog Meddygol Iechyd sir Gaernarfon a chyn Lawfeddyg-Gapten i'r Marchoglu Ysgafn Ymerodrol yn ystod Rhyfel y Boer.

Cytunai'r mwyafrif o feddygon, fodd bynnag, i archwilio darpar recriwtiaid os oedd gofyn iddynt wneud hynny, heb adael eu hysbyty neu eu gwaith ymarfer cyffredinol. Achosai'r modd y cynigiwyd y gwaith hwn iddynt rai cwynion mewn cylchoedd meddygol Cymreig, ac yn Hydref 1914 anogwyd cydweithredu agosach rhwng cymdeithasau meddygol sirol ac ardal er mwyn paratoi amserlenni'r rheiny oedd yn fodlon gwneud archwiliadau. Cododd yr anniddigrwydd o'r ffaith bod meddygon yn cael tâl o 2s. 6d. y dyn a fernid yn abl i wasananeth. Yn anffodus darbwyllodd hynny rai i gymeradwyo achosion ffiniol a allai fod wedi cael eu gwrthod fel arall. Cododd cwynion gan feddygon na chafodd gynnig darn hael o'r bastai ariannol arbennig hon.

Tra bod rhai adroddiadau'n pwysleisio bod gwiriad iechyd trwyadl wedi'i roi, gwna eraill yn glir bod archwiliadau gyda'r ysgafnaf wedi digwydd hefyd. Y canlyniad oedd rhyddhau'n feddygol nifer frawychus o filwyr ar ôl iddynt ymuno â'u hunedau.

Yn Rhagfyr 1914 pwysleisiodd rheoliadau newydd bod archwiliadau i fod i barhau dim llai na saith munud, neu heb fod yn fwy nac wyth dyn yr awr, i uchafswm o ddeugain dyn y meddyg y dydd. Tynnid ffioedd yn ôl hefyd ar gyfer pob recriwt a ganfyddid heb fod yn abl wrth gyrraedd ei uned. Erbyn Mai 1915 roedd y ffioedd yn dal yn daladwy am archwilio grwpiau bychain o ddynion, ond na fyddai'r archwiliwr yn ennill dim mwy na £2. 5s. am ddiwrnod llawn o waith (hafal i 18 dyn). Erbyn Ionawr 1916 a chyflwyno gorfodaeth gostyngasai ffi'r meddygon i £1 y diwrnod, neu £2 os oedd rhaid rhoi ambell chwistrelliad.

Yn 1915 taranodd cadlywydd bataliwn CC yn erbyn 'esgeulustod' staff meddygol, gan honni bod rhaid rhyddhau niferoedd mawr o ddynion:

> due to hasty and faulty examinations on enlistment and the passing for service of unfit men ... great numbers of men, physically useless, have been on the charge of the State for months. Undoubtedly, a large number ... pass from unit to unit in the New Army and are continually re-enlisting.

Roedd yn well ganddo anfon y rhai gwanllyd i uned wrth gefn yn lle'u rhyddhau, ac yn yr un modd gwrthwynebai ryddhau milwyr oedd ond ychydig dan oed. Fodd bynnag, roedd nifer cynyddol:

> Making a profession of enlisting then obtaining a discharge and 30s gratuity with suit of clothes the moment the work reaches anything like a hard state. They then re-enlist without disclosing their previous discharge.

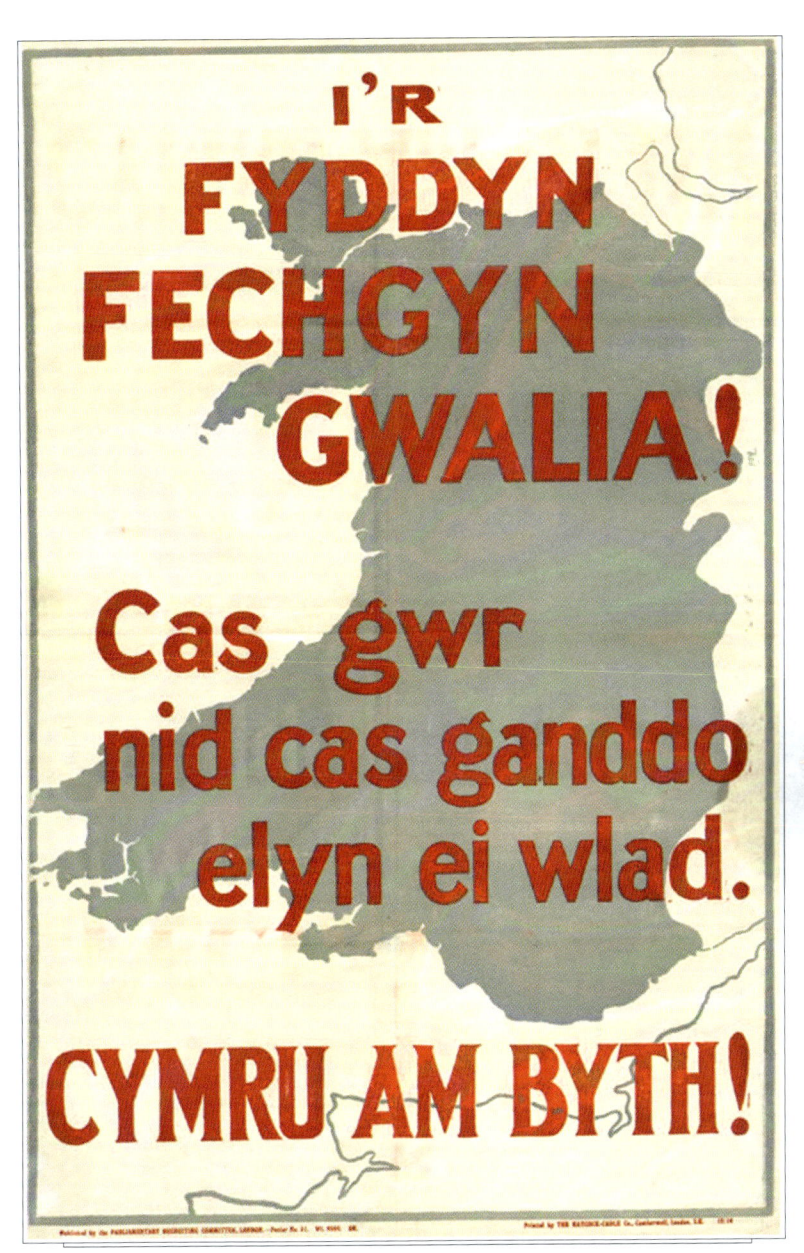

Poster PRC 31 'I'r Fyddyn Fechgyn Gwalia!'
Un o'r gyfres wreiddiol o bosteri recriwtio Cymaeg, Rhagfyr 1914:
nid oes fersiwn Saesneg o hwn

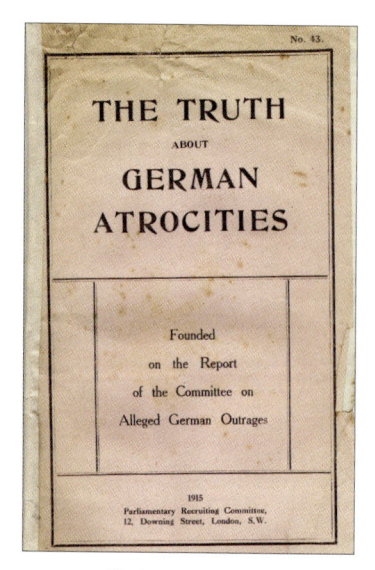

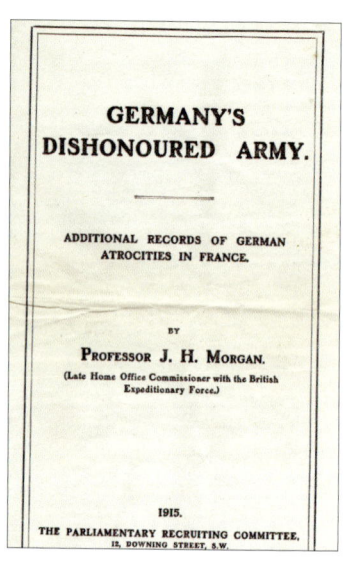

Pamffledi propaganda a gyhoeddwyd gan y Pwyllgor Recriwtio Seneddol 1915.

Posteri recriwtio (yn Gymraeg a Saesneg) ar ddangos yn ffenestri y Gyfnewidfa Lafur yn Stepney Street, Llanelli tua dechrau 1915

Poster rhyfel gan yr arlunydd Frank Brangwyn. Comisiynwyd ef gan yr Underground Electric Railways of London Ltd. yn 1914 i greu poster recriwtio gwell na'r rhai swyddogol. Dan y teitl 'Britain's Call To Arms', hwn oedd y canlyniad. Cafodd ei gyhoeddi yn y llyfr Gwlad Fy Nhadau *ar ran Cronfa Genedlaethol y Milwyr Cymreig yn 1915.*

Darlun o Owain Glyndŵr gan A. C. Michael a gyhoeddwyd yn y llyfr Gwlad Fy Nhadau *uchod: enghraifft o ddefnyddio arwyr Cymreig o'r gorffennol er mwyn hybu'r rhyfel. Fe werthwyd fersiwn o'r darlun hefyd yn 1915 fel cerdyn post, ar ran y Gronfa Genedlaethol eto.*

G. R.

Y CORFFLU CYMREIG.

ANNERCH
LLEWELYN AP GRYFFUDD
I'W FILWYR
Saith Gan' Mlynedd yn ol.

Mae'r alwad yn glir heddyw--A wnewch CHWI ateb?

"Hyd yn hyn cynorthwywyd ni gan Arglwydd Dduw y Lluoedd, canys amlwg yw i bawb nad yw y manteision ennillasom i'w priodoli i'n nerth ein hunain, eithr yn hytrach i ffafr Duw, yr Hwn fedr achub gydag YCHYDIG fel gyda llawer. O'r awr hon mae ein POBPETH yn y fantol. Os y syrthiwn i ddwylaw'r gelyn nid oes i ni obaith am drugaredd. Bydded i ni sefyll yn gryf ac unol. Ein hunoliaeth yn unig a'n gwna ni yn anorchfygol.

Gwelwch pa fodd yr ymddyg y gelyn tuag at ereill. Pa fodd, gan hynny, yr arbeda efe nyni ar ol yr holl arwyddion o elyniaeth ddengys tuag atom?

Na, ei fwriad amlwg yw dileu ein henw o olwg haul y nefoedd.

Onid gwell felly yw i ni farw ar unwaith a myned at Dduw, na byw am ysbaid at fympwy un arall, ac o'r diwedd ddioddef marwolaeth waradwyddus drefnir i ni gan elyn trahaus?"

Western Mail, Cyf., Caerdydd.

Taflen recriwtio'r Corfflu Cymreig o ddiwedd 1914 neu ddechrau 1915. Ei nod oedd ceisio apelio at wladgarwch Cymreig trwy ddefnyddio arwyr cenedlaethol o'r gorffennol. Yn anffodus, nid oes unrhyw sail hanesyddol i'r geiriau hyn! Cynhyrchwyd sawl math o'r rhain, mewn fersiynnau Cymraeg a Saesneg, gan y Western Mail *ar ran Pwyllgor Gweithredol Cenedlaethol Cymru oedd yn codi'r Corfflu Cymreig.*

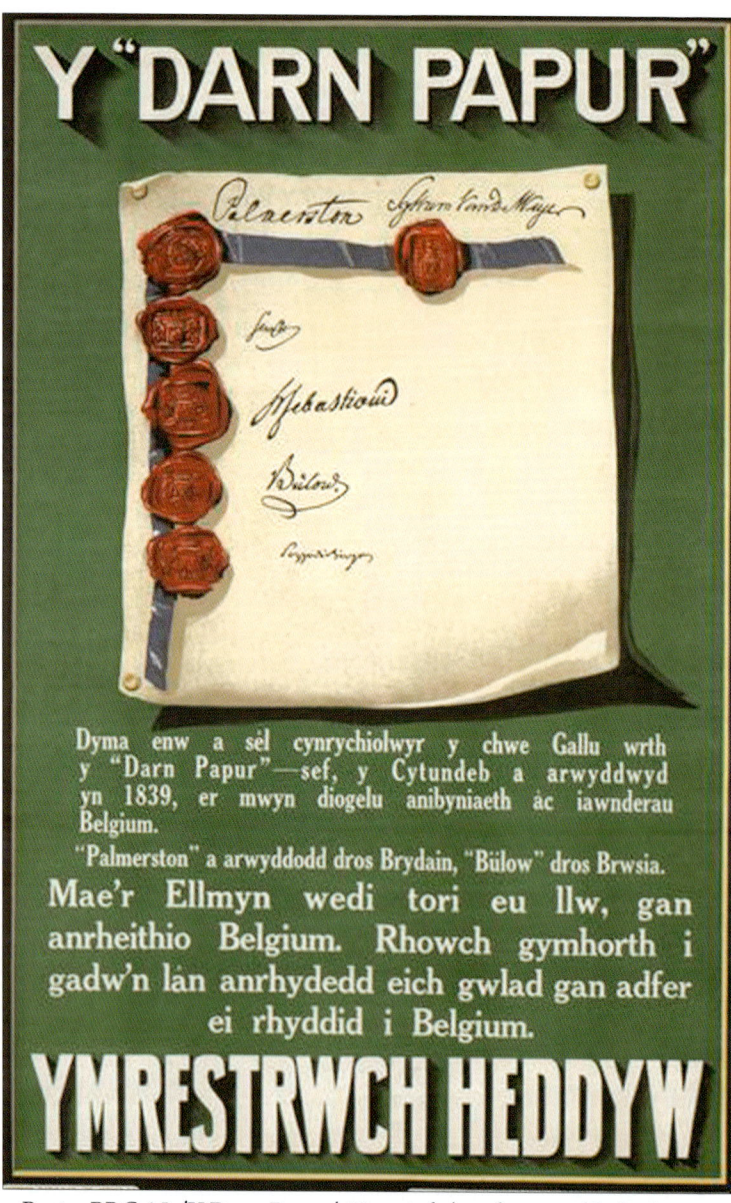

Poster PRC 15 'Y Darn Papur'. Y cyntaf o'r gyfres wreiddiol o bosteri recriwtio Cymaeg, Rhagfyr 1914: cyfieithiad o fersiwn Saesneg oedd hwn. Drwy gyfeirio at y cytundeb rhyngwladol 1839 oedd yn amddiffyn annibyniaeth gwlad Belg, mae'n cymharu safbwynt 'anrhydeddus' Prydain gydag un 'cywilyddus' yr Almaen.

Un arall o bosteri Frank Brangwyn – y tro hwn yn hysbysebu cyngerdd Dydd Gŵyl Dewi 1915 yn Llundain ar ran Cronfa Genedlaethol y Milwyr Cymreig. Nid oedd y darlun gwreiddiol, a enwyd 'Dawn' neu 'The Lookout' ddim yn cynnwys y llythrennu.

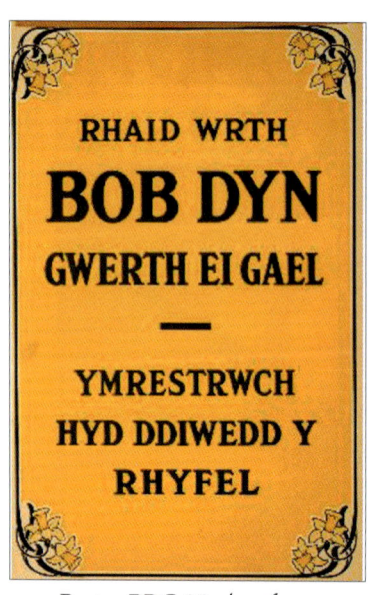

Poster PRC 30 o'r cyfres a gyhoeddwyd yn Rhagfyr 1914. Nid oes fersiwn Saesneg o hwn.

Fersiwn Cymraeg o'r Poster PRC 22 'Come Along, Boys!' o 1914.

Poster PRC 20, fersiwn Cymraeg o'r un Saesneg 'He Did His Duty'. Dangosir yr Arglwydd Roberts VC, pennaeth y Fyddin, a fu farw Tachwedd 1914.

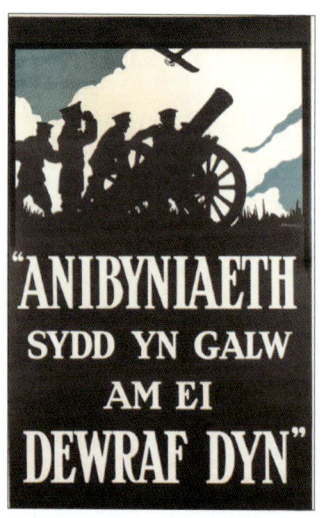

Poster PRC 148. Yr unig boster Cymraeg darluniadol o gyfnod ailagored Cynllun Derby, Ionawr 1916.

Rhybudd i ddynion sengl ymrestru cyn dyfod dan orfodaeth Deddf Gwasanaeth Milwrol 1916. Nid oes fersiwn Saesneg o hwn.

Poster o gyfnod ailagored Cynllun Derby, Ionawr 1916. Roedd y posteri recriwtio diweddaraf yn llai darluniadol a mwy testunol.

Hysbyslen fechan ar ran adran Byddinoedd Newydd y FfCB, yn cynnwys manylion recriwtwyr yn sir Gaernarfon.

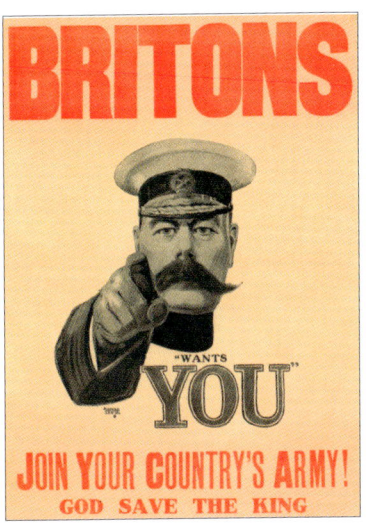

Poster recriwtio eiconig yn defnyddio darlun Alfred Leete o'r Arglwydd Kitchener.

Yr addysgwr, y gwleidydd radical a'r pregethwr, tair colofn y gymdeithas Gymreig a gafodd ddylanwad mawr yn yr ymgyrch recriwtio: Lloyd George, Syr Henry Jones, a'r Parch. John Williams Brynsiencyn gyda'i gilydd yn Downing Street yn 1916. Argraffwyd cardiau post o'r llun a chafodd ei gylchredeg yn eang.

Darlun o recriwtiaid yr 16ed Bataliwn FfBC y tu allan i'w biled yn y 'Brecon Boarding Establishment', 11 Cilgaint Mostyn, Llandudno 1915. Mae'r mwyafrif yn gwisgo bathodyn llabed Recriwtiaid i'r Fyddin Gymreig, a ddefnyddiwyd cyn y cafwyd lifrai milwrol.

Llun bach: bathodyn llabed Recriwt i'r Fyddin Gymreig. Pan ddaeth y lifrau swyddogol, roedd yn rhaid i'r Fyddin anfon y gwisgoedd sifil gartref.

*Ymgyrch recriwtio gan y 4edd Bataliwn FfBC (Tiriogaethol)
yn sir Ddinbych, gwanwyn 1915.*

*Yr 18fed Bataliwn (2il Cymry Llundain) FfBC gyda'u gafr yn
gorymdeithio yn Llundain. Cerdyn post sepia a werthwyd ar ran
Cronfa Genedlaethol yr Milwyr Cymreig.*

Y Brigadydd Gadfridog Owen Thomas, Lloyd George, ac eraill yn
arolygu Brigad Gogledd Cymru yn Llandudno
ar Ddydd Gŵyl Dewi 1915.

Darlun o wragedd lleol yn gwerthu baneri ar Ddydd y Faner
Ffrengig, 14 Gorffenaf 1915 y tu allan i'r Swyddfa Recriwtio ar
gornel Stryd y Farchnad a'r Stryd Fawr yng Nghaernarfon.

Tiriogaethwyr yr 2/6ed Bataliwn (Sir Gaernarfon a Môn) FfBC gyda'u gafr yn Essex. Cerdyn post, 1915. Mae tywysydd yr afr yn gwisgo'r bathodyn ar ei frest sy'n golygu ei fod wedi gwirfoddoli i wasanaethu dramor.

Y Gwarchodwyr Cymreig ar wyliadwraeth am y tro cyntaf ym Mhalas Buckingham, Llundain, Dydd Gŵyl Dewi 1915.

*Tommy Williams, Corwen yn ei lifrai newydd, 1915. Roedd lluniau felly o fechgyn lleol yn hybu recriwtio.
Lladdwyd Tommy yn 1917.*

Hysbysebion recriwtio ym Môn a Bangor 1914 – yn y wasg leol; a thaflen cyfarfod cyhoeddus.

Recriwtiaid yn cymryd y llw tra'n ardystio ger bron swyddog penodedig, 1917. Dyma'r foment pryd y troesant o fod yn sifiliaid i fod yn filwyr.

Llun o Diriogaethwyr Gwmni 'D' (Dinbych), 4edd Bataliwn (Sir Ddinbych) FfBC wedi'u hymgorffori mis Awst 1914. Wedi amser byr yng Nghonwy a Northampton, y 4edd oedd yr uned Diriogaethol gyntaf o ogledd Cymru i gyrraedd Ffrainc ar 6 Tachwedd 1914.

Roedd yr un peth yn gymwys i gymeriadau drwg a ryddhawyd am gamymddwyn.

Achosai'r fath ryddhau ddadl yn y CC, a recriwtwyr Cymreig yn cael eu hannog yn Nhachwedd 1914 i fod yn fwy gofalus wrth dderbyn dynion. Ym Mai 1915 cwynodd nifer o gadlywyddion bataliwn yn chwerw am y niferoedd yn cael eu rhyddhau; a dywedodd y Brigadydd Gadfridog Owen Thomas wrth Bwyllgor Sirol sir Gaernarfon bod 119 o ddynion o uned o 900 wedi gorfod cael eu rhyddhau tra bod eraill wedi cael eu heffeithio bron mor ddrwg. Ym Mawrth 1916 amcangyfrifwyd bod tua 200,000 o ddynion nad oedd yn ffit wedi cael eu hymrestru yn y deuddeng mis blaenorol.

Dechreuodd ymdrechion i asesu a rheoli cyflenwad dynion heini a rhai heb fod yn ffit yn 1914. Adenillwyd manylion gwirfoddolwyr a wrthodwyd ar seiliau meddygol o dan Gynllun Deiliaid Tai Tachwedd-Rhagfyr. Yn Ebrill 1915 fe'u cofrestrwyd mewn Swyddfeydd Cyflogi lleol gyda golwg ar gael gwaith rhyfel gyda chwmnïau a gymeradwywyd, neu gymryd lle dynion mwy heini a allai gael eu rhyddhau i'r lluoedd arfog. Erbyn Gorffennaf 1915 awdurdodwyd ymrestru dynion islaw safon iechyd 'A1' wrth i ffigyrau recriwtio ddisgyn. Gallai categorïau 'B' neu 'C' ddal i alluogi dyn i ymuno ag uned gwasanaeth cartref neu ddyletswydd garsiwn dramor.

Pasiwyd manylion dynion a gawsai ryddhad meddygol i recriwtwyr hefyd, a oedd i gysylltu â hwy rhag ofn y gallai ailymrestru fod yn bosibl. Erbyn diwedd 1915 roedd safonau meddygol yn cael eu gostwng wrth i'r system fethu â chynhyrchu digon o ddynion.

Gyda dechreuad Cynllun yr Arglwydd Derby yn chwarter olaf 1915, gwnaed i ffwrdd â'r archwiliad cychwynnol yn llwyr: gellid asesu'r dynion yn eu hadrannau ar ôl cael eu galw i fyny. Atodwyd meddygon ychwanegol at recriwtwyr teithiol oedd yn gyfrifol am ardaloedd anghysbell. Yn Chwefror 1916 terfynwyd system archwilio dynion mewn gorsafoedd recriwtio anghysbell, a sefydlwyd Byrddau Parhaol o feddygon yn y prif ganolfannau i ddelio â'r rheiny a ddanfonwyd yno i'w galw i fyny. Gofynnwyd i recriwtwyr beidio â chymeradwyo'r rhai oedd yn amlwg heb fod yn heini yn y lle cyntaf.

Problemau oed
Effeithiwyd pob cangen o'r Fyddin gan wirfoddolwyr a oedd naill ai'n rhy ifanc neu'n rhy hen. Ar 31 Gorffennaf 1914 roedd 6.5% o filwyr dan 19 oed. Rhyddhawyd y rhan fwyaf o'r 'Bechgyn Band' Parhaol ar ddechrau'r rhyfel, er bod mwy wedi ymrestru yn y pen draw ar delerau gwasanaeth Parhaol gyda chaniatâd llawn rhieni, ond heb ganiatâd i adael Ynysoedd Prydain. Roedd yn rheol gyffredinol na ddylai unrhyw filwr dan 19 oed wasanaethu dramor. Ymddangosai, fodd bynnag, bod rheolau'n cael eu gwneud i gael eu torri – ac yn enwedig gan y Tiriogaethwyr a'r Llu Arbennig Wrth Gefn, oedd wedi recriwtio rhai o 17 oed i fyny bob amser. Ymddangosai bod eu Swyddogion Rheoli yn gweithredu fel canolwyr terfynol, rhai yn pasio ieuenctid yn ôl i drefniadau Ail Linell yn y DU tra'r oedd eraill yn eu caniatáu i barhau i wasanaethu dramor. Wrth i faintioli'r rhyfel ddechrau dod yn amlwg, daeth yn amlycach i'r milwyr hyn gael eu cadw yn y DU tan iddynt gyrraedd yr oedran derbyniol.

Dyma'r rhai yr oedd eu hoed yn hysbys: dywedodd llawer mwy gelwydd i gael mynediad i'r Fyddin. Ar adeg pan na allai llawer o deuluoedd dosbarth gweithiol fforddio tystysgrif swyddogol o gofrestriad geni eu plentyn, nid oedd gan y Fyddin angen prawf oedran. Roedd ymddangos i fod yr oedran a nodwyd wrth ymrestru, a chyfarfod â safonau taldra a safonau corfforol eraill yn ddigon.

Ymddangosodd Hugh Richard James o Fodedern yng Nghaernarfon ar 6 Ebrill 1915 yn honedig yn union 19 oed, a chofrestrwyd ef yn Breifat ym Mataliwn wrth gefn 2/6

FfCB (Tiriogaethwyr). Wedi'i gymryd i Ysbyty Filwrol Bangor drannoeth, daeth ei yrfa filwrol fer i ben yn syth pan wrthodwyd ef yn feddygol gan y meddyg oedd yn archwilio. Nid oedd ond 5 troedfedd ¾ modfedd, ond derbynnid llawer o fechgyn byr, tenau os oedd gobaith iddynt 'lenwi allan' yn ystod hyfforddiant. Fodd bynnag, mesur chwyddedig ei frest oedd 30½ modfedd yn unig pan mai 34½ modfedd oedd y lleiafswm, a dyna ni. Arbedodd ei ryddhau meddygol ef rhag cywilydd posibl yn ddiweddararch, oherwydd nad oedd ond newydd droi'n bymtheg oed! Gwarchodai'r byd swyddogol ei hun yn erbyn y fath ddatgeliadau trwy nodi ar ffurflenni ymrestru y byddai unrhyw ddatganiad gau gan y recriwt yn ei wneud yn agored i gosbau amrywiol, gan gynnwys gwaharddiad.

Er bod rhai recriwtwyr yn troi y rhai amlwg dan oed i ffwrdd, nid oedd yn help bod mwy yn cynllwynio'n weithredol gyda bechgyn i'w gadael i mewn. Dywedwyd yn dawel wrth rai a roddodd eu hoedran cywir pan ofynnwyd iddynt, i ddod yn ôl yn ddiweddarach yn 19 oed. Rhaid cofio bod y recriwtwyr dan bwysau i ddod â nifer fawr o recriwtiaid i mewn, ac yn gymwys am arian bownti ar eu cyfer. Gallai nodyn gan riant pryderus neu gyffesiad gan fachgen na allai ddioddef dim mwy o fywyd y Fyddin orffen mewn gwaharddiad am ddatganiad ffug – ond nid i bawb. Cymeradwywyd rhai yn syml i unedau wrth gefn lle gallent hyfforddi tan eu bod yn ddigon hen i gymryd eu lle yn rhengoedd y tanio. Mewn achosion eraill gwrthododd eu swyddogion uwch â'u rhyddhau: yng Ngorffennaf 1915 dygwyd sylw arbennig at un o unedau magnelau'r CC am wrthod rhyddhau pump o ddynion dan oed, a theilyngodd hyn gwestiwn seneddol yn ddiweddarach y flwyddyn honno. Erbyn 1916 roedd yn rhaid i'r Swyddfa Ryfel ddeddfu bod oed milwyr fel yr hyn a gawsai'i ddatgan wrth ymrestru, waeth pa dystiolaethau y gallent hwy neu'u teuluoedd gynhyrchu.

Un bachgen a gafodd ddiwedd gwael i'w antur oedd Arthur Thomas o Gaerwen. Ymrestrodd yng Nghaernarfon ar 15 Ionawr 1915 yn honni ei fod yn ffermwr 19 mlwydd 1 mis oed. Cymerodd rwymedigaeth y Gwasanaeth Ymerodrol ac ymunodd â Bataliwn wrth gefn 2/6 FfCB. Mewn gwirionedd roedd yn 16 mlwydd 7 mis oed, yr ieuengaf o chwech o blant. Fe'i cadwyd i dyfu ychydig mwy tra oedd Hugh James uchod yn cael ei ryddhau. Graddiodd i'r uned llinell flaen, a phan orchmynnwyd hon i Gallipoli yng Ngorffennaf fe'i dychwelwyd i'r 2/6 ac yna i'r Bataliwn Trydedd llinell 3/6 erbyn Tachwedd: am ryw reswm nid ystyriwyd ei fod yn barod i gael ei benodi. Cyrhaeddodd Fataliwn 13 (1 Gogledd Cymru 'Pals') FfCB yng ngwlad Belg yn Nhachwedd 1916. Fis yn ddiweddarach dychwelwyd ef ar ei ben i Brydain 'O dan oed', a'r awdurdodau wedi deall mai yn 1898 y cafodd ei eni. Ai cyffesiad oedd hyn gan fachgen a benderfynasai nad y ffosydd yn Ypres oedd y lle i fod, neu apêl daer gan riant a arswydai bod ei fab nawr mewn perygl mawr, ni ddywed ei ffeil – ond eto daliodd y Fyddin ei gafael ynddo. Wedi'i yrru yn ôl, cyrhaeddodd Fataliwn Wrth Gefn 4 FfCB yn Park Hall, Croesoswallt. Mae'n amlwg iddo gael amser caled yma, yn 'troseddu' am fod yn hwyr, absenoldeb, meddu ar offer budr ac yn y blaen. Wedi cyrraedd 19 ym Mehefin 1917, yn yr Hydref fe'i penodwyd i Fataliwn 1/5 FfCB (Tiriogaethwyr) yn yr Aifft. Fe'i clwyfwyd yn ddifrifol ym Mawrth 1918 a bu farw o'i anafiadau. Fe'i claddwyd ar Fynydd yr Olewydd yn Jerusalem, a'i deulu'n dewis beddargraff Cymraeg o'r Hen Destament: 'Pa fodd y syrthiodd y cedyrn, ac y dyfethwyd arfau rhyfel' – galargan y Brenin Dafydd am Jonathan.

Bu llawer o fechgyn tebyg iddo nid yn unig mewn lifrai ond yn rhengoedd y Llinellau Blaen hefyd. Cofnoda cofeb ryfel Gwalchmai, John Jones a fu farw yn 16 oed. Mae ffynonellau eraill yn rhoi ei oed yn 17, ond bu farw o'i glwyfau yng ngwlad Belg yn Hydref 1917 ychydig fisoedd ar ôl ennill Medal Ymddygiad Nodedig am ei ddewrder yn nofio afon Yser i ragchwilota safleoedd y gelyn. Nid yw'n hysbys faint oedd ei oed wrth ymrestru. Fodd bynnag, nid oedd ar ei ben ei hun: roedd eraill o Fôn yn 16 a 17 oed wedi marw yn y rhyfel.

Cafodd y dynion oedd braidd yn aeddfetach eu blynyddoedd na'r hyn a ganiateid gan y rheolau lai o gyhoeddusrwydd. Hawliai Robert Graves bod un o'i ddynion yn y FfCB yn Ffrainc yn hen filwr a daniodd ei reiffl olaf yn 1882, a daeth i mewn er gwaetha'i wrthodiad am fod dros oed yn ystod Rhyfel y Boer. Bid a fo am hynny, un a aeth i eithafion oedd Lefftenant-Gyrnol Charles Henry Darbishire o'r teulu oedd yn berchen ar chwarel ithfaen Penmaenmawr. Yn gyn-swyddog Llu Gwirfoddol a chadeirydd Cymdeithas Tiriogaethwyr sir Gaernarfon, ceisiodd basio'i hun fel milwr yn 70 oed, gan fynd mor bell â hwylio i'r Aifft yng Ngorffennaf 1915 yn sgil Cwmni Penmaenmawr o Fataliwn 1/6 FfCB (Tiriogaethwyr). Prynodd lifrai Preifat ac offer a cheisiodd ymdoddi, ond fe'i canfuwyd yn fuan a'i yrru adref, lle rhoddwyd defnydd mwy priodol i'w sêl ar fwrdd pensiwn ar gyfer dynion a glwyfwyd yn y rhyfel.

Yn dilyn Cofrestru Cenedlaethol yng Ngorffennaf 1915, daeth yn anoddach i ieuenctid dan oed i lithro i mewn i'r lluoedd arfog. Wedi'u rhestru o ddeunaw oed, ar y dechrau ni chawsai dynion ifanc eu galw i fyny dan Ddeddfau Gwasanaeth Milwrol tan iddynt gyrraedd pedair ar bymtheg oed. Yn ddiweddarach, gelwid hefyd ar y rhai deunaw oed, a chaent flwyddyn o hyfforddiant er mwyn paratoi i fynd dramor ar ôl eu pen-blwydd yn bedair ar bymtheg.

Canfyddir goleuni lletraws diddorol ar gwestiwn oedrannau yn Llyfrau Rhol Cwmni 'E' (Wrth Gefn) Bataliwn 16 FfCB yng Ngwersyll Parc Cinmel, Bodelwyddan dyddiedig Hydref 1915, a ddaeth yn Gwmni 'D' Bataliwn 20 (Wrth Gefn) FfCB yn Chwefror 1916. Yr hyn sy'n drawiadol yw cyn i Gynllun Derby ddechrau yn Hydref 1915, ac eithrio cwpwl o fechgyn 18 oed, honnai dros 21% o recriwtiaid eu bod yn 19 oed, eto roedd dan 8% yn 20 oed. Roedd chwarter y cwmni yn 21-25 oed; 18% yn 26-30 oed; 14% yn 31-35 oed; 12% yn 36-40 oed, a than 2% yn 41-49 oed. Ymddangosai mai Hyfforddwyr Swyddogion Heb eu Comisiynu wedi'u hailgyflogi oedd y dynion hynaf. Cyfran uchel y rhai pedair ar bymtheg oed sydd fwyaf trawiadol – y lleiafswm oed ar gyfer gwasanaethu dramor gyda'r Byddinoedd Newydd ac yn cael ei hawlio fel y gwir oedran ar bapurau ymrestru'r rhai oedd mewn gwirionedd rywfaint yn iau.

Yn ystod Cynllun Derby ymrestrwyd cwpwl arall 18 oed; 23% yn 19 oed; 54% yn 20-25 oed; 8% yn 26-30 oed; 9% yn 31-35 oed, a than 3% yn 36-39 oed. Roedd y ffigyrau hyn yn fras yn ôl y disgwyl am Gynllun a ganolbwyntiai ar ddynion ifanc, dibriod, yn cael eu galw i fyny gyntaf.

Cymryd 'Swllt y Brenin': Tâl a Lwfansau

Hyd yn oed er i'r Fyddin mewn cyfnod o heddwch fod wedi dibynnu ar ddiweithdra i ddod â llawer o recriwtiaid i mewn, chwaraeodd economeg ran bwysig mewn penderfynu pryd, neu a ddylid, ymrestru. Fflamiai'r rhyfel ar draws Ewrop ar adeg pan ddygid cynaeafau i mewn ac o ystyried y byddai ffermwyr yn talu pris am lafur ar gyfer y dasg angenrheidiol hon roedd gan weithwyr reswm da dros beidio â chael eu clymu mewn anturiaethau milwrol tan ar ôl y tymor. Ar yr un pryd cynyddai'r rhyfel bris bwyd a nwyddau eraill: roedd cyfarfod awyr agored cecrus yng Nghaergybi yng nghanol Awst yn protestio am y modd y dyblodd perchnogion siopau rai prisiau, a chodiadau tebyg yn denu cwynion yn y wasg.

Un o'r cwestiynau hollbwysig y gallai recriwt posibl ei ofyn oedd nid yn unig ynglŷn â'i dâl ei hun gan y Fyddin, ond am y cymorth a roddai'r Llywodraeth i'r rhai y byddai'n eu gadael ar ôl. Mewn cyfarfod recriwtio yn Llandudno ym Medi 1914 cyhoeddodd y Parchedig J. Raymond bod tri o'i gynulleidfa wedi ymrestru, 'ac y byddai tri neu bedwar arall pe gwyddent bod eu mamau'n cael gofal'. Gallai fod gan ddynion priod a sengl ddibynyddion – yn amrywio o rieni anabl i wragedd a phlant – y gellid hawlio lwfansau ar eu cyfer.

Telid cyflog o 1s. y dydd i filwr troed yn 1914 – yn dybiedig gyfwerth â chyflog labrwr, ond nad oedd wedi'i newid ers i Wellington ymladd y Ffrancwyr ganrif yn gynharach. O'r swm sylfaenol hwn o 7s. yr wythnos roedd tyniadau hyd at 5½ d. yr wythnos ar gyfer bwydo a golchi, ac unrhyw ddyraniadau o'i gyflog y gallai ddewis eu gyrru adref at ei deulu. Mewn cymhariaeth, ym Mai 1914 gallai gwas fferm yn sir Gaernarfon ddisgwyl ennill 12s. yr wythnos a'i lety a'i fwyd. Enillai glowr yn ne Cymru yn 1912 4s. 7d. y dydd, a'r cyflog cyfartalog cenedlaethol wythnosol yn 1914 oedd rhwng 26s. 4d. a 34s. 4d.

Talai canghennau eraill o'r fyddin fwy: dechreuai recriwtiaid corffluoedd Gwasanaeth, Cafalri, a Meddygol ar 8s. 2d.; magnelwyr 8s. 5½d.; a chrefftwyr y Peirianwyr Brenhinol yn werth 15s. 2d. yr wythnos ar ôl hyfforddiant. Telid Ail Lefftenant milwr troed 7s. 6d. y dydd, ond bod rhaid iddo dalu am ei fwyd, ei lifrai, ei offer ei hun a thaliadau eraill.

Roedd angen talu'r gwirfoddolwyr 'Kitchener' a heidiodd i mewn yn ystod 1914, ac yng ngogledd-orllewin Cymru y Pwyllgorau Sirol oedd yn gyfrifol am eu cyllido ar y dechrau. Awgrymodd canllawiau y Medi hwnnw dâl i ddynion sengl o 1s. y dydd ac i rai priod 6d. y dydd tan i'w rhandaliadau a'u lwfansau gael eu datrys. Prin bod hyn yn ddigon. Derbyniodd y rhai oedd gartref ar y system ymrestru 'ohiriedig' yn Nhachwedd 1s. o gyfradd gynnal y dydd a 9d. y dydd o arian llety tra'n aros i ymrestru.

Dengys llyfrau Rhol cwmni Bataliynau 16 a 20 (Wrth Gefn) FfCB a grybwyllwyd yn gynharach bod 63% o'r 300 o ddynion cyn Cynllun Derby yn sengl, a 37% yn briod. Rhwng Hydref 1915 a Chwefror 1916 roedd 94% o'r reccriwtiaid yn sengl: nid oedd yn syndod o gofio bod y Cynllun wedi'i anelu'n bennaf at ddynion iau, dibriod.

Byddai'r rhan fwyaf o Breifatiaid milwyr troed yn derbyn 6s. 8½d. yr wythnos ar ôl ataliadau, ond i ddynion priod roedd bywyd yn galetach. Ar ddechrau'r rhyfel talai'r Fyddin Lwfans Priod misol i 1,500 o wragedd milwyr. Bythefnos yn ddiweddarach roedd 250,000 o fenywod yn gymwys a rheidrwydd i wneud taliadau wythnosol iddynt. Rhoddwyd y system o dan straen mawr ac roedd oedi anochel mewn olrhain a thalu Lwfansau Priod a Gwahanu i wragedd a dibynyddion. Y drwgdeimlad eang a ddeilliai o hyn oedd un o'r rhesymau pam yr arafodd recriwtio yn Hydref, er gwaethaf cynnydd yn y Lwfans Priod yn y mis blaenorol. Roedd y wasg Gymreig a'r PCGC yn bryderus am effaith ddrwg yr oedi mewn talu'r lwfansau i deuluoedd. Gofynnodd R. J. Lloyd Price o'r Bala, wrth ffurfio cynnig i'w roi i ynadon Adran Penllyn ar 14 Tachwedd, mewn unrhyw ymgyrch recriwtio a fwriedid:

> That there be no delay, no 8, 10, 12 weeks for our soldiers wives *without* the money which is their due, and keep the women off the Relief Funds, where they are lectured cross-questioned and insulted and then go and tell their neighbours.

Yn Awst roedd gan wraig ar ei phen ei hun hawl i 7s. 7d. yr wythnos a phob plentyn yn werth 1s. 2d. Pwysleisiai llawer o hysbysebion y cyfraddau hyn er mwyn rhoi sicrwydd i wirfoddolwyr posibl y byddai eu teuluoedd yn derbyn gofal. Gellid ychwanegu dyraniadau gwirfoddol hefyd allan o gyflog y milwr. Gyda, dyweder, dyraniad o 5s.

3d. byddai teulu tri phlentyn yn cael 16s. 4d. yr wythnos a'r Preifat â 1s. 5½d. ar ôl i'w hun. O Fedi derbyniai gwraig 12s. 6d. yr wythnos gan gynnwys dyraniad o 3s. 6d., a mam i bedwar o blant yn derbyn 22s. (ar ôl Tachwedd 1914, daeth 3s. 6d. yn ddyraniad priod safonol wedi'i ddidynnu, gyda'r llywodraeth yn cyfrannu gweddill y swm).

Ni thalai'r Fyddin ddim lwfansau ar gyfer bechgyn 14 oed na throsodd, nac i ferched o 16 oed. Yn y cyfnod hwn, diweddai ysgol i'r rhan fwyaf o fechgyn dosbarth gweithiol ar yr oed hwnnw a disgwylid iddynt wedyn ennill eu bywoliaeth. Gallai mynychu ysgolion gwladwriaethol neu anabledd, fodd bynnag, estyn lwfansau bechgyn hyd at 21 oed.

Prin bod hyn yn haelionus, yn enwedig gan fod costau byw yn cael eu gwthio i fyny yn gyson, gan negyddu'r lwfansau gwell. Golygai llif y dynion i'r fyddin bod cyflogau gweithwyr eraill hefyd yn codi: erbyn 1918 roedd rhai gweision fferm yn cael rhwng 60s.–70s. yr wythnos ar gyfartaledd. Enillai hanner yr holl ferched yn 1914 10s.–15s. yr wythnos, ond erbyn 1918 gellid cynyddu hyn i rhwng £6–£10 neu fwy mewn ffatrioedd arfau rhyfel. Gosododd un daflen Diriogaethol yn dyddio o wythnosau cynnar y rhyfel y cyflog a'r lwfansau, ond daeth i'r casgliad:

> Ni ofynir i wyr sir Gaernarfon i wasanaethu er mwyn yr arian allant wneud o hyn, ond er helpu eu gwlad.

Gallai dynion ffodus fod wedi cael cynnig llinell fywyd ariannol gan eu cyflogwyr, sef y gwahaniaeth rhwng eu cyflog Gwasanaeth a sifil tan amser dychwelyd o'r Lluoedd – a'u swyddi'n cael eu cadw iddynt yn y cyfamser. Gwnaethpwyd y fath gynigion gyda rhyfel byr mewn golwg. Anogai Marcwis Môn i'w weithwyr rhwng 20-30 oed ar ei stâd ym Mhlas Newydd i ymrestru, gan addo hanner eu cyflogau arferol yn ychwanegol at gyflog eu gwasanaeth, ac y byddai eu dibynyddion yn cael gofal yn ystod eu habsenoldeb.

Dywedwyd bod yr Arglwydd Aberconway wedi cynnig cymhelliad o '£5 ar gyfer pob recriwt lleol' mewn cyfarfod. Yn ardal Ffestiniog yn Nhachwedd 1914 roedd cyfeiriad yn y wasg at fonws yn cael ei dalu i wirfoddolwyr Byddin gan y chwareli, ond ym Medi 1914 a Mehefin 1915 sylwodd y wasg ar fygythiadau diswyddo yn cael eu gwneud yn ôl pob golwg yn erbyn y rhai nad oedd wedi ymrestru.

Llechi, yn bennaf ar gyfer toi, oedd prif allforyn y rhanbarth: cynhyrchwyd dros 293,000 tunnell ym Mehefin 1914. Ar y pryd, cyflogai 29 mwynfa a 35 chwarel yn siroedd Caernarfon a Meirionnydd 10,000 o weithwyr, a hyd at 40,000 o bobl neu 20% o'r boblogaeth yn uniongyrchol ddibynnol ar y diwydiant. Gyda dechrau'r brwydro collwyd mwyafrif y marchnadoedd tramor ar unwaith, tra bod y diwydiant adeiladu cynhenid bron ar stop. Roedd Chwareli'r Oakley yn Ffestiniog yn cyflogi tua 700-800 o ddynion fel arfer: ar 22 Awst ataliasant yr holl waith llawn-amser, a cheisient gynnal wythnos tri diwrnod. Anogent eu gweithwyr iau i geisio gwaith mewn mannau eraill, neu i ymrestru. Pan gaeodd Chwarel Cilgwyn ym Medi, rhagwelai'r rheolwyr ailagor yn y pen draw gan gynnig cadw swyddi'r rhai a ymrestrai yn agored. Erbyn yn gynnar yn Ionawr 1915, dywedodd Undeb Chwarelwyr Gogledd Cymru wrth y Cabinet mai dim ond 5,600 o weithwyr oedd ar ôl o gymharu â'r amcangyfrif o 8,400 cyn y rhyfel, a'r mwyafrif helaeth ohonynt ar wythnosau 3 neu 4 diwrnod. Gadawsai tua 2,800 – 1,200 o'r rheiny wedi ymrestru, 1,200 wedi cael gwaith arall a 400 yn ddiwaith. Gadawsai nifer fawr o ddynion yr ardal, weithiau gyda'u teuluoedd, yn cymryd gwaith yn y pyllau glo, y rheilffyrdd, y dociau, yn codi gwersylloedd i'r Fyddin, gwaith arfau rhyfel, ac yn y blaen. O ennill y dydd 4s. 3d. yn unig fel naddwr llechi medrus neu ar gyfradd creigiwr (labrwyr chwarel o leiaf 3s. 3d.) enillent £2.10s. yr wythnos fel docwyr – yn sylweddol fwy na'r hyn a fyddent wedi ei gael gan y Fyddin.

Gwagiodd llawer o dai yn ardaloedd y chwareli heb fedru eu hailosod. Nodai colofnau'r papurau newydd ymadawiad milwyr newydd ar gyfer hyfforddiant, ond hefyd unigolion a phartïon o ddynion yn cyrchu cyflogaeth arall. Hyd yn oed lle y cynigiwyd cyflogau gwell, y cwestiwn bob tro oedd a fedrid anfon digon adref i gynnal dibynyddion a arhosai yn yr ardaloedd dirwasgedig. Ni fedrai'r mwyafrif dros 50 oed wynebu mynd yn bell i ffwrdd 'i ddiwydiannau lle defnyddir yr iaith Saesneg yn unig', ac felly arhosent gyda'r rhai nad oedd mewn iechyd da a'r rhai dan oed i grafu bywoliaeth ar oriau gwaith gostyngol.

Roedd y taflenni a amlinellai gyflog a lwfansau hefyd yn cynnwys gwybodaeth am bensiwn er budd darparrecriwtiaid. Didynnid 1½d. o'r cyflog wythnosol ar gyfer Yswiriant Gwladol, a'r Llywodraeth yn talu swm cyfartal (a gofalai hyn am fudd-dâl mamolaeth i'w wraig). Rhoddwyd sicrwydd o gymorth i arwyr clwyfedig neu'r rhai a ddioddefai salwch neu anhwylderau eraill. Roedd realiti braidd yn llai hael.

Gydag achos nodedig gŵr a gollodd goes y disgwylid iddo gadw gwraig a naw o blant ar 3s. 6d. yn unig yr wythnos, nid oedd yn syndod erbyn 1915 hyd yn oed, bod rhai yng Nghymru'n derbyn cymorth ariannol gan 'Gronfa Gymorth Americanaidd Lloyd George' a 'Chronfa Tywysog Cymru'. Yn ystod y rhyfel daeth amrywiol gronfeydd i fodolaeth i helpu milwyr a'u teuluoedd. Roedd Cymdeithas Teuluoedd y Milwyr a'r Morwyr yn elusen ers cyn y rhyfel, ac yn ystod 1914 yng ngogledd-orllewin Cymru talodd y corff hwn grantiau o £3,610 i ryw 511 o wragedd, 1,218 o blant a 977 gweddw a dibynyddion eraill yn y rhanbarth. Diben pob un o'r rhain oedd bod yn ychwanegiad i ffurfiau eraill o incwm.

I'r rheiny a ildiodd i addewidion sicrwydd ariannol ac ymuno, roedd hi'n gythruddol clywed am y cyflogau gormodol – uchel a delid i weithwyr rhyfel ac eraill a ddihangodd rhag y rhwyd filwrol. O 1916 rhoddwyd bathodyn llabed arian 'Am y Gwasanaeth a Roddwyd' i'r rhai a ryddhawyd yn feddygol o'r Lluoedd Arfog yn warchodaeth rhag y gwawd o fod yn 'slacwyr' heb ymrestru. Erbyn diwedd y rhyfel, cawsai llawer eu gwystlo am 2s. mewn arian parod – datganiad atgofus o'r cyflwr y gostyngid llawer o gyn-filwyr a'u teuluoedd iddo yn y 'Wlad addas i Arwyr'.

TERRITORIAL RECRUITING.

THE BARRACKS,
CARNARVON.
3rd. September, 1914.

The Anglesey and Carnarvonshire Territorial Force Associations, advised by the Army Council, having made an Appeal to their Countrymen by poster and pamphlet, now propose to raise the strength of the Territorial Battalion Royal Welsh Fusiliers from 980 men—its present strength—to 1960; that is to double the numbers.

Good men are invited to join at once, and make themselves efficient in the ranks. Age 17 to 35. Period of War.

Railway warrants to Carnarvon can be obtained from:—
CRICCIETH: Mr. T. Burnell, Council Schools.
LLANGEFNI: Major J. Jones, V.D., N.P. Bank.
HOLYHEAD: Dr. Fox Russel, 5, Victoria Terrace.
PENMAENMAWR: Mr. F. Chantrey.
BANGOR: Major W. C. Whiskin, V.D., Arvonia Buildings.
LLANDUDNO: Mr. L. Conway, Ironmonger, Mostyn Street.
PORTMADOC: Miss Hammond, Wheaton House.
CONWAY: Mr. J. Porter, Muriau.

R. RANSOME, Captain,
Secretary.

Hysbyseb Tiriogaethwyr siroedd Caernarfon a Môn yn dangos y Recriwtwyr a'u swyddfeydd lleol. Y Genedl Gymreig, 15 Medi 1914

Pennod 3

Dilladu, Lletya a Hyfforddi

Dilladu

Mae gweld milwyr mewn lifrai wedi denu diddordeb erioed – a recriwtiaid. Pa mor wael bynnag y ffitiai'r siaced *khaki*, arbedodd dynion rhag sylw nas croesewid gan y sifiliaid mwy ymosodol gwlatgarol, tra'n rhoi i'w gwisgwyr fesur o gymhathu meddyliol â'u gwaith newydd. Nid ystyriai y rhai a recriwtiwyd ers rhai misoedd hyd yn oed eu hunain yn filwyr tan i'r lifrai arbennig gael ei rhyddhau.

Ar ddechrau'r rhyfel roedd y stociau dillad yn ddigonol ar gyfer canghennau'r Fyddin a fodolai ar y pryd, ond llyncodd y llif o wirfoddolwyr y rhan fwyaf ohonynt yn fuan. Roedd yn anodd i ddilladu'r Byddinoedd Newyddion, a hwythau'n dechrau o ddim byd ym mhob agwedd. Tra bod y melinau gwlân a'r diwydiant dillad yn gweithio i'r eithaf i geisio cyfarfod â'r galw enfawr am lifrai, roedd rhaid llenwi'r bwlch â dillad dros dro.

Y cyntaf oedd dilledyn brethyn gwrymiog glas tywyll, yn wreiddiol o stociau gwisgoedd postmyn ac yna'u haddasu. Rhyddhawyd y 'Kitchener Blue' yma i o leiaf rhai unedau Arbennig Wrth Gefn, ond fe'u gwisgwyd yn bennaf gan Fataliynau'r Fyddin Newydd a godwyd yn 1914. Cafodd ei feirniadu'n gyffredinol bron am ei golwg anfilitaraidd, yn rhannol oherwydd ei thebygrwydd i ddillad swyddogol carchar. Rhoddwyd darn o arian hyd yn oed i un gwisgwr gan wraig a gredai ei bod yn helpu ffoadur o wlad Belg. Fe'i rhyddhawyd i wirfoddolwyr cynharach FfCB 'Kitchener' yng ngogledd Cymru, a rhai unedau o'r CC. Cwynodd wythnosolyn y Methodistiaid Calfinaidd *Y Goleuad* amdano ym mis Tachwedd – 'anodd fuasai i'r swyddog mwyaf diddychymyg a di-gydymdeimlad ddyfeisio dim hyllach na'r wisg honno.'

Ail fesur dros dro oedd ailddosbarthu hen lifrai sgarlad o stociau cyfredol catrodau. Roedd y lliwgar a militaraidd yr olwg yn sicr, ond yn y cyd-destun hwn roedd yn wironeddol hen ffasiwn ac nid yr hyn y dymunai milwr modern 1914 ei gwisgo. Honna Robert Graves i filwr o Fôn ym Mataliwn 3 FfCB (Arbennig Wrth Gefn) yng ngwersyll Litherland gael ei orfodi i wisgo siaced goch yn gosb am wrthod gwirfoddoli ar gyfer gwasanaeth dramor. Un arall a gafodd y driniaeth ail-law oedd Ifan Gruffydd o Langristiolus ym mhencadlys Wrecsam FfCB. Gan ei fod mor fach siaced goch yn unig a'i ffitiai – mwy na thebyg o stociau dillad dynion band ifanc. Byddai hyn wedi cynyddu'i ymdeimlad o unigrwydd cymdeithasol ymhlith y lluoedd o'i gwmpas mewn *khaki* a glas.

Rhoddwyd blaenoriaeth i'r *khaki* yr oedd modd ei gynhyrchu yn 1914 ar gyfer y rhai oedd ar fin mynd dramor. Yn aml roedd rhaid i'r recriwtiaid ar gyfer Tiriogaethwyr yr Ail Linell a'r Byddinoedd Newydd fyw ac ymarfer yn eu dillad sifilaidd am fisoedd. Talai'r awdurdodau lwfans unwaith ac am byth o 10s. i bob dyn am ddefnyddio'i ddillad ei hun, a thalu'r gost o'u gyrru adref yn ddiweddarach. Wrth i stociau pa lifrai bynnag gyrraedd bob yn dipyn, fe'u dosbarthwyd a'u gwisgo heb boeni am effaith weledol cymysgu elfennau sifil a milwrol. Ysgrifennodd H. Lloyd-Williams a oedd yn swyddog iau gyda Bataliwn 9 'Kitchener' FfCB yn Basingstoke yn Rhagfyr 1914:

> ... at this period the men were still wearing their own clothes in which they had been enlisted, or rather what was left of them or the ill-looking and ill-fitting blue which had been served out to them ... Mess-Sergeant Jelly garbed in new brown leggings, a pair of baggy blue serge trousers, and a delapidated bowler ...

Roedd golwg chwerthinllyd ar y fath ffurfiadau, ac aeth Lloyd-Williams rhagddo i ddweud bod y fath gasineb at y lifrai glas nes bod rhai dynion wedi prynu trowsus *khaki* yn breifat hyd yn oed.

Gwaharddwyd y Cymdeithasau Triogaethol yn fuan rhag rhannu adnoddau gyda'r Byddinoedd Newydd, ac yn anochel felly gyrrodd cystadleuaeth bris dillad milwrol i fyny. Caniateid prynu dillad glas neu lwyd fel mesur dros dro, ac o fethu â gwneud hynny, erbyn Hydref awdurdodwyd pwyllgorau codi Byddin Newydd i wario 10s. ar siwt sifilaidd, côt ac esgidiau i bob dyn yn gymorth cyn i lifrai gael ei dosbarthu.

Erbyn yr adeg y dechreuai'r CC ymffurfio yn Hydref-Tachwedd, roedd stociau popeth yn brin. Roedd gan nifer o'i unedau lifrai yn barod, neu'n rhannol felly. Cafodd 'Pals' Gogledd Cymru gymorth gan Gymdeithasau Tiriogaethol Dinbych a Fflint ar gyfer dilladu wrth ddechrau ffurfio ym Medi, a phrynwyd rhywfaint yn lleol hefyd, a Phwyllgor Dillad ac Offer PCGC yn ychwanegu dosraniadau dillad ei hun. Cymerai rhai unedau CC sawl mis i dderbyn hyd yn oed fân-ddillad milwrol. Cotiau mawr *khaki* yn aml oedd yr eitemau cyntaf i ymddangos, yn cynhesu'r milwyr wrth i'r gaeaf nesáu a gorchuddio'u dillad sifilaidd. Gwirfoddolwyr o Frigâd Gymreig Ambiwlans Sant Ioan oedd cyfansoddiad cyflawn Ambiwlans Maes 130 ar yr ochr feddygol, ac yn wreiddiol caniateid y dynion i wisgo'u lifrai Sant Ioan du. Prynwyd tua 5,750 o siwtiau 'Glas Kitchener'.

I'r sefyllfa hon cyflwynodd rhywun ddimensiwn Cymreig: pam lai dilladu'r Fyddin Gymreig â – *Brethyn Llwyd*? Roedd y lliw wedi cael ei awdurdodi, ni chystadleuai â'r gofynion am *khaki*, ac yn sicr gellid ei gynhyrchu gan felinau gwlân niferus Cymru. Roedd y syniad yn ddeniadol yn wleidyddol, yn economaidd ac yn fanteisiol. Fel elfen gyhoeddusrwydd ychwanegol, gallasai helpu i ddenu recriwtiaid a phwysleisio bod hon yn fenter genedlaethol wirioneddol Gymreig. Yn fuan iawn wedi ffurfio'r Pwyllgor Dillad ac Offer yn hwyr yn Hydref penderfynwyd mabwysiadu'r ffurfwisg hon, a gwahoddwyd tendrau yn gynnar yn Nhachwedd.

Ond haws dweud na gwneud: danfonodd cwmnïau ddyfynbrisiau i mewn ond roeddent yn or-obeithiol parthed eu gallu i'w gynhyrchu'n gyflym a swmpus. Rhoddwyd cytundebau i bedair melin ar ddeg yn ne a gorllewin Cymru, yn ogystal ag un yn Nhrefriw yn Nyffryn Conwy, ond cymerai'r broses a'r cynhyrchu amser. Erbyn dechrau Rhagfyr nid oedd dim *Brethyn Llwyd* wedi ymddangos a bu'n rhaid i PCGC awdurdodi rhyddhau'r dillad *khaki* a glas a gasglasai. Achosodd yr oedi i rai bataliynau fynd heibio i'r PCGC yn gyfan gwbl a chysylltu'n uniongyrchol â'r gwneuthurwyr, a chael eu ceryddu am wneud hynny.

Erbyn canol Rhagfyr cyrhaeddodd y ffurfwisgoedd llwyd cyntaf, a rhoddwyd blaenoriaeth i ddilladu rhai recriwtiaid ynddynt, i ddibenion hysbysebu. Roedd anawsterau cyflenwi, ac yn y pen draw ni chyrhaeddwyd y targedau cynhyrchu a addawyd gan y melinau o gwbl. Ymhen hir a hwyr prynodd y PCGC 8,440 siaced a throwsus mewn *Brethyn Llwyd*; digon i ddilladu bron hanner Adran lawn. Yn anffodus ni ellir olrhain ar hyn o bryd unrhyw ffurfwisg yn y defnydd arbennig hwn sydd wedi goroesi: testun dadl yw'r union liw a fabwysiadwyd, er bod yr Amgueddfa Wlân Genedlaethol yn Llandysul yn credu mai rhyw lwyd ariannaidd ydoedd.

Erbyn Mawrth 1915, yn ei adolygiad mawr yn Llandudno gorymdeithiodd Brigâd Gogledd Cymru mewn cymysgedd o *khaki*, 'Glas Kitchener', *Brethyn Llwyd* a dillad sifilaidd. Deuai'r anniddigrwydd mwyaf gyda'r brethyn Cymreig gan swyddogion hŷn y CC nad oedd yn hoffi ei anarferoldeb, ac adroddodd O. W. Owen o'r PCGC i ysgrifenyddes breifat Lloyd George yn Ionawr bod angen perswâd mawr ar lawer o unedau cyn y derbynient y brethyn cartref, yn enwedig y Brigadydd-Gadfridog Owen Thomas a'i Frigâd Gogledd Cymru. Yn y pen draw tynnodd Thomas ei wrthwynebiad yn ôl yn dilyn rhywfaint o drafod. Dywedwyd bod y defnydd yn ysgafnach ond yn gwisgo'n well ac yn gryfach na *khaki*; a phan fwrid ef o'r neilltu fe'i defnyddid gan y bataliynau Wrth Gefn yng ngwersyll Parc Cinmel. Roedd y siacedi £1 yr un yn ddrutach na'r *khaki* yn 14s. 7d., neu 'Las Kitchener' yn 14s. 2d.

Roedd digon o *khaki* ar gael erbyn Mai 1915 i gwblhau dilladu Adran 38 (Cymreig) er i rai eitemau – esgidiau yn arbennig – gael eu derbyn ychydig ddyddiau'n unig cyn iddynt adael am Ffrainc y Rhagfyr hwnnw. Cynhyrchodd melinau Cymru swmp enfawr o wlân llwyd ar gyfer sanau milwrol a chrysau. Gwnaeth yr ansawdd argraff hyd yn oed ar amheuwyr Brigâd Gogledd Cymru, ac roedd dillad isaf Cymreig mae'n debyg yn safonol i recriwtiaid y CC.

Nid oedd yr un prinder o ddillad o ansawdd gwell ar gyfer swyddogion, gan fod llawer o deilwyr masnachol wedi dechrau gwneud siwtiau *khaki* rhatach ar ddechrau'r rhyfel i ymdopi â'r cynnydd yn y rhengoedd comisiwn. Caniateid lwfans o £20 i swyddogion 'dros dro' i brynu dillad eu hunain yn Awst 1914. Gwthiodd chwyddiant wedi'i fwydo gan alw, hyn i fyny i £50 yn cynnwys taclau erbyn Rhagfyr. Yn Nhachwedd sefydlwyd 'Cronfa Hen Fyfyrwyr' yn Aberystwyth i helpu swyddogion tlawd i gael offer.

Offer
Ochr yn ochr â dillad, roedd dirfawr angen arfau ac offer ar y milwyr ar gyfer hyfforddi. Nid syndod oedd bod prinder y pethau hyn ar y dechrau. Prynodd y PCGC, fel ffurfiadau Byddin Newydd eraill, yr offer lledr Patrwm 1914 newydd, a gymerodd y pwysau oddi ar gynhyrchu'r offer webin cotwm

Patrwm 1908 a gynlluniwyd yn dda ar gyfer y Fyddin Barhaol a Thiriogaethol. Lliwiwyd lledr y CC â gwawr werdd iddo er mwyn rhoi argraff mwy pendant o webin, a derbyniodd Brigâd Gogledd Cymru eu setiau erbyn gwanwyn 1915.

Roedd arfau'n broblem hefyd. Pan ddechreuodd Iwmoniaeth Trefaldwyn wrth gefn ymarfer yn 1914 roedd ganddynt wyth ceffyl, dau reiffl nad oedd modd eu defnyddio, a dim dillad. Roedd Ail Linell yr Adran Gymreig (Tiriogaethwyr) yn fwy ffodus o dderbyn rhywfaint o reifflau calibr bach Arisaka o Siapan yn Ionawr 1915, a'u cyfnewid yn ddiweddarach am reifflau wedi'u haddasu o Ryfel y Boer. Derbyniodd y CC ychydig o reifflau dan gondemniad ddechrau 1915, fel arall roedd rhaid i'r dynion ddefnyddio ffyn cerdded neu arfau eraill a ddyfeiswyd ganddynt. Cofiai W. R. Thomas, oedd gyda Bataliwn 14 (sir Gaernarfon a Môn) FfCB ym Mlaenau Ffestiniog, y rhoddwyd iddo ar ôl aros yn hir:

> nothing in the shape of a weapon except a mock-up dummy rifle approximating to the real thing but only in weight and size. We had to learn to live with this thing ... On long marches we got to hate it ... to go with the dummy rifle we had equivalent in weight to 250 rounds of ammunition, with a few wooden bullets in spent cartridge cases.

Roedd modd sylwi ar y prinder arfau mewn ffilm sy'n goroesi o orymdaith Brigâd Gogledd Cymru 128 gerbron Lloyd George ar Bromenâd Llandudno ar ddydd Gŵyl Dewi 1915. Parodd y prinder i Lloyd George eiriol â'r Arglwydd Kitchener am reifflau i'r CC, ac o ganlyniad derbyniodd pob bataliwn gant o arfau Rhyfel y Boer. Ni ryddhawyd reifflau Lee-Enfield tan Hydref/Tachwedd 1915, felly gallai Adran 38 (Cymreig) danio'u cyrsiau saethu ar frys yn syth cyn mynd dramor.

Roedd magnelwyr y CC mewn gwaeth cyflwr: heb ynnau, ceffylau nac offer manwl gywir fe'u gorfodwyd i ymarfer gyda pholion telegraff wedi'u gosod rhwng parau o olwynion bỳs. Cyrhaeddodd rhai ceffylau yng ngwanwyn 1915, ond mewn gorymdaith cyfarfod recriwtio ym Mhwllheli y Mai hwnnw roedd chwe deg o fagnelwyr ar geffylau o gymharu ag 800 o fagnelwyr yn cerdded. Yn yr un modd roedd magnelwyr Ail Linell yr Adran Gymreig (Tiriogaethol) yn gyfan gwbl heb ynnau, ceffylau na chyfrwyaeth ym Mai 1915, ac ni chwblhawyd eu cyflenwi tan y Rhagfyr hwnnw.

Cymhellodd prinder yr offer rai i ychwanegu at adnoddau milwrol o foddion preifat. Ar un pen o'r raddfa rhoddwyd labordy bacteriolegol symudol i'r CC, swyddfa symudol i'r cwmni beiciau Adrannol, ac ambiwlansau modur. Ar y pen arall roedd milwyr a dalai ychydig geiniogau mewn siop haearn – werthwr yn Llandudno i gael bathodyn cap y gatrawd cyn i'r rhain fod ar gael i'w dosbarthu.

Llety a gwersylloedd

Roedd llety ar gyfer y lluoedd o wirfoddolwyr yn hanfodol, ac yn broblem yn nyddiau cynnar y rhyfel. Roedd prinder y cyfleusterau hefyd yn rheswm pam bod ystadegau recriwtio wedi gostwng ar ôl tua mis. Roedd barics a neuaddau dril yn bodoli ond fe'u gorlenwyd yn fuan. Bu'n rhaid i lawer gormod o recriwtiaid gysgu o dan bebyll canfas pydredig ar dir mwdlyd, neu hyd yn oed swatio o dan y sêr yn eu cotiau mawrion. Nid oedd y system gyflenwi chwaith yn gweithio ar brydiau, gan adael dynion yn llwglyd a heb dâl.

Un ateb oedd lletya milwyr mewn tai preifat, neu i feddiannu adeiladau mwy ar gyfer llety. Buasai lletya'n nodwedd amhoblogaidd o ryfeloedd cynharach, pan guddiwyd y milwyr dirmygedig yn aml mewn selerydd a thai allanol tafarndai. Roedd agweddau wedi newid rhywfaint, ac wrth i lawer o ddynion ifanc 'parchus' ymuno yn 1914 roedd protest yn erbyn y syniad o'u dinoethi i ddylanwadau drwg tafarnau. Dywedid bod y ddiod yn rhwystr i rieni parchus ganiatáu i'w meibion ymrestru.

Er bod gan bobl amheuon amlwg roedd yn awr yn fwy derbyniol i osod grwpiau bychain o ddynion mewn gwestai ac ati. Os oedd y dynion yn weddol lleol, roedd mwy o groeso byth gan y boblogaeth. I lawer oedd yn bwriadu ymrestru, roedd lletty lleol neu o leiaf heb fod yn bell i ffwrdd, yn ffactor cadarnhaol wrth bendefynu ymrestru. Yn Nhachwedd 1914, hysbysebodd Magnelwyr y Garsiwn Breninol Cymreig 1 (Caernarfon) â'u cartref ym Mangor trwy'r wasg bod tai lleol ar gael ar gyfer recriwtiaid.

Yn Wrecsam yn Awst 1914, bu raid i Bencadlys FfCB yn gyntaf ymdopi â channoedd o filwyr Wrth Gefn ac Wrth Gefn Arbennig, ac yna recriwtiaid ar gyfer y rhain a bataliynau cyntaf y Fyddin Newydd. Gyda bataliwn 3 (Arbennig Wrth Gefn) wedi chwyddo i ddwbl ei gryfder arferol, bu raid i lawer o'i ddynion wersylla ar y cae pêl-droed y tu ôl i'r Barics neu ddefnyddio'r hen Anheddau Priodasol. Ym Mai 1915 symudodd i wersyll newydd yn Litherland ger Lerpwl, oedd yn gymorth. Symudwyd pedair uned FfCB 'Kitchener' allan yn ystod Awst-Medi i lety a gwersylloedd yn ardal Salisbury Plain, ac eithrio Bataliwn 11 a anfonwyd i arfordir Sussex i aros eu tro yno.

Roedd pedwar bataliwn Tiriogaethwyr FfCB wedi bod yn eu gwersyll blynyddol yn Aberystwyth, ac ar ôl adleoli dechreuasant y rhyfel ym Morfa Conwy. Fe'u hanfonwyd o fewn ychydig wythnosau gyda gweddill yr Adran Gymreig (Tiriogaethol) i ardal Northampton – eu gorsaf Amddiffyn Cartref. Cyrhaeddodd eu cymheiriaid Ail Linell (wrth gefn) Aberystwyth yn gynnar yn Rhagfyr yn llu o 7,000, a threfnwyd lletty mewn tai lletty gan yr heddlu. Tra bod mwyafrif y gwragedd yn hapus i'w lletya ar adeg o gyni economaidd, nododd y papur newydd lleol bod rhai yn elyniaethus ac y bu rhaid eu gorfodi i bob pwrpas i dderbyn y sefyllfa.

Agwedd neilltuol o fudiad y CC oedd ei leoliad ar gyfer hyfforddi o gwmpas trefi glan môr gogledd Cymru. Fel arfer roedd Gorffennaf yn gyfnod proffidiol i drefi arfordirol fel y Rhyl, Bae Colwyn a Phwllheli. Daeth y 'tymor' i ben yn ddisymwth gyda chychwyn y rhyfel, a diflannodd miloedd o ymwelwyr haf dros nos. Dilynodd diddymu trefniadau ar raddfa eang, gan ddifetha busnes ar gyfer Awst a pheryglu bywoliaethau perchnogion llawer o dai lletty bychain. Dangosai Medi adferiad bychan yn unig, ac yn Llandudno daeth pum deg un o'r perchnogion tai lletty hyn yn gymwys am grantiau o'r Gronfa Gymorth Rhyfel leol.

Roedd y CC yn fanna o'r nefoedd i drefi glan môr gweigion yn wynebu gaeaf tlawd. Gyda'r mudiad yn ymffurfio yn Hydref 1914, deisebodd y cynghorau tref y PCGC i letya milwyr yn eu hardaloedd. Nid syniad newydd oedd hwn, gan fod lleoedd fel Caernarfon wedi elwa o bresenoldeb y Tiriogaethwyr yn ystod eu gwersylloedd pythefnos ers hyd yn oed cyn y rhyfel. Yn Hydref cynigiodd clerc tref Pwllheli ddefnydd y meysydd chwarae, cyfleusterau cegin a thai lletty i'r CC, gan ychwanegu y byddai presenoldeb corff o filwyr yn yr ardal heb amheuaeth yn cymell recriwtio. Yn Rhagfyr canmolodd Cyngor Dosbarth Trefol Porthmadog:

> Spacious drill hall ... Acres of ground free of charge for trenching practices etc ... Many miles of manoeuvring ground ... a river which could be utilised for pontoon practices ... Good roads ... for Route marches ... Town Hall ... free for drill and lecture purposes ... a choral and orchestral society ... will promote concerts and other entertainments ... Ample seating accommodation for Church of England, Nonconformists and Roman Catholics ... Pure and plentiful water supply ... Sanitary arrangements satisfactory, the death rate for August last being 8.3 per 1,000 ...

Canmolai darnau pellach y golygfeydd lleol fel maes ymarfer delfrydol. Yn y pen draw cawsai tair brigâd magnelwyr y CC eu lletya yn ardal Pwllheli, Cricieth a Phorthmadog, felly nid oedd eu hymdrechion yn ofer. Roedd pawb yn ymwybodol, ochr yn ochr â rhesymeg a gwerth propaganda hyfforddi Cymry yn eu gwlad eu hunain, bod economeg y sefyllfa yn chwarae rhan mewn derbyn y fath gynigion.

Yn Nhachwedd 1914 anfonodd Cyngor Dosbarth Trefol Ffestiniog ddirprwyaeth at y Cadfridog Mackinnon o'r Rheolaeth Orllewinol, yn gofyn i filwyr o Frigâd Gogledd Cymru gael llety yn yr ardal i helpu'r economi leol. Yn eu cyfarfod, gwnaeth rai sylwadau am y prinder recriwtiaid o Feirionnydd, ac roeddent yn gyflym i'w sicrhau bod 360 o ddynion Ffestiniog wedi ymuno'n barod; byddai presenoldeb eraill hefyd yn sbardun i ymrestru.

Gallai'r syniad o wersylloedd lleol i ddenu recriwtiaid lleol ymddangos yn hollol synhwyrol, ond pan agorodd Owen Thomas wersyll bach ym Mlaenau Ffestiniog i'w derbyn, gwgwyd arno gan y PCGC a deimlai nad oedd ganddo gymeradwyaeth gan yr awdurdodau. Hynny er gwaetha'r llwyddiant cymhedrol mewn denu recriwtiaid o'r chwareli llechi a'u pla diweithdra, a'r ffaith bod y pwyllgor recriwtio lleol wedi gofyn am hynny. Adroddodd H. G. Huws o'r Bwrdd Masnach yn ffafriol ar y prosiect yn Ionawr 1915, gan ddweud bod yr ardal yn ardderchog ar gyfer hyfforddi, tra bod cael recriwtiaid yn aros yn eu cartrefi'u hunain yn arbed cost ac yn denu eraill.

Yn amlwg roedd angen cyfleusterau o faint mwy ar y bataliynau mwy. Yn gynnar yn Nhachwedd 1914 cytunodd y Rheolaeth Orllewinol mewn egwyddor i ddefnyddio y trefi glan môr rhwng Prestatyn a Chonwy gan Frigâd Gogledd Cymru CC, gan y cymerai o leiaf ddeufis i godi gwersyll o gytiau. Pan geisiodd y Brigadydd-Gadfridog Owen Thomas gadarnhau'i lu yn Llandudno, fodd bynnag, gwrthwynebasant ar sail bod y dref wedi'i chlustnodi ar gyfer unedau Seisnig. Gyda hyn ysgrifennodd Lloyd George yn gwrtais at yr Arglwydd Kitchener, a oedd mewn hwyliau cymodlon ar ôl eu ffrae Gabinet yn Hydref, a chafodd Thomas ei ffordd.

Wrth i Frigâd Gogledd Cymru feddiannu ardal Llandudno, cyrhaeddodd Brigâd De Cymru y Rhyl a'r Drydedd Frigâd Bae Colwyn erbyn dechrau Rhagfyr. Canolbwyntiwyd yr unedau meddygol ym Mhrestatyn a Chricieth, tra'r ymffurfiai'r Cwmni Seiclo Adrannol 38 yng Nghonwy y Mai canlynol. Ym Mawrth 1915 ffurfiwyd Bataliwn 19 (Bantam) FfCB yn Neganwy. Erbyn Mehefin 1915 lleolid Bataliwn wrth gefn 18 (2 Cymry Llundain) FfCB ym Mangor a thri bataliwn wrth gefn FfCB arall wedi meddiannu gwersyll Morfa Conwy. Symudodd unedau wrth gefn y CC yn ddiweddarach i wersyll newydd ei adeiladu ym Mharc Cinmel, Bodelwyddan. Yr eithriadau oedd yr unedau Perianyddol Brenhinol, oedd yn gorfod hyfforddi yn y Fenni yn ne Cymru.

Croesewid y milwyr â breichiau agored gan wragedd llety'r trefi glan môr, a dderbyniai gyfraddau swyddogol gosodedig am letya a bwydo'r milwyr. Cofiai un milwr yn Llandudno ei fod wedi cael brecwast wedi'i weini yn ei wely am gyfnod. Pan ddaeth hynny i ben, gwerthfawrogid gwledd foreol o gig moch ac wyau o hyd gan ddynion â diwrnod hir o hyffordddiant o'u blaenau. Hyn oll tra bod y wasg yn rhoi sylw i gwynion gan wirfoddolwyr Cymreig 'Kitchener' cynharach yn bodoli'n ddiflas dan ganfas ar Salisbury Plain. Fel cymhelliad recriwtio, fe lwyddodd – faint o'r rheiny a ymrestrodd yn 1914–15 oedd ag atgofion hapus o wyliau ar lan y môr?

Ac felly yr ymgartrefodd y CC i ardal oedd yn gyfarwydd i lawer o'r dynion. Roedd Penygogarth yn Llandudno yn fan hyfforddi ardderchog, yn enwedig wrth i wanwyn droi'n haf yn 1915, pan wersyllodd Brigâd Gogledd Cymru – erbyn hynny Brigâd 113 – allan ym Mharc Gloddaeth ger Llandudno. Yn Awst symudodd yr Adran i gymryd ei thro ar eangderau llydan hyfforddi Salisbury Plain. Yn dilyn, dychwelai ymwelwyr haf newydd i'r trefi glan môr; na ddioddefai argyfyngau pellach gan fod mannau tebyg yn Ewrop wedi cau i ymwelwyr, a threfi glan môr yr arfordir dwyreiniol oedd yn gystadleuaeth arferol iddynt yn dioddef o ofnau goresgyniad bob hyn a hyn. Bu gwersylloedd milwrol yng ngogledd Cymru trwy'r rhyfel, boed yn ddatblygiad mawr a gwasgarog yng Nghinmel (sydd wedi goroesi mewn ffurf llai tan heddiw), neu'r gwersylloedd Peirianwyr Brenhinol yng Nghaernarfon a Deganwy, neu'r gwersyll magnelau o'r cyfnod cyn y rhyfel yn Nhrawsfynydd.

Yn y cyfamser lletyai'r Tiriogaethwyr yn Northampton. Er nad ar arfordir gogledd Cymru, roedd pabell YMCA ar gael yno ar gyfer lluniaeth, gemau a defnyddiau ysgrifennu am ddim mewn amser hamdden. Un o'r cynorthwywyr oedd y caplan Annibynnol Cymraeg, genedigol o Lanberis, sef y Parchedig R. Peris Williams. Sylwodd bod rhai o wragedd y milwyr wedi'u dilyn ac yn lletya gerllaw. Cofnododd hefyd fanteisio ar gyfle lleol ar ffurf canwr Cymreig, wedi'i logi gan dafarn leol oedd eisiau denu Cymry hiraethus. Yn ystod gaeaf 1914 symudodd Adran Gymreig (Tiriogaethwyr) i Gaergrawnt. Gadawodd ei ffurfiadau wrth gefn Aberystwyth yn Ebrill 1915 a phreswylio mewn mannau amrywiol yn nwyrain Lloegr am weddill y rhyfel. Llety lluoedd wrth gefn Cymreig Tiriogaethol eraill oedd gwersyll Park Hall, Croesoswallt.

Hyfforddiant

Gyda datrys ar letya'r recriwtiaid newydd rhywsut neu'i gilydd, gallai eu hyfforddiant ddechrau. Roedd gan hyn hyd yn oed oblygiadau ar gyfer recriwtio. Yn Awst 1914 gellid disgwyl i filwyr Parhaol ac Wrth Gefn hyfforddedig gael eu hanfon allan gynted â phosibl, a'r olaf ond ag angen ychydig mwy na gorymdeithio ffordd i wella'u ffitrwydd cyn cael eu rhestru ar gyfer gwasanaeth. Wrth i'r unedau hynny ddechrau dioddef colledion trwm yn y brwydrau cynnar, llenwid y bylchau'n gynyddol gan filwyr Arbennig Wrth Gefn a'r unedau Tiriogaethol cyntaf.

Mae'n ymddangos yn glir bod rhai wedi mynd i ymladd yn gynt na'r disgwyl fel yn achos Albert Victor Jones, mab i gyn-faer Caernarfon. Cafodd y Cymro Cymraeg hwn o gyfreithiwr yn Llundain ei addysgu yn The Leys School a Choleg y Brenin, Caergrawnt. Mae'n bosibl y gallai fod wedi cael rhywfaint o brofiad milwrol trwy Gorfflu Hyfforddi Swyddogion ei ysgol neu'i brifysgol, ond nid yw hynny'n sicr. Gyda chyfeillion, ymunodd â bataliwn elitaidd Anrhydeddus Gwmni Magnelwyr Troed (Tiriogaethol) yn Llundain ar 25 Awst 1914. Ni allai ei hyfforddiant fod wedi parhau'n hir, oherwydd ar 19 Medi cyrhaeddodd Ffrainc, ac ar 25 Tachwedd – dri mis i'r diwrnod wedi ymrestru – fe'i lladdwyd gan saethwr yn Wulverghem, yn 27 oed.

Buasai hyfforddiant milwyr proffesiynol cyn y rhyfel yn strwythuredig a threfnus, gan hyfforddwyr profiadol. Perffeithiwyd recriwtiaid mewn dril, saethyddiaeth, gymnasteg ac yn y blaen: proses oedd i barhau pan gyrhaeddent eu hunedau, a medrent fod yn rhan o gaddrefniadau a hyfforddiant arbenigol fel signalu a thrin gwn peiriant. Gwnaeth y Llu Arbennig Wrth Gefn a'r Tiriogaethwyr (y ddau gyda chymorth staff Parhaol atodedig) eu gorau mewn ffordd amaturaidd, ond ar y cyfan nid oedd llawer o feddwl ohonynt.

Nid oedd dim o'r fath ddisgwyliadau o Fyddinoedd Newydd Kitchener. Yn wahanol i'r byddinoedd cyfandirol, nid oedd pwll enfawr cenedlaethol o ddynion hyfforddedig – nac amser digonol i greu un. Roedd gan y beirniaid cynnar a ddywedodd na fyddai'r 'heidiau hyn' o sifiliaid yn barod am amser maith – ac na fyddent wedyn hyd yn oed, ond milwyr eilradd – bwynt. Ychydig oedd ag unrhyw wasanaeth milwrol blaenorol, ychydig o swyddogion neu hyfforddwyr profiadol, ac yn aml cyfleusterau hyfforddi gwael, ochr yn ochr â diffyg offer angenrheidiol. Ond fel corff roedd ganddynt frwdfrydedd cychwynnol ac awydd i ddysgu: rhywbeth a nodwyd mewn sawl adroddiad. Roedd yn rhaid dad-ddysgu'r gwersi annigonol a ddysgwyd gan Diriogaethwyr a dynion 'Kitchener' yn y pen draw ar faes y gad.

Rhoddwyd ychydig filwyr Parhaol neu rai Wrth Gefn a alwyd yn ôl fel hyfforddwyr i'r unedau 'Kitchener' cyntaf fel Bataliwn 8 FfCB, ond cyn hir nid oedd brin ddim ar ôl i helpu'r ffurfiadau mwy newydd. Cynigiai hysbysebion recriwtio gymryd dynion mwy profiadol gyda therfynnau oed uwch. Ym Medi 1914 caniataodd Swyddfa'r Rhyfel ailymrestru Uwch-ringylliaid Parhaol i fyny at 50 oed, a Swyddogion Heb Gomisiwn iau o unrhyw gangen o'r Fyddin hyd at 45 oed. Rhoddid bownti o £10 i gyn-Swyddogion Heb Gomisiwn a oedd hefyd yn Filwyr Wrth Gefn Cenedlaethol wrth ailymuno ar gyfer Gwasanaeth Cyffredinol (neu £5 ar gyfer Gwasanaeth Cartref). Cymhellwyd pensiynwyr y Fyddin hyd yn oed i fedru tynnu'u pensiwn yn ogystal â'u tâl pe ailymunent.

Nododd rheoliadau'r ffurfiadau Byddin Newydd a godid yn lleol yn Hydref 1914 y dylai cyn-swyddogion neu Swyddogion Heb Gomisiwn ddysgu dril: roedd yr ail wedi'u dynodi'n Hyfforddwyr Sifil, i gael eu cyflogi am leiafswm o dri mis am 4s. y dydd, heb wisgo lifrai ac yn byw gartref. Roedd athrawon ac eraill oedd wedi derbyn addysg gorfforol neu wersi 'Dril Swedaidd' mewn ysgolion hefyd yn gymwys i hyfforddi'r dynion newydd. Os oedd eu Hawdurdodau Addysg Lleol yn cytuno, gellid ymrestru'r fath ddynion o oed milwrol yn hyfforddwyr dril i reng Corporal ar unwaith. Cynorthwyodd yr Awdurdodau

Addysg hefyd trwy ddiogelu eu swyddi a thalu'r gwahaniaeth yn eu cyfraddau cyflog. Terfynwyd y cynllun hwn erbyn diwedd 1915. Gallai hyd yn oed rhai hen iawn neu gorfforol anghymwys geisio am dystysgrif gan y Gymdeithas Diriogaethol neu awdurdod milwrol arall, a'u galluogai i gynorthwyo gystal ag y medrent.

Nid yw'n ymddangos bod unrhyw bolisi arbennig o atodi hyfforddwyr a siaradai Gymraeg i unedau Cymreig. Gallai hyn arwain at ddigwyddiadau fel 'sgandal yr iaith Gymraeg' a boenydiai Iwmoniaeth sir Ddinbych 2/1 (wrth gefn) ym Medi 1914. Roedd y gwrthdaro diwylliannol rhwng yr hen fath o filwr Swyddog Heb Gomisiwn a'r recriwtiaid a fagwyd yn y capeli yn anochel. Yn Chwefror 1916 beirniadai Syr Henry Lewis ansawdd gwael Swyddogion Heb Gomisiwn Seisnig oedd i fod i hyfforddi'r milwyr Cymreig. Nid oedd dewis ond defnyddio'r fath ddynion gan fod hyfforddwyr da a fedrai Gymraeg yn gymharol brin. Roedd yr hyfforddwyr cynharach wedi dyddio hefyd, a'u tactegau'n gweddu i redeg ar ôl Boeriaid yn hytrach na mynd i'r afael â realiti rhyfela diwydiannol y Ffrynt Gorllewinol.

Cynhelid hyfforddiant i amserlen osodedig. Roedd y Byddinoedd Newydd yn caniatáu chwe mis i gyd, gan ddechrau gyda deg wythnos o hyfforddiant recriwt sylfaenol, wedyn pump wythnos o hyfforddiant cwmni a ddeuai ag 'arbenigwyr' y dyfodol i'r amlwg. Byddai gweddill y cyfnod yn cael ei neilltuo i hyfforddiant cwmni neu fataliwn pellach, yn helpu'r unigolyn i weithredu'n rhan o'r uned dactegol lai neu fwy. Ni ddechreuodd Adran 38 (Cymreig) gad-drefniadau brigâd tan Mai 1915, a bu rhaid i ymarferion adrannol aros tan iddynt gyrraedd Salisbury Plain yng Ngorffennaf ac Awst, ond hyd yn oed wedyn nid oedd yn bosibl i arwain llawer o ddynion drwy eu cyrsiau tanio reiffl tan ychydig cyn gadael yn Rhagfyr. Gwnaeth Brigâd Gogledd Cymru yn Llandudno rhywfaint o ymarferion amgloddio ar Drwyn y Fuwch yn 1914, ond fel arall roedd yr hyfforddiant ar gyfer rhyfela agored oedd yn wahanol i'r amodau ar y Ffrynt Gorllewinol. Ymddengys y ddadl y byddent yn cael digon o ymarfer ymladd mewn ffosydd yn Ffrainc yn rhyfedd wrth edrych yn ôl.

Roedd y recriwt newydd yn mynd i ddechrau trwy wneud llawer o ddril a gorymdeithio. Bwriadwyd y dril i'w cael i ymateb yn gyflym i orchmynion, ac i weithio'n rhan o dîm. Roedd gorymdeithio ffordd yn caledu'r traed ac wrth i'r gorymdeithiau gael eu hymestyn roedd hyn yn eu cynorthwyo i ddod i anterth ffitrwydd corfforol. Ar adeg pan oedd offer yn brin, roedd y gweithgareddau hyn yn hawdd i'w trefnu ac yn cadw'r dynion yn brysur. Ym Mlaenau Ffestiniog, treuliodd y recriwt CC W. R. Thomas ei ddyddiau cyntaf yn gorymdeithio o gwmpas cyrion y dref a drilio'n ddiddiwedd yn y Neuadd Dril. Wedi'i drosglwyddo i brif gorff Bataliwn 14 (sir Gaernarfon a Môn) FfCB yn Llandudno, amrywiai ei hyfforddi corfforol yn y bore o flaen torfeydd chwilfrydig o ymwelwyr ar y promenâd gydag ymarferion ar Benygogarth, cyrsiau ymosod, ymarfer bidog, a (wedi rhyddhau rhywfaint o hen reifflau) rhywfaint o saethyddiaeth. Chwynwyd y rhai llai atebol trwy'r math hwn o drefn, a'u trosglwyddo i ddyletswyddau llai egnïol neu eu rhyddhau.

Yn Llandudno, lletywyd pedwar bataliwn Brigâd Gogledd Cymru mewn ardaloedd penodol o'r dref er mwyn gwneud canolbwyntio ar gyfer hyfforddi dyddiol yn haws. Roedd gan bob un ohonynt eu lleoedd eu hunain ar gyfer gorymdeithio a hyfforddi. Roedd theatrau, ysgolion a neuadd y dref ymhlith yr adeiladau a gymerwyd yn fannau darlithio, hyfforddi, a drilio dan do.

Yn eu hamser hamdden, ymdrechwyd i gadw'r dynion yn brysur hefyd. Darparwyd yn dda ar gyfer y rhai crefyddol gydag eglwysi a chapeli yn cynnig gwasanaethau gyda'r nos, canu emynau, dosbarthiadau Beiblaidd ac Ysgolion Sul.

Gallent hwy a'r rhai llai crefyddol hefyd ymweld ag ysgoldai capel, cytiau YMCA neu Fyddin yr Eglwys lle roedd diodydd di-alcohol, brechdanau, gemau bwrdd a phapur pennawd am ddim ar gael. Cawsai'r digrefydd gysur mewn tafarnau, sinemâu, gemau cardiau a bingo, ond roedd yn rhaid i'r dynion fod yn eu llety erbyn 9 y nos a'r tafarnau yn gorfod cau erbyn hynny. Trefnwyd rhai darlithiau addysgiadol ac adloniant hefyd, gydag eisteddfod milwyr yn cael ei chynnal ym mhafiliwn y pier yn Ionawr. Pan ddaeth Lloyd George i arolygu Brigâd 128 (Gogledd Cymru) ar Ddydd Gŵyl Dewi 1915 cafwyd eisteddfod arall gyda chystadlaethau corawl a gwyliau canu emynau, a 5,500 o ddynion yn gorymdeithio heibio iddo gyda chennin yn eu capiau neu strapiau eu hysgwyddau. Yr Awst hwnnw cystadleuodd corau Bataliynau 16 ac 17 FfCB yn yr Eisteddfod Genedlaethol ym Mangor (16 enillodd), ac anerchodd eu Cadfridog y gynulleidfa hefyd. O'r holl unedau yma, Bataliwn15 (1 Cymry Llundain) FfCB a deimlai leiaf cartrefol. Dangosodd hyn ei hun mewn cyfradd uchel o ffoi a mân droseddau fel dwyn peiriannau gwerthu neu ddwyn o siop, ac ymddygiad hynod wael ar nosweithiau cyflog pan oedd arian ar gael i'w wario ar ddiod.

Roedd bwyd o'r pwys mwyaf i'r dynion. Cinio fel arfer oedd prif bryd y dydd a'r fwydlen gyffredinol yn stwnshlyd, ond i'r rhai a fagwyd ar fwydlenni undonog a chyfyngedig roedd i'w groesawu. Byddai'r rhai a fagwyd yn fwy tyner yn gwingo at gig moch wedi'i led-goginio gyda bara saim a llawer o fraster i frecwast, te gwan claear, a stiw dyfrllyd i ginio. Dibynnai'r Fyddin cyn y rhyfel i raddau ar angen am fwyd fel recriwtiwr, ac yn 1914–15 pwysleisiai hysbysebion recriwtio y dognau digonol er mwyn denu'r rhai llwglyd. Mae un awdurdod wedi datgan bod bwydlen wythnosol milwr cyn y rhyfel yn well nac un teulu dosbarth gweithiol is o wyth o bobl. Yn amlwg, beth bynnag oedd diffyg dychymyg bwydlen y Fyddin, roedd hi'n angenrheidiol i roi digonedd o galorïau i filwyr ifanc a weithiai'n galed. Dibynnai bwyd ychwanegol ar arian i'w brynu, a theuloedd yn anfon parseli o gartref.

Dirywiodd ansawdd a hyd hyfforddiant ar ôl 1916, pan fernid bod pedwar mis yn ddigon i baratoi dyn i gaeau'r lladd yn Ffrainc a Fflandrys. Bu bron i sicrwydd ergyd ddiflannu fel crefft, ac mewn rhai achosion cyfaddefodd rhai milwyr newydd ar y llinell flaen na wyddent sut i lwytho'u reifflau – yr un gŵyn ag a leisiwyd gan atgyfnerthiadau amrwd i'r Crimea drigain mlynedd yn gynharach. Megis gyda phob uned amser rhyfel, ni allai'r hyfforddiant baratoi'r dynion yn wirioneddol ar gyfer realiti rhyfela na rhoi'r arbenigedd iddynt a ddeuai'n unig trwy hyd gwasanaeth gweithredol. Er i haneswyr adolygiadol bwysleisio'n gywir yn ystod 1917–18 bod effeithiolrwydd tactegau Prydeinig wedi gwella'n fawr gyda phrofiad, daeth hyn ar gost enfawr a'i weithredu yn y pen draw gan y consgriptiaid ifanc oedd yn hanner nifer y Fyddin Brydeinig ar y Ffrynt Gorllewinol ym mlwyddyn olaf y brwydro.

Y CORFFLU CYMREIG.

WELE EIRIAU
UN O
DYWYSOGION CYMRU

Dros Saith Gan' Mlynedd yn ol.

MAENT MOR WIR HEDDYW AG ERIOED.

"Er mai anhawdd yw byw mewn adeg o ryfel a pherygl, mwy anhawdd yw dioddef llwyr ddistryw a'n bwrw i ddifancoll.

Diffyg cadw addewid, cytundeb, rhodd a breintlen---mewn gair, arglwyddiaeth drahaus---dyma ychydig o'r llawer achosion a'n hanogodd ni i'r rhyfel hon."

Western Mail, Cyf., Caerdydd.

Taflen recriwtio, 'Geiriau Dafydd ap Gryffudd'

Pennod 4

Swyddogion ac Arweinyddion

Y Swyddogion

Erbyn 1914 roedd bron 2,000 o leoedd gwag i swyddogion yn y Fyddin. Ceisiodd diwygiadau'r Arglwydd Haldane yn 1906–08 ateb y prinder a fodolai trwy gymryd cyn-Gorffluoedd Gwirfoddol Ysgolion Bonedd a Phrifysgolion, a'u troi yn Adrannau Iau a Hŷn y Corfflu Hyfforddi Swyddogion newydd (Tiriogaethol). Roedd gan Goleg Prifysgol Gogledd Cymru Bangor un o'r tri chwmni ar hugain Hŷn, oedd ynghlwm â'r Garsiwn Magnelwyr Brenhinol Cymreig (Caernarfon) 1 lleol. Canfyddai'r myfyrwyr cyn y rhyfel, a enillasai eu Tystysgrif Hŷn CHS eu hunain yn gymwys iawn i ofyn am gomisiwn pan ehangodd y Fyddin yn gyflym. Rhwng Awst 1914 a Mawrth 1915 rhoddwyd 20,577 comisiwn i gyn-ddynion CHS.

Y Fyddin Barhaol

Yn 1912, roedd 59% o'r Swyddogion Parhaol yn rhai o'r dosbarth canol a 32% yn dirfeddiannwyr. Telid Swyddogion ar gyfradd nad oedd prin yn ddigon i'w bwydo, am gost eu dillad a'u rhwymedigaethau cymdeithasol. Enillai Ail Lefftenant Byddin Troed 7s. 6d. y dydd; Marchfilwyr a Magnelwyr Maes Brenhinol 8s. 6d.; Magnelwyr Garsiwn Brenhinol a Pheirianwyr Brenhinol 9s. 6d. Derbyniai meddyg cymwys yn gwasanaethu fel Capten yn y Corfflu Meddygol Byddinol Brenhinol 15s. 6d., a Swyddog Hedfan o'r Corfflu Hedfan Brenhinol newydd yn cael 20s. 6d. Roedd angen o leiaf £100 o incwm ychwanegol ar swyddog iau yn y fyddin Barhaol yn 1914 i oroesi, £400 yn y Gwarchodlu a hyd at £1,000 yn adran ffasiynol ddrud y

Marchfilwyr. Er bod rhai milwyr cyffredin yn cael comisiwn bob blwyddyn, fe'u rhoddwyd dan anfantais fawr gan hyn.

Yn nau Fataliwn Parhaol FfCB, ni chafodd llawer o swyddogion 1914 eu geni yng Nghymru ac roedd llai fyth yn siarad Cymraeg – nid oedd cenedligrwydd yn ffactor mawr wrth eu dethol. Roedd hefyd swyddogion genedigol o Gymru mewn catrodau eraill: dau oedd yn nosbarth olaf Sandhurst cyn y rhyfel oedd y brodyr Alfred a Richard Burton, a aned (gyda'u chwaer yn dripledi) ar gwch hwylio ar y môr ger Conwy yn 1894. Eu tad oedd yr Henadur J. H. Burton o Lanfaes ond yn enedigol o swydd Gaerhirfryn, dyn ag incwm preifat. Mynychodd y bechgyn Charterhouse 1909–11, a phan aeth Alfred i Sandhurst yn 1913 dilynodd ei frawd y flwyddyn wedyn. Comisiynwyd Alfred i Gatrawd y Frenhines (Royal West Surrey) ar 15 Awst 1914, a thair wythnos yn ddiweddarach roedd gyda Bataliwn 1 ar yr Aisne. Cwtogwyd cwrs Richard yn Sandhurst ac fe'i comisiynwyd ar 1 Hydref, 1914 gyda Chatrawd 1 Notts and Derbys, a chyrraedd y Ffrynt cyn y Nadolig. Syrthiodd y ddau frawd i sneipwyr yn y ffosydd, yn Ionawr 1916 a Mehefin 1915 yn eu tro.

Roedd 10,800 o swyddogion yn y Fyddin Barhaol ar ddechrau'r rhyfel. Wrth i'r clwyfo gynyddu, o Hydref 1914 rhoddwyd comisiynau maes y gad i Swyddogion Gwarant amrywiol a Swyddogion Heb Gomisiwn hŷn fel swyddogion 'Dros dro'. Pan ddilëwyd Bataliwn 1 FfCB yn ystod Hydref 1914, comisiynwyd ei Ringyll Swyddog Cyflenwi Catrodol yn gyflym. Wrth i gyflenwad swyddogion Parhaol gael ei oddiweddyd yn llwyr gan y colledion, roedd trefniadau eraill yn cynnwys atodi swyddogion Trefedigaethol, a chomisiynu milwyr o unedau mwy elitaidd Tiriogaethol Llundain. Cyn hir, swyddogion Dros Dro oedd yn arferol. Hefyd roedd rhestr o swyddogion ymddeoledig gweithredol (Swyddogion Wrth Gefn) a fyddinwyd yn 1914.

Mewn un cyfrol goffa disgwylid tri ar hugain o swyddogion FfCB Parhaol ac Arbennig Wrth Gefn a fu farw cyn Gorffennaf 1915; roedd wyth yn gyn-swyddogion Milisia. Addysgid pedwar ar bymtheg mewn ysgol fonedd, tri mewn prifysgol, ac un mewn academi filwrol breifat. Ganed pedwar ar ddeg yn Lloegr, a phump yng Nghymru (a dau yn Iwerddon ac un yn Ffrainc). Roedd gan chwech dadau milwrol, pedwar yn feibion gweinidogion, a dau yr un â rhieni yn y gyfraith neu'n dirfeddiannwyr.

Y Llu Arbennig Wrth Gefn

Roedd y Milisia a'i olynydd yn 1908, y Llu Arbennig Wrth Gefn, yn gorff cymharol ymylol a bonedd-sirol, ond roedd dynion proffesiynol yn codi i arwain y lluoedd newydd atodol. Comisiynwyd swyddogion Arbennig Wrth Gefn yn syml trwy eirda, ac Arglwydd Lefftenant y sir yn aml yn unig ganolwr eu derbynioldeb. Os o dan 22 oed gallent, wedi gwasanaethu am o leiaf 15 mis a mynychu lleiafswm o ddwy sesiwn hyfforddi haf blynyddol, sefyll arholiad Sandhurst. Roedd hyn yn gystadleuol, am ba leoedd gwag bynnag oedd ar ôl yn nerbyniadau'r Coleg ar ôl i'r ymgeiswyr Parhaol gael eu lleoli. Ystyrid hyn yn ffurf o fynediad 'drws cefn' i'r Fyddin barhaol, a'r rheiny a fethodd arholiadau safonol yn defnyddio'r dull hwn. Roedd 2,500 o swyddogion yn y Llu Arbennig Wrth Gefn yn 1914. Roedd cartref bataliwn 3 (Arbennig Wrth Gefn) FfCB ym Mhencadlys Wrecsam.

Gyda dyfodiad y rhyfel, ymgymrodd y Llu Arbennig Wrth Gefn â rhai dyletswyddau Amddiffyn Cartref; eu swyddogaeth yn bennaf, fodd bynnag, oedd darparu swyddogion a dynion yn atgyfnerthiadau ar gyfer y bataliynau Parhaol. Yng ngogledd-orllewin Cymru hefyd roedd Peirianwyr Brenhinol Môn Frenhinol (Wrth Gefn) a'u cartref ym Miwmares a ffurfiai gwmnïau hefyd ar gyfer gwasanaeth tramor.

Roedd angen mwy o swyddogion ar gyfer yr holl

ffurfiadau hyn, ac yn eu plith roedd dau a ddaeth yn enwog yn llenyddiaeth y Rhyfel Byd Cyntaf, Robert Graves a Siegfried Sassoon. Rhagwelai Graves, cyn-ddisgybl ysgol fonedd, ryfel fer a cheisiai ohirio ei fynediad i Rydychen. Ymwelasai â Chlwb Golff Harlech pan ddarbwyllodd ysgrifennydd y clwb iddo gael ei gomisiynu, a ffoniodd gysylltiad yn Wrecsam. O gael gwybod bod gan Graves brofiad CHS Iau, dywedwyd wrth yr ysgrifennydd: 'Gyrrwch o draw ar unwaith!' a dechreuodd ei wasanaeth Arbennig Wrth Gefn ar 11 Awst 1914. Roedd Sassoon, a addysgwyd ym Marlborough a Chaergrawnt, yn heliwr llwynogod ag incwm annibynnol a ymrestrodd ag Iwmoniaeth Sussex fel y torrodd y rhyfel, ond pryderai wedyn am gael ei gadw ym Mhrydain. Yn dioddef o anaf, gwrthododd gynigion o gomisiynau tan i gymydog a swyddog wedi ymddeol o'r FfCB awgrymu ei hen gatrawd. Golygai ei gymeradwyaeth ysgrifenedig i'r Pencadlys ofyn i Sassoon wneud cais ffurfiol am gomisiwn Arbennig Wrth Gefn, a ganiatawyd ym Mai 1915. Ystyrid y comisiynau hyn yn 'barhaol', nid 'Dros dro', megis yn achos y mwyafrif a ddaeth yn swyddogion yn ystod y rhyfel.

Y Llu Tiriogaethol
Roedd y Llu Tiriogaethol yn cynnwys 10,700 o swyddogion ar ddechrau'r rhyfel. Yn hannu o fudiad Gwirfoddoli canol oes Victoria, roedd wedi cymryd swyddogaeth amddiffyn cartref y Milisia. Roedd ei swyddogion yn bobl broffesiynol dosbarth canol fel meddygon, cyfreithwyr a dynion busnes. Eto roedd eu comisiynu yn rhywbeth a gymeradwywyd yn bersonol gan brif swyddogion unedau a'r Arglwyddi Lefftenant, a oedd yn aml yn Gyrnolau Anrhydeddus o'u bataliwn Tiriogaethol lleol. Yn wahanol i'r fyddin Barhaol, nid oedd gwasanaeth blaenorol yn y rhengoedd yn anghyffredin a chafodd ei annog yn aml. Roedd David Lloyd George ei hun

wedi treulio cyfnod byr yn Breifat gyda hen Wirfoddolwyr Reiffl sir Gaernarfon, a chyn y rhyfel roedd ei fab Gwilym yn yr un modd yn Breifat gyda'r uned Diriogaethol a'i dilynodd, Bataliwn 6 (sir Gaernarfon a Môn) FfCB.

Ni dderbyniai swyddogion Tiriogaethol gyflog fel y cyfryw, ond derbynient lwfans o £200 y flwyddyn, a lwfansau a thâl am fynychu gwersyll blynyddol a chyrsiau.

Yn 1914 prif swyddog Bataliwn 6 oedd Lefftenant-Gyrnol H. Jones-Roberts, llawfeddyg ac aelod ers cryn amser o'r Lluoedd Gwirfoddol a Thiriogaethol. Roedd hefyd yn Ddirprwy Lefftenant ac ynad dros sir Gaernarfon, Cyfarwyddwr Sirol Cymdeithas y Groes Goch Brydeinig ac yn flaenor yng nghapel Methodistiaid Calfinaidd Pen-y-groes. Yr un a gyfatebai iddo ar gyfer Bataliwn 7 (Meirionnydd a Threfaldwyn) FfCB oedd Lefftenant-Gyrnol A. E. R. Jelf-Reveley: addysgwyd mewn ysgol fonedd a Rhydychen, ac yntau hefyd yn Ddirprwy Lefftenant ac ynad.

Roedd eu swyddogion is yn gadarn ddosbarth canol – dynion fel y Capten C. E. Breese o Bataliwn 6 a ymunasai â'r hen Bataliwn 3 Gwirfoddol FfCB yn Breifat ugain oed yn 1887. Roedd yn gyfreithiwr a addysgwyd yn Ysgol Amwythig, a pherthynai i'r Fyddin Barhaol yn ystod 1913–14. Cybolodd â hynafiaetheg ac ysgrifennodd bamffledi ar Genedligrwydd Cymru, a deuai'n AS Clymblaid Ryddfrydol yn 1918. Un arall oedd yr Uwchgapten R. H. Mills-Roberts, y Prif Lawfeddyg 52 oed yn chwareli llechi Dinorwig, hen filwr o Ryfel y Boer. Hefyd yn werth ei grybwyll mae Capten David Davies o Bataliwn 7 oedd yn 34 oed, wedi'i addysgu yng Nghaergrawnt, ac a etifeddodd ddiddordebau diwydiannol a masnachol ei daid, David Davies Llandinam. Ef oedd AS Rhyddfrydol sir Drefaldwyn o 1906. Daethai'n Lefftenant yn y Llu Gwirfoddol yn 1902 ac roedd yn Fethodist Calfinaidd. Deuai'n ddyngarwr, ac yn hyrwyddwr i Gynghrair y

Cenhedloedd a dulliau eraill o sicrhau heddwch byd. Fe'i crewyd yn Farwn cyntaf Llandinam yn 1932, ac yn drist bu farw ei fab yn swyddog gyda'r FfCB yn 1944.

Enillai eu hethos rhan-amser i'r Tiriogaethwyr oddefiad nawddogol y fyddin Barhaol, a'u hystyriai ar y gorau yn amaturiaid ac ar y gwaethaf yn ddi-glem. Fodd bynnag, treuliodd llawer o swyddogion Parhaol secondiadau rhwng dwy a phedair blynedd gyda'r Tiriogaethwyr fel Dirprwy. Cynigiai'r swydd brofiad fel rhagflas posibl i benodiadau Staff Cyffredinol neu ddyrchafiad y tu allan i'r gatrawd. Yn 1914 y Dirprwy ar gyfer Bataliwn 6 FfCB oedd Capten Robert Love Lloyd, mab hynaf Cyrnol Lloyd o Dregaian, Môn ac Aberdunant, sir Gaernarfon. Fe'i haddysgwyd yn Charterhouse ac ar ôl dechrau gyda Bataliwn 4 (Milisia) FfCB enillodd gomisiwn Parhaol yn 1901, gwasanaethodd gyda'r FfCB yn Rhyfel y Boer, ac yn aelod o Lu Gororau Gorllewin Affrica yn Nigeria 1904–09. Roedd yn gynorthwyydd i Lywodraethwr De Nigeria yn 1911 a daeth yn Ddirprwy yn 1913. Roedd ei brofiad yn ddigon i ennill iddo swydd Staff Uwch-gapten Brigâd 158 (gogledd Cymru) yn ystod glaniadau Bae Suvla yn Gallipoli yn Awst 1915, ond wedi'i ddyrchafu'n Uwch-gapten fe'i lladdwyd y Rhagfyr hwnnw yn 34 oed, dri diwrnod yn unig cyn yr ymadawiad.

Ar ddechrau'r rhyfel, roedd Bataliwn 6 FfCB yn brin iawn o'i nifer sefydlog o dri deg o swyddogion. Gallai swyddogion fel yn achos Rhengoedd Eraill, wirfoddoli ar gyfer 'Gwasanaeth Ymerodraethol' dramor ar adeg o ryfel ond nid pawb o bell ffordd a gymerodd y cam hwnnw. Unedau Tiriogaethol eraill â phresenoldeb yn y gogledd-orllewin oedd Iwmoniaeth sir Ddinbych (Hussars), a dueddai i ddenu helwyr llwynogod a'r elfen diriog, a'r Magnelwyr Garsiwn Brenhinol Cymreig 1 (Caernarfon), Magnelfa Drom a'u cartref ym Mangor. Yn ystod Rhyfel y Boer 1899–1902 roedd yr hen Wirfoddolwyr ac Iwmoniaethau wedi noddi cwmnïau 'gwasanaeth gweithredol' a wasanaethai yn Ne Affrica ar gytundeb byr am flwyddyn; ond gan leiafrif bach yn unig o swyddogion gweithredol Tiriogaethol 1914 yr oedd hyd yn oed y profiad hwnnw o ryfel.

Ym Mataliwn 6 dim ond yr Uwch-gapten Mills-Roberts a'r Dirprwy Parhaol Capten Lloyd a ystyrid yn brofiadol. Ym Mataliwn 7 eto dim ond y Dirprwy ac un cyn-swyddog Milisia a welsai wasanaeth gweithredol. Roedd wyth swyddog Magnelwyr Garsiwn Brenhinol Cymreig 1 (Caernarfon) yn cynnwys un is-swyddog a dau swyddog hŷn profiadol gan Iwmoniaeth sir Ddinbych.

Ar gyfer pob uned hefyd roedd y Llu Tiriogaethol Wrth Gefn newydd (1913), a oedd i fod i lenwi bylchau yng nghryfder byddino'i riant uned ac yna baratoi i ddarparu milwyr wrth gefn. Roedd rhaid i swyddogion fod o dan 60 oed ac yn feddygol iach. Er mai tua thraean oedd ei nifer swyddogion i fod (trwy benodiad y Gymdeithas Sirol ar argymhelliad yr uned) o nifer y rhiant uned, fel arfer roedd prinder staff yma hefyd. Yn olaf roedd y Llu Cenedlaethol Wrth Gefn, a gynhwysai gofrestr o swyddogion hyfforddedig oedd heb rwymedigaethau gwasanaeth pellach ond y gellid galw arnynt mewn argyfwng; gweinyddwyd y gofrestr hon gan y Gymdeithas Sirol.

Byddinwyd yr holl gyrff hyn yn Awst 1914: roedd angen swyddogion yn gyflym ar y Fyddin Droed, Iwmoniaeth a Magnelwyr, a'u hunedau wrth gefn a ddechreuai ffurfio'n fuan. Yn yr un modd ffurfiodd y Llu Cenedlaethol Wrth Gefn Gwmnïau Gwarchod ynghlwm â'r milwyr troed Tiriogaethol, i amddiffyn sefydliadau strategol. Galwyd ar swyddogion wedi ymddeol, y rhan fwyaf ohonynt yn cael eu lleoli gyda bataliynau wrth gefn mewn swyddogaeth hyfforddi. O ganlyniad, roedd cwynion bod y swyddogion hŷn hyn gydag ychydig neu ddim profiad dramor yn dysgu'u myfyrwyr iau am dactegau mwy addas i ryfela ymerodraethol.

Daeth ymgeiswyr newydd ymlaen ar gyfer comisiynau. Un felly oedd Malcolm Trustram Eve, myfyriwr 20 oed wedi'i addysgu yn Winchester a Rhydychen, o Bedford. Medrodd sicrhau comisiwn Tiriogaethol ar unwaith ar gefn adroddiad ffafriol gan CHS Prifysgol Rhydychen. Gofynnodd i wasanaethu gydag uned yn agos at ei dref, ac felly fe'i cafodd ei hun yn gwasanaethu gyda Chwmni Llanberis Bataliwn 1/6 FfCB, a'u gorsaf ryfel yn ardal Northampton-Bedford. Fe welai wasanaeth yn Gallipoli a'r Dwyrain Canol, ac ar ôl y rhyfel arweiniai'r bataliwn yn 1927–31 cyn dod yn Frigadydd Brigâd Gogledd Cymru (Tiriogaethol) yn Ulster 1940–41. Ar yr un pryd mewn dull cwbl nodweddiadol o'r Tiriogaethwyr fe'i galwyd i'r Bar yn 1919, a dod yn Gwnsler y Brenin a Meistr y Fainc erbyn 1943. Fe'i hurddwyd yn Farwn Silsoe yn 1963 a rhoddodd deitl gyda balchder i'w hunangofiant *Sixty Years A Welsh Territorial* yn y flwyddyn y bu farw, 1976.

Roedd Eve yn ychwanegiad da i Fataliwn 6, gan iddo fod yn barod i feistroli digon o Gymraeg i gyfarwyddo'i ddynion ac ennill parch at iaith a phobl Cymru. Roedd swyddogion newydd eraill, fodd bynnag, yn llai bodlon neu oddefgar. Hawliodd adroddiad ar ddynion a moral yn ardaloedd y chwareli llechi ar ddiwedd 1914 ddiffyg dealltwriaeth rhwng swyddogion a dynion y Tiriogaethwyr, a'r diffyg ymddiriedaeth a dreiddiai yn ôl i ardaloedd eu cartrefi yn effeithio'n wael ar recriwtio. Yn ffodus roedd y rhan fwyaf o'r swyddogion cyfredol a'r rhai newydd yn Gymry. O gael dewis rhwng Pencadlys Wrecsam bell, neu wasanaethu gyda swyddogion oedd yn gyfarwydd iddynt fel eu meddygon, athrawon neu gyflogwyr prin ei fod yn syndod ym misoedd cynnar y rhyfel mai'r ail a ddewisai dynion gogledd-orllewin Cymru fel arfer.

'I'r Fyddin Fechgyn Gwalia!'

Ceisiodd miloedd am gomisiynau yn y Tiriogaethwyr ar sail gwasanaeth CHS, a llawer mwy yn barod i ymrestru fel Rhengoedd Eraill yn y gobaith o gael eu cymeradwyo'n swyddogion. Roedd ambell uned Diriogaethol yn Llundain yn gymdeithasol ddethol, ac am y rheswm hwnnw'n cael eu gweld fel magwrfeydd swyddogion posibl. Roedd Cymry a ymfudasai i Lundain i'w cael yn llawer o'r unedau hyn: digon yn Reifflau Westminster y Frenhines i fod wedi ffurfio cwmni 'Brenhinol Cymreig' tua 1900. Yn ystod 1914–17 comisiynwyd un ar ddeg o Diriogaethwyr o Gatrawd 28 Llundain (Reifflau Artistiaid) gyda Bataliynau Parhaol FfCB a chwech i'r Llu Arbennig Wrth Gefn. Yn ystod y rhyfel, daeth pedwar deg wyth arall yn swyddogion Tiriogaethol FfCB, ac enillodd wyth deg pump gomisiynau ym mataliynau Gwasanaeth a Garsiwn FfCB.

Wrth i'r Tiriogaethwyr ehangu yn ystod 1914–15 fe'u rhannwyd yn gategorïau Llinell Gyntaf ac Ail. Paratowyd y cyntaf ar gyfer gwasanaeth gweithredol, gan gynnwys swyddogion oedd wedi gwirfoddoli ar gyfer gwasanaeth dramor. Hyfforddai'r unedau Ail Linell (ar y dechrau, y Llu Wrth Gefn) recriwtiaid amrwd a chynhwysai'r dynion o bob rheng a wirfoddolasai ar gyfer gwasanaeth Cartref yn unig. Ochr yn ochr â'r rhain, roedd angen swyddogion ar y Llu Cenedlaethol Wrth Gefn. Cafodd Capten C. E. Breese o Fataliwn 6 FfCB ei hun yn arwain grŵp Wrth Gefn oedd yn gwarchod trosglwyddydd diwifr Marconi yn Waunfawr, dyletswydd diflas y cafodd ei achub rhagddo wrth drosglwyddo i Fataliwn 14 (sir Gaernarfon a Môn) FfCB. Hyd yn oed wedyn, arhosodd yng Nghymru ar ddyletswyddau cysylltiedig â Chynllun Derby, ac yn ddiweddarach eto gyda chyflenwi llafur milwrol ar gyfer gwaith amaethyddol. Yn yr un modd disodlwyd ei gyn-brif Lefftenant-Gyrnol H. Jones-Roberts gan T. Williams Jones, swyddog wedi ymddeol gyda Llu Arbennig Wrth Gefn Gororwyr De Cymru, a'i symud i reoli Bataliwn Ail Linell 2/6 FfCB. Cynorthwyodd ffurfio Adran Ail Linell 68(Cymreig) yn East Anglia, ac yn ddiweddarach wedyn rheolai ddwy ysbyty filwrol fawr.

Gadawodd Capten David Davies AS o Fataliwn 7 i reoli Bataliwn 14 FfCB 'Byddin Lloyd George' ac aeth i Ffrainc gyda hwy. Pan ddaeth y Dewin Cymreig yn Ysgrifennydd Gwladol Rhyfel yn 1916, fe'i cipiwyd allan o'i fataliwn ar union noswyl brwydr Coedwig Mametz, i wasanaethu fel ysgrifennydd Seneddol preifat Lloyd George yn Swyddfa'r Rhyfel. Daeth yr Uwch-gapten Mills-Roberts hyd yn oed dros ei gyndynrwydd ar y dechrau i adael ei gymrodyr Tiriogaethol a rheoli un o Ambiwlansau Maes Adran 38 (Cymreig), a dod yn Ddirprwy Gadlywydd Gwasanaethau Meddygol ar gyfer gogledd Cymru.

Y Byddinoedd Newydd

Wrth i ganghennau cyfredol y Fyddin ehangu, o Awst 1914 roedd angen arweinyddion hefyd ar 'Fyddinoedd Newydd' enfawr yr Arglwydd Kitchener, ac ni fedrai'r ffynonellau traddodiadol gynhyrchu'r miloedd hyn. Rhoddai codi llawer o'r unedau hyn ar sail lleol neu grŵp diddordeb arbennig, le i ddylanwadu ar benderfynu pwy fyddai eu swyddogion. Dynion proffesiynol, busnes neu addysgedig oedd yr ymgeiswyr mwyaf tebygol, a gallai eu dyrchafiad yn y rhengoedd fod yn gyflym os oedd ganddynt rywfaint o wasanaeth milwrol blaenorol. Deuai teulu, ffrindiau a chysylltiadau eraill yn bwysig wrth i'r awdurdodau noddi amrywiol, gyflwyno rhestrau o ymgeiswyr cymwys i fod yn swyddogion i Swyddfa'r Rhyfel.

Roedd y grwpiau diddordeb arbennig yn cynnwys y rheiny ag addysg breifat ac uwch. Roedd bataliynau Ysgolion Bonedd o Gatrawd Middlesex a'r Ffiwsilwyr Brenhinol a apeliai am recriwtiaid ledled y wlad. O ganlyniad, yn anochel collai'r fath ffurfiadau ymgeiswyr tebygol i fod yn swyddogion i unedau eraill. Teimlid bod addysg yn anghenraid, ac arweiniodd hyn at filoedd o geisiadau gan athrawon, graddedigion a myfyrwyr eraill; clercod a chyfrifyddion; penseiri a bargyfreithwyr, a hyd yn oed gweinidogion a heriai eu penaethiaid i ymrestru fel milwyr yn brwydro nid caplaniaid. Nid oedd y rhain yn ddigon, ac erbyn Ionawr 1915 gallai uwch-swyddogion enwebu dynion o'r rhengoedd. Ffefrid milwyr oedd wedi dangos digon o arweinyddiaeth i ennill rheng Swyddog Heb Gomisiwn. Roedd y system enwebu i barhau am weddill y rhyfel, er wedi Chwefror 1916 rhoddwyd comisiynau 'Dros dro' i ddynion a basiodd trwy Uned Hyfforddi Cadét Swyddogion yn unig.

Dosberthid mwyafrif comisiynau amser rhyfel fel rhai 'Dros dro' fel nac amherid ar statws uwch y Fyddin Barhaol, ac ar ddiwedd yr argyfwng dychwelai'r fath swyddogion i fywyd sifil gyda statws anrhydeddus. Ar y sail hwn llysenwyd ymgeiswyr yn greulon weithiau fel 'gwŷr bonheddig dros dro', ond profasant yn hanfodol i weithrediad y Fyddin a'i llwyddiant yn y pen draw mewn gwrthdaro na ragwelai fawr neb yn 1914 ei hyd a'i gost. Ar y cyfan gallai fod ganddynt broffil oed hŷn na'u cymrodyr yn y Fyddin barhaol, bod eu dull o siarad yn fwy amlwg 'ranbarthol', yn llai tueddol o gydymffurfio ac yn fodlon gyda ffurfwisgoedd rhatach wedi'u teilwra ar gyfer marchnad dorfol. Nid oedd modd amau eu brwdfydedd i ddysgu'u crefft newydd ac i arwain eu dynion. Disgwylid i swyddogion uchelgeisiol yn 1914–15 gael geirda ffurfiol gan eu prifathro o hyd, a thyst cymeriad gan rywun oedd yn eu hadnabod ers pedair blynedd.

Ar y cychwyn roedd hyfforddiant swyddogion yn fyr iawn, cyrsiau byr am fis yn cael eu cynnal mewn CHS rhai Prifysgolion, a llawer o'r rhai newydd gomisiynedig yn parhau â'u dysgu tra'n cyflawni eu swyddogaeth. Gallai CHS Catrawd Inns of Court Llundain brosesu ymgeiswyr tebygol mewn chwech wythnos brysur ar y dechrau. Cyn hir, teimlid bod tri mis yn gyfnod hyfforddi gwell a daeth hyn yn arferiad tan ddechrau 1916. Symudid yr ymgeiswyr llwyddiannus yn aml i gwmnïau 'Swyddogion Ifanc' brigadau Wrth Gefn am hyfforddiant pellach cyn cael eu gosod mewn uned.

Yn debyg i gatrodau eraill, yn gynnar yn Awst 1914 dechreuodd FfCB ffurfio bataliynau 'Gwasanaeth' wedi'u canoli ar Bencadlys Wrecsam. Rhwng hynny ac yn hwyr ym Medi byddent yn codi bataliynau 8, 9, 10 ac 11, gyda Bataliwn 12 (Wrth Gefn) yn darparu atgyfnerthiadau. Ar y cyfan tynnid eu prif swyddogion o'r un cefndir cymdeithasol a'r rhai a gyfatebai iddynt yn y Tiriogaethwyr, ond fel arfer gyda hyd yn oed llai o brofiad milwrol. Atodid cymaint â phosibl o swyddogion gweithredol neu wedi ymddeol o'r Fyddin Barhaol, Arbennig Wrth Gefn, Indiaidd a Thiriogaethol y medrid eu rhannu yn y swyddi uwch.

O'r dechrau, penderfynodd yr Arglwydd Kitchener i fynd at y CHS Iau a Hŷn mewn ymgais i sicrhau ymgeiswyr rhannol hyfforddedig o statws cymdeithasol uwch a chefndir addysgol parchus. Un o'r rhai a ddaeth ymlaen oedd Hugh Lloyd-Williams 24 oed, wedi'i addysgu yn Ysgol Ramadeg Friars, Bangor ac yn raddedig yn ddiweddar o'r Brifysgol ym Mangor; un a oedd mor gynnar ag 3 Awst 1914 ymhlith dwy fil o 'wŷr bonheddig ifanc' y cynigiwyd comisiynau iddynt wrth i Swyddfa'r Rhyfel wneud symudiadau dechreuol. Derbyniodd 'heb oedi nac amod'. Ymunasai â CHS y coleg yn 1909 dan reolaeth y Prifathro, Syr Harry Reichel. Er yn chwaraewr gemau o fri, methodd Lloyd-Williams ei brawf meddygol i'r fyddin: sicrhaodd protest gref gan Syr Harry ail arholiad y llwyddodd ynddo. Ar ôl llai na mis o hyfforddiant yng Ngholeg y Drindod, Dulyn, fe'i comisiynwyd i Fataliwn 9 FfCB, ac erbyn 1918 roedd yn Lefftenant-Gyrnol.

Y cynharaf y ffurfid bataliwn, gwell siawns oedd ganddo o gael swyddogion 'wedi ymddeol' neu filwyr Parhaol yn gwella atynt i helpu: heb sôn am Swyddogion Heb Gomisiwn profiadol. Roedd yr unedau diweddarach yn ffodus i gael dau o'r fath swyddogion hyd yn oed. Fodd bynnag, roedd rhengoedd y Tiriogaethwyr a'r Byddinoedd Newydd yn cynnwys llawer oedd yn meddu ar gymwysterau sylfaenol o leiaf: cadetiaid brwd CHS a'r rhai â gwell addysg oedd wedi blino aros am leoedd gwag ac ymrestru. Addysgid Llywelyn Lewis o Ffordd Farrar, Bangor yn breifat yn Ysgol Poplars Bangor a'r King's School Caer, a'i gyflogi gan Fanc National Provincial, Manceinion. Yn gyn-Diriogaethwr ymrestrodd â Bataliwn 11 FfCB, a chafodd ei enwebu'n gyflym am gomisiwn ac ym Mehefin 1915 daeth yn swyddog ym Mataliwn 17 (2 Gogledd Cymru) FfCB. Fe'i lladdwyd yng Nghoedwig Mametz yng Ngorffennaf 1916, yn 25 oed.

Nid oedd swyddogion Byddin Newydd gyntaf FfCB mor Gymreig â'r Tiriogaethwyr. Diwedd Awst 1915 dim ond 7 o'r 33 swyddog ym Mataliwn 10 oedd â chyfenwau Cymreig hyd yn oed, yn yr un modd 8 allan o 27 ym Mataliwn 8, a 9 allan o 36 ym Mataliwn 9. Nid oedd gan lawer ychwaith brofiad o ryfela: yn yr un unedau yn hwyr ym Mehefin 1915 dau swyddog felly oedd ym Mataliwn 11 ac un ym Mataliwn 12 (Wrth Gefn). Yn nhermau swyddogion atodedig, erbyn Medi 1915 ym Mataliwn 9 yn unig roedd dyn o Fyddin India, er bod ynddo ac ym Mataliwn 10 un Uwch-gapten yr un o Fyddin India wedi ymddeol. Yn nhermau personél atodedig arall, Bataliwn 8 fel y gynharaf wnaeth orau, gydag aelod o'r Fyddin Barhaol yn Lefftenant-Gyrnol, a'r ddau Uwch-gapten a Chapten o'r Swyddogion Wrth Gefn, ac un Capten a'r Dirprwy o'r Llu Arbennig Wrth Gefn. Lefftenant-Gyrnol Parhaol oedd yn arwain Bataliwn 12 (Wrth Gefn) gyda chymorth tri Uwch-gapten wrth gefn wedi ymddeol.

Roedd gan Fataliynau 10 ac 11 yn Awst 1915 rhyngddynt dri swyddog Byddin barhaol, tri Arbennig Wrth

Gefn, dau Diriogaethwr, pump swyddog wedi ymddeol ac wyth o'r Swyddogion Wrth Gefn. Dylai'r ffigyrau hyn gael eu mesur yn erbyn gosodiad parod i ryfel o 30 swyddog y bataliwn, a gynyddodd yn gynnar yn 1915 i 36 i gynnwys cwmni wrth gefn a drafft atgyfnerthu cyntaf.

Tra bod cymwysterau CHS yn ddefnyddiol i ennill rheng comisiwn, un arall oedd yn atgyfnerthu neu hyd yn oed yn goddiweddyd unrhyw brofiad milwrol oedd dylanwad personol. Roedd hon yn dal yn oes pan oedd pwy roeddech yn eu hadnabod, neu gan bwy roedd ffafrau'n ddyledus i'ch teulu, neu bwy y gallai'ch teulu gefnogi i dalu yn ôl, yn mynd yn bell iawn yn y broses o lenwi pob math o swyddi masnachol a sifil. Fel datblygiad o weithdrefnau gwirio cyn y rhyfel, cydnabu'r awdurdodau nid argymhelliad swyddog rheoli yn unig ond hefyd un gan ffigwr sifil dylanwadol. Roedd y rheiny'n cynnwys Aelodau Seneddol, oedd yn cael etholwyr yn gofyn am gymorth i'w mynediad neu fynediad mab i'r bywyd milwrol. Derbyniodd William Jones, AS Rhyddfrydol Arfon lawer o lythyrau felly gan gyn-Wirfoddolwyr ac eraill o mor bell i ffwrdd â De Affrica. Deuai tadau ato ar ran eu meibion a dynion busnes lleol dylanwadol ar ran ffrindiau. Nid oedd hyn yn ddim byd newydd i Jones, a'i ohebiaeth cyn y rhyfel yn frith o geisiadau iddo ddefnyddio'i ddylanwad mewn cael swyddi Gwasaneth Sifil a swyddi eraill. Dyma sut y cymeradwywyd un cyfreithiwr a ddymunai fod yn swyddog iddo ym Medi 1914:

> as regards upbringing and character there is no doubt that he is eligible for a commission. He tells me, however, that unless his application is supported by an MP he has little chance of success.

Yn rhyfedd o bosibl, nid oedd awgrym erioed bod y rhai a dderbyniai Gomisiwn y Brenin yn y modd hwn yn waeth fel swyddogion na'r rheiny a dderbyniodd rhyw gymaint o brofiad milwrol. Crynhoir agwedd swyddogion y Fyddin Newydd gan Hugh Lloyd-Williams, a gofnododd yn ddiweddarach ei:

> absolute determination and conviction that this was the only right and possible course for me to take.

Yn Chwefror 1916 penderfynodd Swyddfa'r Rhyfel i beidio â rhoi comisiynau pellach oni bai bod dynion dros 18½ oed a bod ganddynt Reng arall flaenorol neu wasanaeth CHS, yn ogystal â chymeradwyaeth eu swyddog hŷn. Ffurfid unedau Cadét Swyddog o tua 400 (600 ar ôl y Mai hwnnw) yn y DU a Ffrainc, gan gynnwys Bataliynau 16 ac 17 Hyfforddi Swyddogion ym Mharc Cinmel, ger y Rhyl. Hyd y cyrsiau oedd rhwng 3 a 4½ mis. O hyn ymlaen cymerwyd mwy a mwy o ddynion o'r rhengoedd ar gyfer hyfforddiant swyddog ar sail eu gallu, heb fawr o ystyriaeth o'u cefndir cymdeithasol na'u modd ariannol. Cafodd dynion na fyddai wedi cael eu hystyried mewn cyfnod o heddwch ar gyfer comisiwn Tiriogaethol hyd yn oed eu cyflwyno yn eu miloedd. Rhoddid lwfans dillad ac offer i'r ymgeiswyr llwyddiannus i hwyluso'u trosglwyddiad.

Nid oedd gan y Fyddin barhaol fawr o ddewis ond i dderbyn y gwanhad hwn er budd cenedlaethol. Ganwyd William Henry Williams yn 1889 yn unig blentyn, collodd ei rieni a magwyd ef gan ei fodryb yn Nwyran, Môn. Gwasanaethodd gyda'r Llu Gwirfoddol rhwng 1904–08, fe'i haddysgwyd yn y Coleg Normal, Bangor ac yn 1910 cymhwysodd yn athro. Yn Hydref 1914 ymunodd â Bataliwn 13 FfCB ac aeth i Ffrainc yn Rhagfyr 1915. Cafodd ei glwyfo yng Nghoedwig Mametz yng Ngorffennaf 1916 a threulio cyfnod mewn ysbyty ym Manceinion. Ar ôl gwella, fe'i hanfonwyd yn ôl ym Medi i Fataliwn 'Bantam' 19 FfCB, a dod yn Rhingyll. Yn Rhagfyr rhoddwyd ei enw ymlaen ar gyfer comisiwn a chafodd ei gyfweld gan bennaeth ei frigâd,

Brigadydd-Gadfridog Frank P. Crozier – dyn caled, a milwr profiadol gyda gyrfa frith. Mesurodd hyd a lled yr athro Cymraeg a thystiodd yn sych yr ystyriai Williams, *'up to the standard at present in vogue for Candidates for Commissions.'* Erbyn Ionawr roedd Williams ar ei ffordd adref, a bu rhaid iddo ofyn am eirda personol ac addysgol gan ei weinidog yng nghapel Methodistiaid Calfinaidd Porthaethwy, prifathro Ysgol Amlwch, prifathro'r Coleg Normal a meddyg o Ddwyran. Ar ôl hyfforddi ym Mataliwn 4 Cadét Swyddogion yn Rhydychen fe'i comisiynwyd i Gatrawd y Brenin Lerpwl ym Mehefin 1917. Yn ôl yn Ffrainc am y trydydd tro y Medi hwnnw, fe'i lladdwyd ym Mawrth 1918 yn y ffosydd ger Festubert, yn 28 oed. Er iddo gael ei gladdu ar y Ffrynt Gorllewinol, ychwanegodd ei fodryb, fel y gwnai teuluoedd galarus eraill na fedrai ddod â'u hanwyliaid adref, ei fanylion ar garreg fedd ei dad yng nghapel Dwyran. Mae ganddo'r feddargraff Gymraeg: 'Ei aberth nid â yn anghof'.

Yn wyneb y llifeiriant egalitaraidd hwn o gomisiynau, nid y fyddin barhaol yn unig a'i cafodd yn anodd i gadw'r hen dwyll bod swyddogion a gwŷr bonheddig yn gyfystyr. Yn Chwefror 1917 sylwodd *The Welsh Outlook: 'too many lowbred and unmannerly men have succeeded in obtaining commissions who are to-day a disgrace to His Majesty's uniform.'* Roedd a wnelo hyn â swyddog recriwtio anfoesgar a'i sylwadau aflednais wedi'u clywed mewn man cyhoeddus, ychwanegodd y cylchgrawn y sylw damniol ei fod cyn y rhyfel yn gynorthwy-ydd siop.

Yn ystod y Rhyfel comisiynwyd dros 265,000 o swyddogion – llawer mwy na'r Fyddin Barhaol gyfan yn 1914. Roedd tua 108,000 ohonynt (gan gynnwys 73,000 Milwr Troed) wedi llwyddo trwy fataliynau Cadét Swyddog, a 36,700 arall i'r Corfflu Hedfan Brenhinol. Roedd hanner y rhai a ymladdai fel swyddogion gynt o Rengoedd Eraill, fel yr oedd dwy draean o'r swyddogion a wasanaethai yn Nhachwedd 1918.

Y Corfflu Cymreig

Canfu ffurfiad Byddin Newydd, mudiad y Corfflu Cymreig ei swyddogion o'r un cefndiroedd cymdeithasol ac addysgol â'r rhai o'r unedau eraill a godwyd yn sgil y rhyfel. Fodd bynnag, roedd ganddo ethos Cymreig arbennig a hynny'n amlwg yn y rhai a gomisiynwyd. Roedd elfennau gwleidyddol a dylanwad hefyd yn fwy blaenllaw yn y syniad hwn gan Lloyd George.

Ceir llawer o wybodaeth parthed darpar-swyddogion yn y ceisiadau a gyflwynwyd i Bwyllgor Cenedlaethol Gweithredu Cymru. Fel y gellid disgwyl, y dosbarthiadau canol ac addysgiedig oedd flaenaf, ynghyd â myfyrwyr niferus, athrawon, gweision sifil a pheirianwyr. Roedd llawer yn gwasanaethu yn y rhengoedd neu'n honni profiad CHS, Llu Gwirfoddol a Thiriogaethol. Eu brwdfrydedd yn unig oedd cymeradwyaeth eraill.

Datganodd canllawiau Swyddfa'r Rhyfel, dyddiedig Medi 1914, ar gyfer bataliynau 'a godwyd yn lleol' y dylai ymgeiswyr fod rhwng 18 a 30 oed, gyda safon dda o addysg, yn gorfforol ffit, gorau oll yn ddibriod ac yn 'addas ym mhob agwedd i ddal comisiwn yn y Fyddin'. Roedd profiad blaenorol yn werthfawr, gan gynnwys milwyr mewn gwasanaeth yn cael eu cymeradwyo gan eu huwch-swyddogion. Cynghorid aelodau cyfredol a chyn-aelodau CHS i geisio trwy uwch-swyddogion eu minteioedd, tra yr anogid myfyrwyr i geisio trwy eu hawdurdodau prifysgol. Hyd yn oed yn eithriedig o'r meini prawf hyn, derbynnid y gallai dynion gysylltu'n uniongyrchol ag uwch-swyddogion neu bencadlysoedd gyda cheisiadau personol i'w hystyried.

Ymddangosai'r ymarfer Tiriogaethol a fodolai o ymgynghori â'r Arglwyddi Lefftenant parthed priodoldeb ar gyfer comisynu yn lle da i ddechrau. Yn anffodus roedd llawer ohonynt yn llugoer tuag at y mudiad newydd. Yn gynnar yn Nhachwedd 1914 penderfynodd y PCGC y gallai ceisiadau gael eu hidlo gan yr Arglwyddi Lefftenant mewn cydweithrediad â'r Pwyllgorau Recriwtio Sirol: cyfaddawd a olygai bod rhan gan y ddwy ochr. Gorchmynnodd PCGC lle roedd Arglwydd Lefftenant yn ddifater neu'n elyniaethus, y gallai cadeirydd y Pwyllgor Sirol ei hun brosesu ceiswyr. Ni weithiodd y syniad yn dda, gan fod cyn lleied o Bwyllgorau Sirol wedi'u ffurfio, a bod y siroedd eraill naill ai heb ddiddordeb neu wedi mabwysiadu systemau eraill.

Mewn rhai achosion roedd nifer y ceisiadau yn isel: wrth ffurfio ar 3 Tachwedd cyhoeddodd Pwyllgor Sirol sir Gaernarfon ei fwriad i dderbyn ceisiadau am gomisiynau ym 'Mataliwn Caernarfon' arfaethedig. Dau yn unig a dderbyniwyd, un gan Capten C. E. Breese o Fataliwn 6 FfCB. Nid oedd y datgeliad y byddai angen cymeradwyaeth ffurfiol PCGC ar unrhyw geiswyr a gymeradwyent yn gymorth i'r dechrau digalon hwn. Cysylltodd rhai ceiswyr yn uniongyrchol â phencadlys Rheolaeth Orllewinol a'u cyfeiriodd ymlaen at PCGC.

Yn y pen draw penderfynodd PCGC adael dethol yn nwylo uwch-swyddogion bataliynau a brigadau, a'u helpu trwy gylchredeg rhestrau iddynt o ddarpar-swyddogion y derbynid eu ceisiadau – deuddeg o'r fath restrau rhwng Hydref 1914 a Mawrth 1915. Ar y cyfan gweithiai'r system yn dda tan iddi gael ei dileu gan swyddfa'r Rhyfel ym Mai 1916. Fe'i croesewid hyd yn oed mewn rhai cylchoedd am ei agweddau 'democrataidd', ond roedd O. W. Owen fel Ysgrifennydd PCGC ar ei ben ei hun yn ei safbwyntiau y gallai Rhengoedd Eraill gael rhywfaint o lais mewn dewis swyddogion. Ysgrifennodd hefyd yng nghanol Hydref y byddai enwebiadau gan uwch-swyddogion a sifiliaid dylanwadol, *'in essentially Welsh districts ... would obviously militate against the movement ... it is scarcely to be expected that men will enlist for an indefinite period with the prospect of being officered by monoglot officers.'*

Pa mor egalitaraidd bynnag oedd agweddau rhai o'i gefnogwyr, ni chaniateid colli statws cymdeithasol. Yn ofer ceisiodd wythnosolyn y Methodistiaid Calfinaidd, *Y Goleuad* geisio hybu'r syniad na fodolai gwahaniaethau cymdeithasol rhwng Cymry, gan alw am fwy o agosrwydd rhwng yr holl rengoedd. Anogid recriwtiaid yn unig trwy sicrwydd bod y mudiad yn drwyadl Gymreig. Adlewyrchir hyn gan ddatganiad Owen Thomas bod swyddogion: *'of local standing and position, drawn from families of deserved popularity, and themselves able to speak or understand Welsh, will go a long way to encourage recruiting.'*

Fel y crybwyllwyd uchod, gorweddai cysgod 'dylanwad' dros benodi swyddogion i fudiad y CC. Prin fod tynnu llinynnau yn anarferol ynddo'i hun yn ystod y cyfnod hanesyddol hwn, nac yn unigryw yng nghyd-destun y Byddinoedd Newydd a ffurfiadau eraill – ond ym 'Myddin Lloyd George' roedd yn weladwy rhemp. Mewn rhai achosion roedd yn cyfrif mwy na phrofiad milwrol. Lledawgrymai nifer o geisiadau, yn bennaf gan rieni darpar-swyddogion, gyfeillgarwch neu gysylltiad teulu ag aelodau o deulu Lloyd George.

Enghraifft o hyn yw Bleddyn Williams, a anwyd yn 1892 ym Manc y Metropolitan, Caernarfon, lle roedd ei dad Robert yn Rheolwr. Bleddyn oedd y pedwerydd o chwech o blant a'i rieni yn ddigon cenedlaetholgar yn y cyfnod hwnnw o fudiad Lloyd George *Cymru Fydd* i roi enwau cyntaf clasurol Cymreig i'r rhan fwyaf ohonynt – dilynid yr hynaf Mary Catherine gan Caradog, Goronwy, Buddug a Meredydd. Roedd tad Robert, teiliwr ym Mhwllheli, mae'n debyg yn gyfaill da ac yn perthyn i deulu Lloyd George. Addysgid y Bleddyn ifanc yn Ysgol Sirol Caernarfon, ac enillodd glod mewn pêl-droed a chemeg.

Ar 26 Hydref 1914 ysgrifennodd ei dad at Ysgrifennydd PCGC gan ddweud bod tri o'i feibion yn dymuno cael eu comisiynu i'r Fyddin Newydd neu'r Tiriogaethwyr. Ychwanegodd eu bod mewn swyddi cyfrifol gyda banciau a chwmni yswiriant, a gorffennodd ei lythyr gyda datganiad moel ei fod yn perthyn i David Lloyd George. Nid yn unig na chafodd yr ensyniad trwsgl hwn ei wrthod yn llwyr, ond ymatebodd O. W. Owen trwy awgrymu mai dau yn unig o'r bechgyn ddylai ymgeisio. Rhoddwyd Bleddyn, a gyflogid gan fanc ei dad, ymlaen ac ymddangosodd ar seithfed rhestr atodol ymgeiswyr a gylchredwyd gan PCGC o 5 Tachwedd, ond ni ddaeth cynigion. Ysgrifennodd Robert Williams eto ar 10 Tachwedd yn canmol ei fab fel:

> a six-footer, an all-round athlete, and he knows Welsh thoroughly ... He will be in a position financially to keep his position as an officer with respect and dignity.

Eto, gwnaeth bwynt o ddweud bod Mrs Margaret Lloyd George yn cymryd diddordeb yn y mater, a'i bod wedi anfon enwau Bleddyn a Caradog at ei gŵr. Atebodd Owen, gan awgrymu'n bwyllog y dylai Bleddyn ymrestru â Bataliwn 13 (1 Gogledd Cymru) FfCB, a gwnaeth hynny. Byddai hyn wedi rhoi iddo naill ai rhywfaint o brofiad gwerthfawr a throed yn y drws – neu'i nodi fel rhywun anobeithiol, yn anaddas ar gyfer bywyd y Fyddin ac arweinyddiaeth.

Ar 30 Ionawr 1915 aeth Owen i'r drafferth o anfon papurau cais Bleddyn at y Brigadydd-Gadfridog Owen Thomas o Frigâd Gogledd Cymru, gan ofyn: *'is it possible to do anything for this young fellow? He is deserving of something, if only for his father's sake.'* Cytunodd Thomas, ac yn y man comisiynwyd Bleddyn ym Mataliwn newydd 17 (2 Gogledd Cymru) FfCB yn ei swydd o 18 Chwefror 1915. Ffynnodd yn ei swyddogaeth, a chael ei ddyrchafu'n Gapten ac yn nesaf at bennaeth Cwmni 'B' ar 27 Tachwedd, ddyddiau yn unig cyn i Adran 38 (Cymreig) adael am Ffrainc. Ar 22 Ionawr 1916, yn ystod cyfnod gweddol dawel yn y ffosydd ger Laventie, llithrodd Bleddyn a dau ddyn arall allan i Dir Neb ar batrôl nos i archwilio ceudwll ffrwydryn. Rhywsut collodd gysylltiad â'r lleill, ac ni ddaeth yn ôl. Ni chanfuwyd unrhyw ôl ohono erioed, ac mae'i enw'n gerfiedig ar Gofeb Loos i rai colledig yr ardal honno.

Nid oedd O. W. Owen uwchlaw'r fath gastiau ei hun: ar un achlysur yn Ebrill 1916 ysgrifennodd gymeradwyaeth i ymgeisydd at bennaeth bataliwn wrth gefn gyda'r sylw:

> Mr Davies, Secretary of the Board of Education, Welsh Department, takes an interest in the young fellow ... Is it possible for you to place him on the list of Candidates for a Commission, provided, of course, he has shown adaptability for this work?

Ni phryderai Lloyd George chwaith i roi ei bwysau y tu ôl i ddyrchafiadau pan oedd o ddiddoreb iddo ef a'r achos. Ar y diwrnod y gorfododd yr Arglwydd Kitchener i ddyrchafu Owen Thomas yn Frigadydd-Gadfridog ysgrifennodd adref gan ddweud: *'If Dick would like promotion, Thomas appoints his own officers.'* Felly yn gyfnewid am un ffafr, byddai un arall yn cael ei rhoi. Sicrhaodd Thomas ei hun, mewn symudiad cwbl amlwg nepotistaidd, gomisiynu ei dri mab yn ei frigâd ei hun y Rhagfyr hwnnw. Roedd tuedd ym mhob un o unedau'r Fyddin Newydd at y castiau hyn, a denent ychydig iawn o sylwadau negyddol mewn cymdeithas gyda chefndir a chysylltiadau yn llinyn mesur derbyniad a dyrchafiad. Mewn achos arall comisiynwyd Hugh Pritchard, Cadeirydd Cyngor Dosbarth Trefol Llangefni, trwy ddylanwad yr anghydffurfiwr blaenllaw, y Parchedig John Williams (Brynsiencyn), er mai ei alluogi i wneud ei waith fel ysgrifennydd Pwyllgor Sirol Recriwtio Môn yn fwy effeithiol oedd hyn yn hytrach nac i arwain dynion mewn brwydr. Roedd Pritchard yn gynolygydd cyfnodolyn Rhyddfrydol Môn, *Y Wyntyll*, a hefyd yn gyn-ysgrifennydd Cymdeithas Ryddfrydol Môn.

Gallai hyd yn oed y rhai heb y dylanwad iawn obeithio. Wrth i geisiadau ymgeiswyr swyddogion gyrraedd, rhestrwyd y rhai mwyaf tebygol a chylchredwyd eu manylion i benaethiaid. Nid pawb gyrhaeddodd y rhestr: er enghraifft dyn a bwysleisiai ei fedrau saethu a marchogaeth, ond bod ganddo un goes yn unig! Mae'r deuddeg cylchlythyr yn cynnwys manylion o chwech ar hugain o ymgeiswyr yng ngogledd-orllewin Cymru, yn bennaf o sir Gaernarfon. Dynion fel C. N. Jones o Langefni, asiant tir yn gwasanaethu mewn Bataliwn Prifysgol ac Ysgolion Bonedd; J. C. Morgan-Jones o Gaernarfon, gynt o adran Iau CHS ac yn gwasanaethu bellach gydag Iwmoniaeth sir Ddinbych; H. P. Williams o Gricieth, cyn-Diriogaethwr. Nid pob un a hysbysebwyd yn y dull hwn a enillai gomisiwn. Nid oedd y rhestrau yn cynnwys enwau un ar bymtheg o ddynion eraill o'r rhanbarth a geisiodd am ryw reswm annealladawy, yn amrywio o'r dibrofiad i hen filwyr a milwyr mewn gwasanaeth: I. H. Jones o Gaergybi, pensaer a hen filwr o Ryfel y Boer; T. E. Roberts o Benmaenmawr, yn gwasanaethu gyda Chatrawd y Brenin Lerpwl; A. E. Morris o Dywyn, Meirionnydd, athro (un o ddau gais yn unig o Feirionnydd, y naill na'r llall yn cael eu rhestru). Dangosir y gallai dynion abl felly gael eu colli yn achos Hugh Rowlands. Yn Brifathro yn Llaniestyn, Llŷn, ymrestrasai ym Mataliwn 13 (1 Gogledd Cymru 'Pals') FfCB. Roedd yn geisydd comisiwn CC heb ei restru yn 1914–15, ac aeth gyda'i uned i Ffrainc y Rhagfyr hwnnw fel Is-Gorporal. Yn Ionawr 1916 rhoddwyd comisiwn Tiriogaethol iddo ym Mataliwn wrth gefn 3/7 FfCB ac ar ddiwedd y flwyddyn atodwyd ef i Gatrawd Llundain 2 (Tiriogaethol). Erbyn diwedd y rhyfel daethai'n Gapten a phennaeth cwmni, ac ennill tair gwobr am ddewrder a'i enwi mewn adroddiadau cyn ailafael yn ei waith dysgu.

Fel milwr mewn gwasanaeth addysgedig dylai Rowlands fod wedi cael mantais dros sifilydd dibrofiad, ond yn amlwg nid felly y gweithiai bob tro. Anogid llawer o ymgeiswyr heb gymwysterau i ennill profiad yn y rhengoedd, ac roedd nifer dda o'r ceisiadau a gyrhaeddai PCGC ar ddechrau 1915 gan Gymry'n gwasanaethu gyda'r CC, y CHS, bataliynau'r Ysgolion Bonedd ac yn y blaen. Cynhyrchodd Bataliwn 13 FfCB yn enwedig gryn nifer o ymgeiswyr, mwy na thebyg gan fod yr uned 'Pals' hon wedi cynnwys Bataliwn newydd 'Prifysgol Cymru' gyda'i phersonél mwy addysgedig.

Roedd rhaid cymeradwyo'r holl geisiadau hyn gan bennaeth uned y milwr. Roedd rhai ohonynt yn fwy na pharod i helpu dynion ifanc abl i ddod yn swyddogion: gwrthodai eraill yn aml. O'u safbwynt hwy, ni enillent ddim a chollent eu dynion gorau. Cymhellwyd cylchgrawn *The Welsh Outlook* i feirniadu'r agwedd hon mor gynnar â Chwefror 1915, gan ddyfynnu achosion lle defnyddid pwyntiau technegol i rwystro ceisiadau. Ym Mai 1915 dywedwyd bod rhai penaethiaid CC yn cwyno am eraill oedd yn gyndyn i ryddhau dynion ar gyfer comisiynau.

Mewn gwirionedd, roedd dynion wedi cael eu rhyddhau mewn cryn niferoedd. Mewn un cyfnod tri diwrnod yn gynnar yn Ionawr 1915 cofnododd Brigâd Gogledd Cymru gomisiynu wyth dyn o Fataliwn 13 FfCB, pob un o bosibl ar gyfer y CC gan fod un arall yn benodol ar ei ffordd i Gatrawd Manceinion. Ar yr un pryd roedd Preifat yng Nghatrawd y Brenin Lerpwl a anwyd ym Môn yn cael ei gomisiynu i Frigâd 14 (sir Gaernarfon a Môn) FfCB. Honnai un adroddiad yn y wasg yng nghanol Tachwedd 1914 bod 150 o ddynion y CC wedi cael eu comisiynu. Erbyn Awst 1915 honnwyd yn yr un modd allan o 302 o swyddogion ym Mrigâd Gogledd Cymru, bod 138 wedi dod o rengoedd y Frigâd ac 84 wedi cael eu comisiynu o unedau blaenorol gan gynnwys CHS. Comisiynid 60 dyn pellach o'r Frigâd mewn bataliynau eraill.

Ymatebodd CHS yng Nghymru yn dda i'r gofynion arnynt. Erbyn diwedd Gorffennaf 1915, roedd 186 o gynfyfyrwyr a staff Coleg Prifysgol Gogledd Cymru, Bangor wedi ymuno, a 116 wedi cael eu comisiynu, yn bennaf mewn unedau Cymreig. Roedd 104 o'r cyfanswm yn gyn-aelodau CHS Bangor, a 13 arall wedi gwasanaethu'i ragflaenydd cyn 1908 Cwmni Gwirfoddol Gwirfoddolwyr Magnelwyr Garsiwn Frenhinol sir Gaernarfon 1. Honnai un gohebydd bod tua 178 o ddynion y Brifysgol wedi ennill comisiynau erbyn diwedd 1915, a Choleg Normal Bangor wedi darparu dros 30 o swyddogion allan o 247 a ymrestrodd yn yr un cyfnod. Erbyn diwedd y rhyfel roedd Prifysgol Cymru yn ei chyfanrwydd wedi cynhyrchu tua 1,920 o ddynion ar gyfer y lluoedd arfog. O'r rhain hawliai Bangor 554, a 313 (neu 56.5%) ohonynt yn dod yn swyddogion.

Yn Nhachwedd 1915 gorchmynwyd cau'r CHS Adran Hŷn mewn prifysgolion, a'u haelodau i ymrestru neu geisio am gomisiynau cyn y tymor nesaf. Arhosodd unedau hyfforddi fel Reifflau'r Artistiaid yn agored, ond disodlwyd y CHS gan Fataliynau Hyfforddi Swyddog Cadét rhifedig. Gwnaethpwyd rhai symudiadau i wneud iawn am golli'r CHS Cymreig gan R. Silyn Roberts, Ysgrifennydd Bwrdd Penodiadau Cymru. Ac yntau wedi'i wrthod ar gyfer gwasanaeth ar sail feddygol, yn gynharach roedd y Brigadydd-Gadfridog Owen Thomas wedi gofyn i Roberts am help i sicrhau llif o swyddogion i'r CC. Teimlai Roberts bod yr ymgeiswyr Cymreig dan anfantais wrth gystadlu am leoedd gwag pan y cynhelid cyrsiau dewis CHS yn Llundain, a gwyddai bod yr un peth yn wir am y rhai a geisiai trwy Fataliwn yr Ysgolion Bonedd. Yn Awst 1915 awgrymodd greu bataliwn hyfforddi swyddogion Cymreig, neu hyfforddi rhan-amser trwy golegau'r Brifysgol ym Mangor ac Aberystwyth. Hoffai ysgrifennydd PCGC y syniad, ac awgrymodd y Brigadydd-Gadfridog Horatio Evans o Frigâd 115 ddefnyddio cwmnïau o fataliynau wrth gefn y CC i'r pwrpas.

Mewn gwirionedd yn gynharach y flwyddyn honno

dynodid cwmnïau o Fataliynau 13 ac 16 FfCB ar gyfer hyfforddi swyddogion. Mewn ymateb i hyn o bosibl, yn Ionawr 1916 neilltuwyd platwnau o Fataliynau 21 a 22 (Wrth Gefn) FfCB ar gyfer ymgeiswyr posibl i fod yn swyddogion. Helpodd Silyn Roberts hefyd ffurfio cangen Gymreig o CHS Inns of Court a gweithredodd fel ei Ysgrifennydd Anrhydeddus dros Gymru. Eisteddai'r Pwyllgor Cymreig hwn bob dydd i ddechrau, yna'n wythnosol, gan brosesu dros 1,500 o geisiadau, y mwyafrif ohonynt yn llwyddiannus. Cyn cyflwyno gorfodaeth, trwy'r Pwyllgor hwn yr enillodd mwyafrif y graddedigion Cymreig eu comisiwn.

Ystyriaeth hollbwysig, yn enwedig ym Mrigâd 1 (Gogledd Cymru) CC Owen Thomas, oedd darpariaeth y Gymraeg a swyddogion a siaradai Gymraeg. Yr ymdrechion i sicrhau dynion o'r fath yw nodwedd mwyaf arbennig swyddogaethu mudiad y CC. Er mwyn darbwyllo dynion o'r ardaloedd Cymraeg i ymrestru, roedd hi'n hanfodol i'w sicrhau bod y fenter gwbl Gymraeg hon o dan arweiniad eu cydwladwyr eu hunain a'u cyd-Gymry Cymraeg. Darlunid y CC, a brigâd Thomas yn enwedig mewn termau disglair cenedlaetholgar gan y wasg. Daliai'r ddwy frigâd arall, er yn tynnu mwy o dde Cymru, i wneud pob ymdrech i gael swyddogion lleol. Pwysleisiai Thomas, fodd bynnag, gysylltiadau siarad Cymraeg neu deuluol Gymreig ymhlith ei swyddogion. Yn fuan wedi'i benodiad, datganodd mai ei amcan oedd sicrhau swyddogion a siaradai Gymraeg gan y gallai hyn ddarbwyllo llawer o ddynion i ymrestru. Ym Mawrth 1915 ymfalchïai Ivor Philipps fel Pennaeth Adrannol yn fawr yn y ffaith bod holl staff ei bencadlys naill ai'n Gymry neu wedi gwasanaethu gydag unedau Cymreig. Roedd nifer o geiswyr am gomisiynau wedi sylwi ar hyn, a phwysleisient eu tras neu wreiddiau Cymreig ar eu ffurflenni. Roedd Thomas wedi lledawgrymu o leiaf, y dylent fod yn ddynion oedd yn adnabod a pharchu Cymru.

Ymddangosai bod yr Arglwydd Kitchener hyd yn oed yn cytuno, gan ddweud wrth Thomas y dylai sicrhau cymaint o swyddogion a siaradai Gymraeg â phosibl.

Mae'n ymddangos bod Thomas wedi cyflawni'i amcan i raddau helaeth: ym Mai 1915 amcangyfrifodd bod 150 o'i 200 o swyddogion yn Gymry, ac yn Awst datganodd bod 199 o 302 o 'genedligrwydd Cymreig', a'r gweddill mae'n debyg â chysylltiad trwy rieni, enedigaeth neu breswylio. Ychydig ar ôl i Adran 38 (Cymreig) hwylio am Ffrainc y Rhagfyr hwnnw, honnodd:

> This is more distinctively a Welsh Army than has existed for over four hundred years ... two-thirds of the officers are of Welsh nationality; the majority of them know and habitually use the Welsh language.

Roedd yr addewid o wasanaethu mewn unedau Cymreig dan swyddogion Cymreig yn dal i gael ei wneud i recriwtiaid mor hwyr â Chwefror 1916: addewidion a ddiflannodd gyda dyfodiad gorfodaeth. Pan erydodd colledion niferoedd y swyddogion, ymddangosai canfod rhai dilychwin Cymreig yn eu lle yn llai o flaenoriaeth. Dewisai lawer o'r cadetiau Cymreig yn y Bataliynau Hyfforddi Swyddogion yn naturiol i wasanaethu gydag unedau Cymreig, ond nid oedd eu dewis yn rhwymo'r awdurdodau. Tyfodd cyfran y swyddogion newydd nad oedd yn Gymry yn Adran 38 (Cymreig), ac yn ystod sgandal Cornwallis-West 1916 gwadwyd bod Kitchener wedi rhoi sicrwydd y byddai'r CC yn cael swyddogion Cymreig.

Talodd unedau atodol CC – peirianwyr, gwasanaethau meddygol, magnelau, cyflenwi ac yn y blaen – lai o sylw i genedligrwydd na meddu ar y sgiliau a chymwysterau angenrheidiol. Cyhuddid magnelwyr y CC fwy nac unwaith o anwybyddu Cymreictod y mudiad wrth rannu comisiynau. Llwyddodd y Corfflu Byddin Meddygol

Brenhinol, fodd bynnag, i gael rhif digonol o feddygon Cymreig. Yn Rhagfyr 1914 mynegodd Rheolaeth Orllewinol bod yn well ganddynt Gymry yn swyddogion meddygol bataliwn, a chyfeiriwyd ceiswyr atynt yn hytrach na PCGC. Gallai swyddogion meddygol arwyddo cytundeb blwyddyn. Pan ddechreuai'r tri Ambiwlans Maes ffurfio yn Nhachwedd 1914 gellid tynnu'r swyddogion angenrheidiol o bersonél y Groes Goch mewn Adrannau Cymorth Gwirfoddol Cymreig a fodolai, a ffurfiwyd ar sail sirol o dan y Cymdeithasau Tiriogaethol. Brigâd Gymreig Ambiwlans Sant Ioan staffiodd holl Ambiwlans Maes 130 (Sant Ioan). Yn Chwefror a Mawrth 1915 gosodwyd hysbysebion am feddygon Cymreig gan PCGC yn *The Lancet* a'r *British Medical Journal*.

Mae'r ffurflenni cais sy'n goroesi yn rhoi gwybodaeth bellach am lawer o'r rhai â diddordeb mewn dod yn swyddogion gyda'r CC. Wrth i'r ceisiadau gyrraedd, lluniwyd rhestrau gan PCGC gyda rhai manylion personol a'u cylchredeg i benaethiaid uned. Ymddangosodd y rhestr gyntaf tua Hydref-Tachwedd 1914, yn cynnwys 168 o enwau. Roedd angen atodiad o 94 enw yn Nhachwedd, a pharhaodd y broses tan i'r unfed atodiad ar ddeg a'r un olaf gael ei gylchredeg ym Mawrth 1915. Roedd y rhestrau'n cynnwys bron 700 o enwau i gyd, a dim ond tua 65% ohonynt yn byw yng Nghymru, er bod llawer o'r lleill yn Gymry yn byw ar y pryd yn Lloegr, neu'n gwasanaethu mewn unedau heb fod yn Gymreig. Derbyniwyd ychydig o geisiadau o'r Alban, Iwerddon, yr Unol Daleithiau ac India. Roedd 26 o ddynion yn byw yng ngogledd-orllewin Cymru, o gymharu â 294 ym Morgannwg a 234 yn Lloegr. Enwau Morgannwg oedd 42% o'r cyfanswm a 65% o'r rhai yng Nghymru: roedd enwau siroedd Môn a Chaernarfon yn 4% o'r cyfanswm a 6% o'r cyfeiriadau Cymreig. Nid oedd dim enwau rhestredig o

Feirionnydd, a allai fod yn rhannol oherwydd methiannau'r Pwyllgor Sirol. Cwynodd yr Arglwydd Lefftenant Syr Osmond Williams yn Nhachwedd 1914 nad oedd wedi derbyn unrhyw geisiadau, gan roi'r bai ar aelodau Pwyllgor a fynnai gael swyddogion cyn dechrau codi milwyr. O ganlyniad ni chafwyd ond ychydig o'r naill a'r llall.

Nid oedd cynnwys enw yn rhoi sicrwydd o gomisiwn, fel y gwelsom yn gynharach. Ar 7 Rhagfyr ymgeisiodd Harry Williams o Gaernarfon gan ddweud ei fod yn gyn-aelod o CHS y Brifysgol ym Mangor, wedi dysgu dril mewn ysgolion yn y Transvaal er 1903 ac yn medru marchogaeth. Mae'n bosibl yr amherid ar ei obeithion gan ei fod yn ddyn priod 36 oed. Ar 11 Rhagfyr cylchredwyd ei gais i sawl uned CC, ond sylwadau ymylol a wnaeth y rhan fwyaf o'r uwch-swyddogion fel:

> I have no vacancies; I have more applications than I can deal with; neu Noted and passed on.

Ymddangosodd ei enw ar seithfed rhestr atodol Chwefror 1915, ac ymddengys nad oedd yn llwyddiannus ac nid yw wedi'i restru fel rhywun graddedig o Fangor a wasanaethodd yn ystod y rhyfel. Gellid gwrthod dyn hŷn, profiadol a ffafrio dyn ifanc brwd os dibrofiad, pe bai hwnnw'n mynd yn ei flaen i hyfforddi gyda CHS neu uned debyg.

Arweinyddion y Corfflu Cymreig
Yn ychwanegol at weinidogion anghydffurfiol a gwleidyddion Rhyddfrydol, roedd rhaid cael swyddogion Cymreig a fyddai nid yn unig yn ffurfio ac arwain mudiad y CC, ond yn apelio'n llwyddiannus am recriwtiaid. Gallai'r arweinyddion cywir ddylanwadu ar ddarpar-wirfoddolwyr. Gallai David Lloyd George amddiffyn y prosiect rhag Swyddfa'r Rhyfel sinicaidd, ond roedd rhaid i eraill godi'r lluoedd Cymreig a ragwelai. Roedd rhai ffigyrau wedi codi'n

barod fel Syr Ivor Herbert yn sir Fynwy, Syr Watkin Williams-Wynn yn sir Drefaldwyn a Lefftenant-Gyrnol Owen Thomas ym Môn.

O fewn ychydig wythnosau o'i ddechreuad, cododd yr angen o gael penaethiaid brigâd i'r CC. Ar gyfer Brigâd 1 (Gogledd Cymru) roedd gan Lloyd George ymgeisydd dan sylw yn barod, sef Owen Thomas. Fe'i ganwyd yn 1858 ym Môn yn fab i Annibynnwr o ffermwr cefnog, cafodd ei addysg yn ysgol fonedd Liverpool College a'i gomisiynu i Filisia Catrawd Manceinion yn 1886. Gadawodd yn 1887 i ffurfio Cwmni Gwirfoddol gartref yng Nghemaes o dan Bataliwn 2 Gwirfoddol FfCB a daeth yn Gapten arno. Roedd hyn yn deyrnged i'w bersonoliaeth a'i allu i apelio gan fod y cwmni yn unigryw ym Môn. Roedd yn asiant tir, yn fridiwr da byw llwyddiannus, yn gynghorydd sir, yn aelod o Gomisiwn Brenhinol ar ddirwasgiad Amaethyddol 1893-97, daeth yn Uchel Siryf Môn yn 1893 ac yn ynad y flwyddyn ganlynol.

Gwasanaethodd fel swyddog mewn uned ymerodraethol, Marchoglu Brabant 2 yn ystod Rhyfel y Boer. Erbyn diwedd 1900, dan wahoddiad yr Arglwydd Kitchener, roedd yn cynorthwyo i godi Marchoglu Ysgafn Tywysog Cymru dan nawdd Cymdeithas Cambrian Cape Town. Cafodd ei hysbysebu fel catrawd Gymreig a theithiodd dynion o Gymru, Awstralia – a hyd yn oed y Wladfa Gymreig ym Mhatagonia – i ymrestru. Thomas hefyd oedd pennaeth yr uned, a chafodd ganiatâd wedi hynny i gadw'r rheng anrhydeddus o Lefftenant-Gyrnol. Defnyddiodd Kitchener Thomas hefyd fel cyfarwyddwr milwrol amaethyddiaeth yn ystod 1902. Arweiniodd hyn yn ei dro at ei ran mewn arolygon o'r Transvaal, Rhodesia a Mashonaland fel lleoliadau posibl ar gyfer anheddiad amaethyddol Prydeinig. Cynghorodd y British South Africa Company, ac yn ystod 1906-07 arolygodd yr East Africa Protectorate (Kenya ac Uganda).

Ar ddechrau'r rhyfel yn 1914 roedd yn ôl ym Môn, yn

helpu i ffurfio'r gatrawd Marchoglu Cymreig newydd, yn gofyn i hen filwyr Rhyfel y Boer i ailymrestru, ac erbyn yn hwyr yn Awst ef oedd prif recriwtiwr 'Bataliwn Môn' arfaethedig y Byddinoedd Newydd. Ni phrofodd y naill brosiect na'r llall yn foddhaol iddo'n bersonol. Mynychodd gyfarfod Neuadd Park, Caerdydd ar 29 Medi a lansiodd syniad y CC a chyflwynwyd ef wedyn i Lloyd George gan ei hen gyfaill y Parchedig John Williams, Brynsiencyn. Cloriannodd y Canghellor Thomas fel swyddog poblogaidd a Chymro Cymraeg a'i brofiad a'i allu mewn codi cyrff o ddynion wedi'i brofi. Fe'i gwelai fel y ffigwr delfrydol i fudiad y CC yng ngogledd-orllewin Cymru.

Gwnaethpwyd Thomas yn aelod yn gyflym o PCGC ac erbyn yn hwyr yn Hydref roedd wedi cael ei glustnodi gan Reolaeth Orllewinol fel uwch-swyddog bataliwn tebygol. Roedd angen Lloyd George, fodd bynnag, amdano ar gyfer mwy na hynny'n unig. Yn sgil y cyfarfod Cabinet stormus ar 28 Hydref lle gorfodwyd yr Arglwydd Kitchener i ildio, gwelodd Lloyd George ei fantais a phwysodd arno werth Thomas mewn codi milwyr. Ar ôl cael ei alw i bresenoldeb Kitchener ar 30 Hydref, penodwyd Thomas yn Frigadydd-Gadfridog. Cafodd y Canghellor ei uwch-swyddog gwironeddol Gymreig ar gyfer Brigâd Gogledd Cymru, ond roedd hyn yn dân ar groen Swyddfa'r Rhyfel a thu hwnt.

Ar 2 Tachwedd dangosodd cyfarfod PCGC rai arwyddion o siom at y dyrchafiad. Roedd yr Uwch-Gadfridog Syr Ivor Herbert AS, cyfarwyddwr ffug-swyddogol recriwtio PCGC, wedi cefnogi Lefftenant-Gyrnol R. H. W. Dunn ar gyfer y frigâd. Roedd Dunn, cyn-swyddog yn y Fyddin Barhaol wedi ymddeol yn 1897 ond roedd yn Swyddog Wrth Gefn ac yn aelod o Gymdeithas Diriogaethol sir y Fflint. Dechreuasai hefyd godi Bataliwn 13 (1 Gogledd Cymru 'Pals') FfCB yn y Rhyl. Nid oedd llythyr a ysgrifenasai Thomas ar 28 Hydref yn helpu pethau, yn dadlau yn erbyn penodi Dunn ar y sail na ddenai recriwtiaid Cymreig:

> I know Wales fairly well, and I know we are in for a tough piece of work to draw in the men we want ... meanwhile let us Welshmen run the matter our own way, because we know the peculiarities of our people.

Yn y cyfarfod roedd Herbert yn amlwg yn llugoer at Thomas, ond cefnogid hwnnw gan Syr Henry Lewis o Fangor ac eraill, a chyfannwyd y rhwyg dros dro.

Mae rhaniad gogledd-de pendant yn amlwg yn hwn a rhai materion eraill PCGC: ni fyddai gan Lewis, cefnogwr i'r Ffederasiwn Ymerodraethol Brotestanaidd, gydymdeimlad â Herbert, oedd yn Babydd. Y diwrnod nesaf mewn cyfarfod recriwtio yng Nghaernarfon, roedd cenfigen ac anfodlonrwydd Herbert a swyddogion eraill ar y llwyfan i'w deimlo gan Thomas o hyd. Cafodd Herbert ei ffordd pan ddyrchafwyd Dunn i reoli Brigâd 2 (de Cymru) ar 18 Tachwedd, yn cael ei ddilyn gan Ivor Philipps ar gyfer Brigâd 3, ar 20 Tachwedd – a safle uwch Dunn yn cael ei ôl-ddyddio i 27 Hydref.

Ganwyd Philipps yn 1861 yn ail fab i'r deuddegfed Barwnig Philipps o sir Benfro. Buasai'n swyddog ym Myddin India, yn gwasanaethu mewn nifer o ymgyrchoedd ymerodraethol, gan ennill yr Urdd Gwasanaeth Nodedig cyn ymddeol yn Uwch-gapten yn 1903. Ymunodd wedyn ag Iwmoniaeth sir Benfro, yn eu harwain yn ystod 1908–12 cyn dod yn Gyrnol Anrhydeddus iddynt. Roedd hefyd yn AS Rhyddfrydol dros Southampton o 1906 ymlaen.

Fe'i galwyd yn ôl i wasanaeth yn Awst 1914, a dechreuodd fel Swyddog Staff Cyffredinol (Ail ddosbarth) yn Swyddfa'r Rhyfel, ond cafodd ddyrchafiad buan wrth i ddylanwad ddechrau cael ei ddefnyddio. Byddai ei naid tair rheng i fyny i Frigadydd-Gadfridog wedi cythruddo swyddogion o'r Fyddin Barhaol a'u cred mewn haeddiant yn ôl gwasanaeth. Ond wedyn, nid oedd eu brodyr hwy yn wleidyddion Rhyddfrydol y teimlai Lloyd George bod arno ffafrau iddynt! Brawd hŷn Philipps oedd John Wynford Philipps o Bictwn, AS Rhyddfrydol Mid-Lanark 1888–94 a Phenfro 1898–1908, a'i ddyrchafu'n arglwydd fel Barwn Tyddewi yn 1908. Roedd yn Arglwydd Lefftenant sir Benfro o 1911 ac ar un achlysur cynigiodd fenthyciad i Lloyd George pan oedd hwnnw mewn twll ariannol. Gwrthodwyd yr arian, ond ni chafodd y cynnig caredig ei anghofio.

Penododd cyfarfod PCGC ar 11 Tachwedd arweinyddion cyntaf y bataliynau, wrth i'r unedau newydd ddechrau ymffurfio. Yn ystod Rhagfyr gwelodd y dylanwad a ymddangosai i dreiddio i Frigâd Gogledd Cymru, yr AS Rhyddfrydol David Davies, Llandinam yn cael ei ddyrchafu i arwain Bataliwn 14 (sir Gaernarfon a Môn) FfCB. Comisiynwyd Gwilym a Richard Lloyd George ym Mataliwn 15 (1 Cymry Llundain) FfCB, a thri mab Thomas hefyd yn dod yn swyddogion iau yn ei bataliynau (buasai dau yn Rhyfel y Boer gyda'u tad fel biwglwyr wyth a deuddeg oed). Yn Chwefror 1915 gwelwyd penodi'r gŵr lleol dylanwadol, yr Anrhydeddus Henry Lloyd-Mostyn o Fodysgallen, Llandudno (57 oed) i arwain Bataliwn newydd 17 (2 Gogledd Cymru) FfCB er mwyn helpu recriwtio. Yn fab iau i'r Arglwydd Mostyn, roedd wedi gwasanaethu gyda FfCB Parhaol cyn dod yn brif bennaeth ac yna'n Gyrnol Anrhydeddus ar Fataliwn 4 FfCB a Bataliwn 3 Catrawd swydd Gaer.

Rheolai gwleidyddiaeth Ryddfrydol y strwythur rheoli: roedd tri AS yn arwain brigadau neu fataliynau. Tueddai PCGC ei hun i'r un cyfeiriad, ond bod hynny'n unol â'r bwriad o gynrychioli'r farn gyhoeddus Gymreig ar y pryd. Fodd bynnag, roedd o leiaf ddau arweinydd bataliwn FfCB yn Geidwadwyr o ran gwleidyddiaeth, a PCGC yn cynnwys arglwyddi, esgobion, ASau Llafur, undebwyr llafur, Torïaid, a diwydiannwyr yn ogystal â Rhyddfrydwyr ac anghydffurfwyr. Gallai pobl o'r tu allan ganfod enghreifftiau o ddylanwad ar waith yn hawdd, ac ar adegau roedd y rhai â'r cysylltiadau cryfach yn elwa ar draul dynion mwy cymwys.

Er nad oedd y tynnu llinynnau hyn yn unigryw, yn enwedig ymhlith ffurfiadau'r Fyddin Newydd, prin ei bod yn syndod y gorweddai'r mudiad dan rywfaint o gwmwl o ganlyniad. Ar ôl y rhyfel, cyflwynodd yr Uwch-gapten G. P. L. Drake-Brockman ei safbwyntiau gwenwynig i'r Hanesydd Swyddogol ar y pwynt hwn. Cafodd ei drosglwyddo o'r Adran 7 Parhaol i Bencadlys Adrannol 38 (Cymreig) yn anterth y brwydro yng Nghoedwig Mametz yng Ngorffennaf 1916, a chondemniodd David Davies o Fataliwn 14 FfCB fel a ganlyn:

> A politician pure and simple who knew nothing about soldiering before the war: his chief claim to fame was that he had subscribed much money to Mr Lloyd George's Liberal party fund.
>
> It is therefore not to be wondered at that an influential political atmosphere permeated the whole division ... Brigadiers found it difficult to get rid of officers who were useless, since ... they were often the constituents or political supporters of the divisional commander, who held a high opinion of their capabilities.

Aeth Drake-Brockman yn ei flaen i honni bod dychweliad David Davies a dau swyddog arall adref wedi'i drefnu gan Lloyd George er mwyn arbed eu bywydau gwleidyddol gwerthfawr rhag perygl. Digwyddodd hyn ar ôl i Lloyd George ddod yn Ysgrifennydd Gwladol Rhyfel ar 7 Gorffennaf 1916, pan anfonodd am Davies i fod yn Ysgrifennydd Seneddol iddo. Arweiniasai Fataliwn 14 FfCB yn y ffosydd ers Rhagfyr 1915 ond cynorthwyodd ei ymadawiad yn llythrennol ar noswyl ymosodiad mawr cyntaf y bataliwn ar 10 Gorffennaf, i feithrin y syniad uchod. Mae'n werth nodi hefyd ym Mawrth 1916, bod O. W. Owen Ysgrifennydd PCGC wedi ysgrifennu at Lloyd George yn pwyso arno i alw Davies yn ôl ar y sail y gallai dyn 'o werth llai' wneud ei waith milwrol, ond bod 'neb yng Nghymru heddiw ... a allai gymryd ei le' pe bai'n cael ei ladd.

Nid oedd cwyno yn y Fyddin dros benodiadau bataliwn a brigâd yn ddim o gymharu â'r cynddaredd a ddangoswyd at ddewis arweinydd yn y pen draw i Adran 38 (Cymreig). Yn gynnar yn Rhagfyr, cysylltodd Lloyd George â'r Arglwydd Kitchener ar y pwnc hwn, gan wrthod swyddog Seisnig profiadol ar gyfer y penodiad. Ar 8 Ionawr 1915 ysgrifennodd Ivor Philipps at Lloyd George, yn ceisio'n gynhyrfus i brysuro'r gorchymyn i'w benodi ei hun. Ysgrifennodd un a weithiai iddo, Lefftenant-Gyrnol Hamar Greenwood (AS Rhyddfrydol Sunderland) hefyd ddwy waith yr wythnos ganlynol, yn ei gefnogi cyn i Philipps ysgrifennu eto ar 17 Ionawr ar yr un trywydd. Ar 18 Ionawr cyfarfu Lloyd George, a oedd mwy na thebyg wedi annog Philipps a chynllunio'r symudiad ers cryn amser, â Kitchener a'i ddarbwyllo i lofnodi'r gorchymyn angenrheidiol yn ei benodi'n Uwch-frigadydd yn arwain Adran 43 (Cymreig) fel y'i gelwid ar y pryd. Symudodd i'r Pencadlys adrannol ym Mae Colwyn ac ysgrifennodd y diwrnod canlynol i ddiolch i Lloyd George, a chynnig ar yr un pryd benodiad Staff chwenychedig *aide de camp* i Gwilym Lloyd George. Trefnid hyn i gyd ddyddiau'n gynharach, yn sicr erbyn 12 Ionawr, pan ddywedodd Lloyd George wrth ei wraig am ddatrys dyrchafiad Philipps gyda Kitchener, ac am benodiad un o'u meibion.

Er bod gan y cyn Uwch-gapten Philipps rywfaint o brofiad gwaith Staff ar wasanaeth gweithredol, roedd hyn yn dipyn o gam i fyny iddo. Mae'n fwy na thebygol, fel yn achos Owen Thomas, bod Kitchener yn wynebu Lloyd George penderfynol a fynnai'r penodiad, a bu rhaid iddo gytuno. Ochr yn ochr â'i werth gwleidyddol a'i statws fel ffigwr amlwg yng Nghymru mewn menter Gymreig, roedd a wnelo diolchgarwch y Canghellor at frawd Philipps Barwn Tyddewi lawer â hyn. Ar 23 Ionawr crybwyllodd ysgrifenyddes Lloyd George (a'i feistres) Frances Stevenson yn arwyddocaol yn ei dyddiadur *'St. D. will never ask him for anything in vain'*.

Denodd y mater gwynion pellach fyth gan swyddogion Parhaol a'u bryd ar ddyrchafiad, a welai hyn fel dyrchafiad mwy na chyflym cyn Uwch-gapten hunandybus o Fyddin India dros eu pennau. Heintiodd y digywilydd-dra gwleidyddol hwn enw da'r CC o fewn y Fyddin.

Roedd Brigâd 3 Philipps heb arweinydd, ac un ymgeisydd yn cynnig llenwi'i esgidiau oedd Cyrnol Laurence Williams o Fataliwn 3 Milwyr Troed Ysgafn Dug Cernyw, hen filwr 39 oed Rhyfel y Boer o Fôn. Methasai â chael arwain bataliwn gyda Brigâd Gogledd Cymru er gwaethaf cefnogaeth Owen Thomas. Mor gynnar â 3 Ionawr (gan awgrymu bod symudiad Philipps yn gyfrinach agored cyn hynny) ysgrifennodd Williams at Syr Ivor Herbert, gan ofyn:

> would it be possible for you to bring my name forward? ... the Earl of Plymouth who is a connection of my wife's would I am certain help me and also Sir Watkin [Williams-Wynn] ... I have always been most closely connected with Welsh matters.

Methodd y cais hwn i ddefnyddio dylanwad ac ar 13 Chwefror penodwyd Horatio J. Evans i arwain y frigâd. Yn fab 54 oed i weinidog o Rhaeadr, gwelsai wasanaeth yn yr Ail Ryfel Afghan (1878–80) ac roedd yn swyddog Staff yn Rhyfel y Boer. Cyn ei ddyrchafiad roedd yn swyddog rheoli ar Ranbarth Recriwtio Rhif 4 yn ne Cymru. Pan secondiwyd Philipps i'r Weinyddiaeth Arfau yn ystod Gorffennaf-Rhagfyr 1915, Evans a arweiniodd yr Adran.

Ychydig o arweinyddion bataliynau oedd wedi gweld gwasanaeth gweithredol. Roedd gan dri o wyth prif swyddogion FfCB y profiad hwnnw yn Awst 1915, ac yn yr un modd tri Uwch-gapten allan o 326 o swyddogion eraill. Mae'r *Army List* yn dangos bod mwyafrif prif swyddogion bataliynau'r FfCB yn swyddogion Parhaol neu Diriogaethol wedi ymddeol, neu'n gyn-Filisia, Iwmoniaid a swyddogion Gwirfoddol. Yn yr ystyr hwn, ymdebygent i'w cymrodyr yn y Byddinoedd Newydd. Yn raddol symudwyd y rhain ac eraill yn yr Adran allan o arwain gweithredol. Yn yr hydref cyflymodd y broses, a disodlwyd llawer: yn syml nid oedd yr arweinyddion hŷn yn medru trafod y milwyr mewn rhyfela modern o'r fath a ymledai'n wyllt ar draws y Sianel. Wrth i swyddogion Parhaol mwy abl gael eu canfod i arwain, yn naturiol roedd rhywfaint o ddicter ymhlith y rhai a edrychai ymlaen at arwain y dynion a godasent i ymladd.

Symudwyd rhai a syrthiai i'r categori hwn i'r ffurfiadau Wrth Gefn, i godi a hyfforddi recriwtiaid newydd. Ni symudwyd eraill: cadwodd Philipps yr arweinyddiaeth adrannol er gwaethaf absenoldeb o rai misoedd yn Ysgrifennydd Seneddol yng Ngweinyddiaeth Arfau Lloyd George, a daeth i'r golwg mewn pryd y Rhagfyr hwnnw i fynd â'r ffurfiad dramor. Arbedwyd Evans ymhlith arweinyddion brigadau, ond symudwyd Dunn ac Owen Thomas ynghyd â naw prif swyddog arall. David Davies oedd un arall yn anochel efallai a oroesodd.

Gadawodd Owen Thomas ei swydd yn Nhachwedd, a chymerodd berswâd mawr gan Lloyd George a'r Arglwydd Derby iddo dderbyn arweinyddiaeth Brigâd Milwyr Troed Wrth Gefn 14 ym Mharc Cinmel, er mwyn helpu gyda Recriwtio Cynllun Derby. Cymerwyd ei le gan y swyddog

Parhaol 37 oed Lefftenant-Gyrnol Llewelyn Alberic Emilius Price-Davies VC o Chirbury, hen filwr o Ryfel y Boer a swyddog Staff yn Ffrainc. Ysgrifennodd cyd-swyddog yn sylwi ar symudiad Price-Davies i hen Frigâd Thomas bod Is-Gadfridog Syr Henry Wilson, brawd-yng-nghyfraith Price-Davies:

> appears to have told him they were a roughish lot with hardly a gentleman among the officers but I expect [Price-Davies] will be equal to them.

Nid oedd prif swyddogion newydd Swyddfa'r Rhyfel yn arbennig o Gymreig: yn wir ystyrid yr Albanwr Lefftenant-Gyrnol Ballard a gymerodd at arwain Bataliwn 17 (2 Gogledd Cymru) FfCB gan ei ddynion yn 'gasäwr Cymry'. Roedd yr angen am bobl amlwg lleol i recriwtio wedi mynd heibio, a'r awdurdodau milwrol yn awr yn mynd i osod eu hewyllys ar y ffurfiad.

Mewn un ystyr gwnaeth y prif swyddogion a ddiswyddwyd yn well na'u holynwyr, y rhan fwyaf ohonynt yn syrthio yng Nghoedwig Mametz yng Ngorffennaf 1916. Yn y cyfamser roedd Owen Thomas dros ei ben a'i glustiau yn sgandal Cornwallis-West (a ddisgrifiwyd gan ei gofiannydd, D. H. Pretty) a dywedwyd wrtho am adael ei swydd reoli ym Mehefin 1916, er gwaethaf cytgan o brotest syn gan wasg Gymreig na wyddai am y cynllwyniau ar droed. Yn ddig a phoenus, gwrthododd swydd recriwtio ac ymddeolodd.

Nid oedd David Lloyd George hyd yn oed yn ymddangos yn barod i helpu Thomas: symudasai ei sylw ymlaen at ennill y rhyfel, hyd yn oed os golygai hynny eithrio'i hen gyfeillion Cymreig. Yn y diwedd, cadarnhawyd enw da Thomas a'i urddo'n farchog, ond daliai i deimlo'n chwerw. Collodd ei dri mab yn y rhyfel, a throdd at ffurfio cronfa ar gyfer cyn-filwyr ac at wleidyddiaeth. Yn Etholiad

Cyffredinol 1918 safodd dros Lafur yn erbyn ymgeisydd Lloyd George, yr AS tan hynny Syr Ellis J. Griffith (a ddyrchafwyd yn farwnig y flwyddyn honno), ac enillodd ar sail ei boblogrwydd ei hun a phleidlais brotest yn erbyn gorfodaeth. Cafodd ei ailethol fel ymgeisydd Annibynnol yn 1920, a bu farw yn dilyn llawdriniaeth yn 1923.

Llwyddodd yr Uwch-frigadydd Ivor Philipps gadw'i swydd tan i Adran 38 (Cymreig) gynnal ei ymosodiad mawr cyntaf yn Mametz. Methodd yr ymosodiad cyntaf, ac ar ôl oedi cyn ailafael yn yr ymosod fe'i diswyddwyd a'i anfon adref. Ymddeolodd, ond fe'i hurddwyd yn farchog yn 1917 ac ar ôl hynny ailafaelodd mewn gwleidyddiaeth. Gadawyd ei gyn-adran yn gaeth mewn brwydr ofnadwy dros ddau ddiwrnod i gymryd y goedwig costied a gostio, a olygai yn yr achos hwn golli bron 4,000 o ddynion. Roedd llawer yn y Fyddin yn falch o'i weld yn gadael, a gwelent lanast tybiedig Mametz yn gyfiawnhad o'u rhagfarnau yn ei erbyn ef a 'Byddin Lloyd George'.

I grynhoi, methasai'r ffurfiad unigryw Gymreig hwn gan fod buddioldeb gwleidyddol yn cael ei ystyried yn uwch na gallu proffesiynol. Daeth llwyddiant Lloyd George o gael swyddogion Cymreig i recriwtio ac arwain y ffurfiad a ddymunai ar gost gelyniaethu Swyddfa'r Rhyfel a'r Fyddin, a gymerodd y cyfle i wella pethau pan dynnwyd sylw'r Dewin Cymreig gan faterion eraill.

'I'r Fyddin Fechgyn Gwalia!'

Y CORFFLU CYMREIG.

Drwy Arswyd i Fuddugoliaeth.

(Difyniad o Araith Canghellydd y Trysorlys yn Llundain, Medi 19eg, 1914.)

Cred y Germaniaid nas gallwn ei gorchfygu. Gwir na fydd yn waith hawdd. Bydd yn orchwyl hir a chaled; bydd yn rhyfel echrydus, ond yn y diwedd fe ymdeithiwn drwy arswyd i fuddugoliaeth. Bydd arnom angen pob rhinwedd a nodwedd a berthyn i Brydain a'i phobl—pwyll mewn cyngor, glewder mewn brwydr, penderfyniad diwyro, calondid mewn gorchfygiad, cymedroldeb mewn buddugoliaeth—ymhob dim, ffydd.

Rhyngodd ei fodd gredu a phregethu ein bod ni yn bobl sydd yn adfeilio a dirywio. Cyhoeddant i'r holl fyd drwy eu hathrawon mai cenedl heb wroldeb ydym yn ymguddio yn ein masnachdai tra yn denu cenhedloedd mwy dewr i ddistryw.

Dyma ddesgrifiad o honom roddir yn Germani:—

"Cenedl wangalon a llwfr yn ymddiried yn ei Llynges."

Credaf eu bod eisoes yn dechreu gweled eu camgymeriad, ac y mae haner miliwn o ddynion ieuainc Prydain eisoes wedi cymeryd llw i'w Brenin y croesant y mor ac y taflant y sarhad hwn ar lewder Prydeinig i wyneb y rhai a'i dywedasant ar feusydd rhyfel Ffrainc a Germani. Y mae arnom eisieu haner miliwn yn ychwaneg; a sicr yw y cawn hwynt.

BYDDIN GYMREIG AR Y MAES

Rhaid i Gymru ddal i wneud ei dyledswydd . . . . Hoffwn weled Byddin Gymreig ar y Maes. Hoffwn weled y bobl wynebodd y Normaniaid am gannoedd o flynyddau mewn ymdrech am ryddid—y bobl fu'n helpu i ennill Crecy—y bobl fu'n ymladd am genhedlaeth 'dan arweiniad Glyndwr yn erbyn y Cadben goreu yn Iwrob—hoffwn eu gweled yn rhoddi prawf da o'u nerth yn yr ymdrech bresennol yn Iwrob. Ac fe wnant hynny hefyd.

Yr wyf yn cenfigennu wrth eich cyfle chwi yn awr, bobl ieuainc. Cyfle ardderchog yw. Cyfle na ddaw ond unwaith mewn canrifoedd i feibion dynion. Daw hunan-aberth i'r rhan fwyaf o genedlaethau mewn blinder a llwydni ysbryd. Daw i chwi heddyw—a daw i bawb o honom heddyw yn y ffurf o gynhyrfiad ac ysbrydiaeth—y symudiad mawr dros Ryddid symbyla heddyw filiynau drwy Iwrob i'r un diwedd ardderchog.

Western Mail, Cyf., Caerdydd.

Lloyd George yn y Queen's Hall, Llundain 19 Medi 1914, yn galw am Fyddin Gymreig

Pennod 5

Parhaol, Tiriogaethwyr a'r Fyddin Newydd

Parhaol ac wrth gefn

Y Fyddin Barhaol

Yn Hydref 1913 dim ond 1.36% o'r Fyddin Brydeinig Barhaol a aned yng Nghymru. Y flwyddyn honno, cynhyrchodd tri rhanbarth recriwtio Cymru 653 o recriwtiaid, neu 2.4% o'r cyfanswm a ymrestrodd trwy Brydain, a gogledd Cymru yn cyfrannu 160 yn unig. Arwyddodd llawer i'r Fyddin barhaol oherwydd bod eu rhagolygon am waith yn wael mewn meysydd eraill. Dalient i beryglu ennyn dirmyg eu teuluoedd a'u cymunedau, gan fod 'mynd yn filwr' i bob pwrpas yn gyfaddefiad eu bod yn torri'u cysylltiadau â chymdeithas barchus.

Syrthiai chwe sir gogledd Cymru o fewn ardal gatrodol y Ffiwsilwyr Cymreig Brenhinol, a'u canolfan yn Wrecsam. Roedd y siroedd gogledd-orllewinol yn gymharol isel eu poblogaeth ond yn gryf mewn anghydffurfiaeth Ryddfrydol, a wgai ar filitariaeth. Gwneid yn iawn am y diffyg recriwtiaid trwy fwrw rhwyd y gatrawd yn ehangach i leoedd fel canolbarth diwydiannol Lloegr, ac arweiniodd presenoldeb cryf o'r rhanbarth hwnnw at lysenw answyddogol 'Ffiwsilwyr Birmingham'. Yn 1911, cafodd 33% o Fataliwn 2 eu geni yn y canolbarth, o gymharu â 23% yng Nghymru. Yn Hydref 1915 cynhaliodd FfCB ymgyrch recriwtio arbennig yn Birmingham; pwysleisiai'r cyhoeddusrwydd niferoedd sylweddol y dynion lleol a ymunasai yn y gorffennol, a chafwyd rhyw 350 recriwt o ganlyniad.

Am ba reswm bynnag, ni chynigiai dynion lleol eu hunain: milwr Parhaol nodweddiadol o'r ardal oedd John

William Mummery, Cymro Cymraeg a anwyd yn 1892 yn y Groeslon. Gellid tybio'i fod yn methu neu'n anfodlon dilyn ei dad i waith rheilffordd, roedd wedi rhoi cynnig ar weithio fel prentis groser ym Mangor ac mewn ffatri pacio margarîn yn lleol. Yn Awst 1912 fe'i harwyddwyd yn 20 oed ym Mangor i'r Fyddin Barhaol, yn gwasanaethu fel marchfilwr gyda'r Gwarchodwyr Dragŵn 4 (Gwyddelig Brenhinol). Croesodd i Ffrainc yn Awst 1914 a thaniodd ei uned ergydion Prydeinig cyntaf y rhyfel yn Ewrop, ond yn Messines y Tachwedd hwnnw aeth ar goll mewn brwydr yn 22 oed.

Roedd mwyafrif y recriwtiaid cyn y rhyfel yn ifanc, dros 54% o'r rhai yn 1912–13 yn 18 oed neu iau, a dim ond 0.6% oedd dros 25 oed. Dewisai'r mwyafrif gytundebau 'Byr' oedd yn rhannu'r cyfnod yn gategorïau 'gwasanaeth gyda'r lliwiau' ac 'wrth gefn'. Cyn diwedd y cyfnod 'lliw' roedd y posibilrwydd o ymestyn y cyfnod, hyd at 18 neu 21 mlynedd. Erbyn 1914 gallai milwr troed gyda chatrawd fel y FfCB ddisgwyl cytundeb o saith mlynedd gwasanaeth amser-llawn, wedi'i ddilyn gan bum mlynedd fel milwr wrth gefn tra byddai'n dilyn galwedigaeth sifil. Bwriad y gwasanaeth wrth gefn oedd darparu corff o ddynion hyfforddedig yn atodol i'r Fyddin barhaol pe digwyddai rhyfel. Dibynnai'r Grymoedd Ewropeaidd ar orfodaeth gyffredinol, yn galw ar rai yn eu harddegau am wasanaeth cenedlaethol amser llawn am ddwy flynedd dyweder, ac yna'u pasio i amrywiol gategorïau wrth gefn na fyddai'n gorffen o bosibl tan eu bod yn eu 40au. Felly cedwid byddinoedd cyfandirol mawr, a gellid galw ar luoedd wrth gefn mwy byth yn ôl yr angen. Roedd y Fyddin Brydeinig mor fawr â'r angen i blismona'r Ymerodraeth, ac ar ôl diwygiadau Haldane yn 1908, i faesu llu bychan ymgyrchol o saith adran os oedd angen ymyrryd yn Ewrop.

Ar ddiwedd y cyfnod 'lliw' aeth y dyn yn ôl i fywyd sifil am weddill ei gytundeb fel Milwr Parhaol Wrth Gefn, gyda gwarant rheilffordd am ddim ac archeb bost 3s. ar gyfer ei daith yn ôl a threuliau pe bai'n cael ei fyddino. Telid ernes iddo a amrywiai gyda'i debygolrwydd o gael ei alw i fyny, ac roedd gofyn iddo ymbresenoli'n achlysurol er mwyn gwneud cwrs saethyddiaeth. Roedd sawl categori o filwr wrth gefn, y mwyaf cyffredin ohonynt yn ddynion Adran 'B' y gellid eu galw yn unig yn achos byddino cyffredinol – eu hernes oedd hanner tâl llawn. Ar 31 Gorffennaf 1914 roedd gan FfCB 54 milwr Wrth Gefn 'A', 914 'B' a 383 'D' – 1,351 o ddynion mewn theori ar gael i gwblhau sefydliadau'r uned Barhaol a gweithredu fel atgyfnerthiadau. Roedd trosiant amser heddwch milwyr Parhaol FfCB tua 375 o ddynion y flwyddyn, ac ni chynlluniwyd ar gyfer yr angen am fyddin wedi'i chwyddo'n enfawr ar raddfa gyfandirol, ar gyfer rhyfel fyddai'n parhau am bedair blynedd ofnadwy.

Am 5.00 y prynhawn ar 4 Awst 1914 cyrhaeddodd neges delegram 'BYDDINWCH' ganolfan FfCB Wrecsam, a dechreuodd y gair fynd allan i'r milwyr wrth gefn ac i Fataliwn 3 (Arbennig Wrth Gefn). Rhybuddiwyd Frank Richards, dyn Adran 'D' trwy boster i ymbresenoli: teithiodd i Wrecsam o sir Fynwy a chanfu bod cymaint o filwyr wrth gefn yn gorlenwi'r ganolfan y bu rhaid iddo yntau ac eraill gysgu ar sgwâr y baric. Wedi'i archwilio'n feddygol a derbyn ei becyn taclau, fe'i penodwyd i Fataliwn 2 FfCB ar 7 Awst ac aeth i Ffrainc gyda hwy ar yr unfed ar ddeg. Cysylltid ag eraill trwy lythyr a'u gorchymyn i ymbresenoli yn eu canolfannau ar unwaith. Yn y 36 awr gyntaf ar ôl cyhoeddi'r rhyfel amcangyfrifwyd bod tua 1,300 o filwyr wrth gefn wedi cyrraedd Wrecsam.

Roedd gan Fataliwn 2 yn Dorchester swyddogaeth amser heddwch o hyfforddi recriwtiaid ar gyfer ei chwaer Fataliwn 1 yn garsiynu Malta, a llawer o leoedd gwag i'w llenwi yn ei rhengoedd ei hun. Cyrhaeddodd carfan gyntaf o 300 o filwyr wrth gefn o Wrecsam ar 6 Awst, ac roedd angen mwy cyn y gallai'r uned gychwyn i'r rhyfel yn ei nerth sefydliadol o 30 swyddog a 977 mewn rhengoedd eraill. Dychwelodd Bataliwn 1 ym Medi gyda'i anghenion dynion ei hun, a chroesodd i wlad Belg fis yn ddiweddarach: erbyn diwedd Hydref cawsai ei dinistrio, ac roedd angen ailadeiladu. Yn ychwanegol at y colledion a ddioddefwyd yn barod gan Fataliwn 2 yn y brwydro cynnar, tanlinellai hyn yr angen parhaol am atgyfnerthiadau a milwyr newydd. Erbyn 19 Medi 1914 roedd colledion FfCB a'u neilltuadau i hyfforddi'r Byddinoedd Newydd eisoes wedi cymryd yr holl filwyr Parhaol wrth gefn hyfforddedig, cymwys ac ar gael, ac erbyn diwedd y flwyddyn y rhai Arbennig Wrth Gefn yn ogystal, er i 2,429 o'r ddau fath o filwr wrth gefn gael eu gyrru fel atgyfnerthiadau.

Daliai'r milwyr Parhaol i fod ag agwedd nawddogol at y Tiriogaethwyr a'r Byddinoedd Newydd, hyd yn oed wrth i'w proffesiynoldeb gael ei erydu gan golledion a chael rhyfelwyr amatur yn eu lle ac yn y pen draw consgriptiaid. Ychydig o recriwtiaid arwyddodd gytundebau 12 mlynedd ar ôl Awst 1914, a phan ddaeth y rhyfel i ben cynigiwyd telerau deniadol i filwyr 'Dros Gyfnod' estyn eu gwasanaeth fel milwyr Parhaol wrth i'r Fyddin ailadeiladu. O fod yn lleiafrif o filwyr Parhaol a aned yng Nghymru yn Awst 1914, erbyn haf 1918 amcangyfrifwyd bod tua 85% o Fataliwn 2 FfCB yn Gymry.

Uned barhaol a godwyd yn ystod y rhyfel oedd y Gwarchodlu Cymreig. Daeth pwysau cynnar i godi'r gatrawd newydd hon, gyda recriwtiaid yn cael eu hymrestru o Chwefror 1915 o dan safonau oed a thaldra 5 troedfedd 8 modfedd y Fyddin Barhaol. Canolbwyntiwyd llawer o'r ymdrech recriwtio yn ne Cymru, er i lawer o Gymry gael eu trosglwyddo o Warchodlu'r Grenadwyr a ffurfiadau eraill er mwyn ffurfio corff hyfyw yn gyflym. Wedi'i godi'n swyddogol ar 23 Chwefror, cynhaliodd ei warchodaeth cyntaf ym Mhalas

Buckingham ar 1 Mawrth 1915. Erbyn diwedd Mawrth ymunasai dros 800 o ddynion, yn gwneud y gatrawd newydd yn gymysgedd o ddynion Parhaol a 'Dros Gyfnod'. Disgwylid i recriwtiaid ddangos rhiant Cymreig ar un ochr o leiaf, ond dywedodd poster recriwtio bod cyfenw Cymreig neu gyfeiriad yng Nghymru yn ddigon! O Awst 1915 gwasanaethodd yn Ffrainc, ac mae'n goroesi hyd heddiw, gan barhau mwy na'r ffurfiadau eraill a aned er mwyn manteisio ar deimlad cenedlaethol Cymreig yn ystod y Rhyfel Mawr.

Y Llu Arbennig Wrth Gefn
Yn 1914, syrthiai dyletswydd cyflenwi atgyfnerthiadau i'r Fyddin Barhaol i'r Llu Arbennig Wrth Gefn. Gynt yn cael eu hadnabod fel y Milisia, gallai honni disgyn yn uniongyrchol o'r milisia sirol Tuduraidd a ffyrdd cynharach hyd yn oed o drefnu dynion ar gyfer amddiffyn Cartref. Fe'i hymgorfforwyd yn ystod Chwyldro America, y Rhyfeloedd Napoleonaidd a Rhyfel Crimea i warchod rhag goresgyniad ac i ryddhau unedau Parhaol i wasanaeth tramor trwy gymryd eu dyletswyddau garsiwn. Ar ôl 1881 daeth y gangen milwyr troed yn fataliynau wedi'u rhifo o'u catrawd leol, ond roedd hefyd filisia magnelau a pheirianyddol. Nid oedd unrhyw rwymedigaeth i wasanaethu dramor.

Roedd ymgorffo333iad pellach yn ystod Rhyfel y Boer 1899–1902, pan anfonodd rhai unedau garfannau arbennig yn atgyfnerthiadau i'r Fyddin Barhaol, yna gofynnid iddynt ffurfio bataliynau gwasanaeth tramor llai. Yn amlwg, roedd unrhyw beth heblaw gwrthdaro bychan yn mynd i achosi problemau o safbwynt niferoedd y dynion i'r Fyddin. Arweiniodd hyn at adolygu swyddogaeth y Milisia, ac yn niwygiadau Haldane 1908 newidiwyd ei enw a'i bwrpas. Cadwyd elfen o amddiffyn a dyletswydd garsiwn, ond roedd rhaid i'r Llu Arbennig Wrth Gefn newydd ganfod a hyfforddi dynion ar gyfer y Fyddin Barhaol mewn amser rhyfel. Yng ngogledd-orllewin Cymru ar ôl 1908 roedd Bataliwn 3 (Arbennig Wrth Gefn) FfCB a'u canolfan yn Wrecsam, a Pheirianwyr Brenhinol Môn Frenhinol (Arbennig Wrth Gefn) a'u canolfan ym Miwmares. Roedd angen recriwtiaid ar y Peirianwyr i ddangos medrau crefft perthnasol fel bricwyr neu seiri coed, a rhestrasant nifer deg o ddynion lleol fel gweithwyr rheilffordd o Gaergybi yn eu rhengoedd, ond yn ogystal tynasant lafur medrus o ogledd Lloegr gyfan.

Nid oedd y Milisia erioed wedi mwynhau cefnogaeth boblogaidd, o bosibl oherwydd y cynrychiolai'r hen rwymedigaeth o bob dyn iach i wasanaethu ag arfau yn ystod argyfyngau cenedlaethol. Ni ddiflannodd yr awgrym hwn o anghymeradwyaeth erbyn 1914, a dirywiasai'i nerth effeithiol yn gyson er 1902. Tra oedd y Tiriogaethwyr yn denu clercod, gweithwyr siop ac eraill mewn cyflogaeth gyson, tynnai'r Llu Arbennig Wrth Gefn ar lafurwyr dosbarth gweithiol is ac eraill mewn gwaith cyfnodol neu symudol gan gynnwys 'trampiaid'. Chwe blynedd oedd y cytundeb Arbennig Wrth Gefn arferol, yn dechrau gyda chwe mis cyfan o hyfforddi yn y ganolfan. Wedi hynny, cynhwysai eu rhwymedigaethau yn bennaf fynychu dril blynyddol o rhwng pymtheg a saith diwrnod ar hugain, gyda thâl ar gyfraddau'r Fyddin. Gellid ychwanegu cyfnodau cytundeb pellach. Apeliai hyn at y rheiny heb waith sefydlog ac a fedrai neilltuo'r amser ar gyfer yr hyfforddiannau cyntaf a blynyddol – cyfnodau nad ystyriai mwyafrif y cyflogwyr busnes yn absenoldeb i'w gyfiawnhau. Nid oedd bataliwn Arbennig Wrth Gefn cyn y rhyfel ond yn 606 o ddynion yn ei nerth llawn, a 98 o filwyr parhaol atodedig: fodd bynnag, ar drothwy'r rhyfel roedd y Llu Arbennig Wrth Gefn ledled y wlad 13,699 o ddynion yn brin o'u nod, ac o'r rhai oedd yn gwasanaethu nid oedd tua 29% yn gymwys ar gyfer gwasanaeth tramor.

Roedd safonau oed a thaldra yn fwy rhyddfrydig na'r rhai ar gyfer y Fyddin Barhaol, felly denid dynion iau a drosglwyddai i'r Fyddin go iawn ar ôl blasu'r bywyd. Yn 1911 roedd 80% o'r holl recriwtiaid Arbennig Wrth Gefn dan 19 oed. Roedd bownti blynyddol hefyd i'w denu, a amrywiai gyda'u rhwymedigaeth i wasanaeth. Ymgymerai Dosbarth 'A' i wasanaethu gartref neu dramor unwaith y gelwid yr holl lu Wrth Gefn parhaol oedd ar gael. Dim ond o fewn byddino cyffredinol y gellid galw Dosbarth 'B', a chynhwysai hynny rwymedigaeth gwasanaeth tramor fel arfer. Tua 20% o ddynion yn unig a gwblhâi eu cytundebau chwe blynedd – trosglwyddai 33% o'r gweddill i'r Fyddin Barhaol a 19% yn ffoi, tra bod y gweddill yn cael eu rhyddhau yn bennaf am eu bod yn feddygol anghymwys. Mae Robert Graves yn honni cofnodi achos dyn o Fôn yn 1914, 'Preifat Probert', a wrthodai'n llwyr wirfoddoli ar gyfer gwasanaeth tramor er y gwawdiau a chael ei orfodi i wisgo hen diwnig sgarlad. Yn y diwedd fe'i rhyddhawyd ar sail 'deallusrwydd heb ddatblygu'. Cawsai Graves drafferth pellach gyda'i blatŵn o filwyr Arbennig Wrth Gefn, a ddiflasodd â'r rhyfel fel estyniad heb gyfyngiad o'u hyfforddiant blynyddol ac o ganlyniad ceisient ffoi.

Ar 29 Gorffennaf 1914 roedd Bataliwn 3 FfCB o tua 500 mewn nifer yn nesáu at ddiwedd eu hyfforddiant blynyddol ym Mhorthcawl pan anfonwyd rhybuddion 'rhagofalus' allan. Yn y pen draw cyrhaeddodd Wrecsam ar 9-10 Awst a dechrau derbyn mwy o ddynion, gan gynnwys unrhyw recriwtiaid Parhaol heb eu hyfforddi. Fe'u symudwyd ym Mai 1915 i Litherland, Lerpwl fel rhan o'r cynllun amddiffyn lleol. Roedd mwyafrif yr unedau Arbennig Wrth Gefn yn is na'u nerth wrth gael eu hymgorffori. Dosberthid llawer o'r recriwtiaid cyfredol cyn y rhyfel (o leiaf hanner y bataliwn llawn ar gyfartaledd, tua 300 o ddynion) hefyd fel rhai 'heb eu hyfforddi'. Daeth yn fanteisiol o 6 Awst i recriwtio cyn-filwyr parhaol yn y Llu Arbennig Wrth Gefn ar gytundebau blwyddyn a gynhwysai'r ymadrodd tyngedfennol 'neu Dros

Gyfnod y Rhyfel, os yn hirach' (ymrestrid 65,000 o'r fath ddynion erbyn diwedd Medi). Erbyn diwedd Awst estynnwyd hyn i gyn-filwyr, dynion Milisia, milwyr Arbennig Wrth Gefn, dynion Llu Gwirfoddol a Thiriogaethwyr. Ystyriai athrawiaeth filwrol y cyfnod y byddai tua 80%-85% o ddynion yn y bataliynau Parhaol, mewn unrhyw wrthdaro sylweddol yn cael eu colli yn y flwyddyn gyntaf. Y cwestiwn oedd a fedrai'r Llu Arbennig Wrth Gefn newydd atgyfnerthu'r nifer o filwyr wrth gefn hyfforddedig.

Ar y dechrau'n deg yn Awst 1914, anfonwyd pob dyn 'Dros Gyfnod' i'r trydydd bataliynau am hyfforddiant gyda golwg ar ddod yn filwyr wrth gefn i'r Fyddin Barhaol. O 27 Awst manteisient o fedru cymryd unrhyw ddynion tebyg dros ben anghenion y ffurfiadau 'Kitchener' cyntaf cyn codi'r ail don. Felly ar 30 Awst cododd pob bataliwn Arbennig Wrth Gefn eu nerthoedd sefydlu i 2,000 o ddynion er mwyn neilltuo lle ar gyfer rhuthr o newydd ddyfodiaid, ac o 12 Medi i 2,600. Roedd y bataliwn wedi chwyddo erbyn 5 Medi i ffigwr parchus o 37 Swyddog a 2,147 Rhengoedd Eraill, a gellid ystyried 72% o'r rheiny'n 'hyfforddedig' (ac felly'n barod i fod yn filwyr wrth gefn). Yn Hydref roedd rhaid i Fataliwn 1 FfCB ddefnyddio milwyr Arbennig Wrth Gefn i lenwi'r rhengoedd wrth gyrraedd o Malta, gan nad oedd digon o filwyr wrth gefn parhaol ar ôl. Byddai'n Fai 1915 cyn i'r gwir recriwtiaid amser rhyfel cyntaf gyrraedd yr Fataliwn 2 FfCB yn Ffrainc: yn y cyfamser roedd rhaid iddynt anfon y dynion hyfforddedig a chyn-filwyr wedi'u hailhyfforddi, ac yn eithaf tebygol recriwtiaid cyn y rhyfel y rhuthrwyd eu hyfforddiant.

Y cwestiwn wrth i 1914 fynd rhagddi oedd a fyddai'r cyflenwad yn gallu ateb y galw trwm. Hyd yn oed erbyn 5 Medi roedd y Llu Ymgyrchol Prydeinig wedi dioddef 20,000 o golledion, ac erbyn diwedd y flwyddyn cyrhaeddodd nifer colledion Rhengoedd Eraill 163,000. Cyfanswm aelodaeth y

Fyddin cyn y rhyfel oedd 141,000 o ddynion, felly byddai lefel ddifrifol o isel o ddynion hyfforddedig ar gael yn ystod gaeaf 1914-15.

Daliai rhai milwyr Arbennig wrth Gefn i ymrestru ar y cytundebau chwe blynedd, yn cynnwys y gwas fferm Ifan Gruffydd o Langristiolus a honnai nad oedd yn ymwybodol o'i natur, ac ni chafodd ei ryddhau o'r Fyddin tan 1920. Canfu ei hun yn lletya am fisoedd mewn pebyll dros dro a lenwai'r cae pêl-droed y tu ôl i ganolfan Wrecsam, a wedyn yn y llety ar gyfer y rhai priod a wagiwyd. Erbyn 5 Medi roedd y ganolfan hon wedi cynyddu o'i staff cyn rhyfel o tua 30 i bron 1,100 gan gynnwys recriwtiaid 'Kitchener'. Erbyn hynny roedd y 'Byddinoedd Newydd' hefyd yn y darlun, gyda'u telerau haws o 'dair blynedd neu gyfnod y rhyfel', a gostyngodd niferoedd y cytundebau Arbennig Wrth Gefn ar ôl yr hydref hwnnw. Erbyn Hydref roedd y Llu Arbennig Wrth Gefn ac eraill yn profi gostyngiad, a syrthiodd y ffigwr sefydlu i 1,500 pan ddefnyddiwyd rhifau wrth gefn Bataliwn 3 FfCB i ffurfio Bataliwn 12 (Wrth Gefn) yn gefnogaeth i'r unedau 'Kitchener' a oedd newydd eu codi ar gyfer y gatrawd. Mewn rhai unedau ni chafodd unrhyw ddynion cytundeb chwe blynedd newydd eu harwyddo ar ôl Awst 1914, a'r fath drefniant olaf a gofnodwyd hyd yma ar gyfer FfCB yn Chwefror 1915.

Hefyd o Hydref, roedd cystadleuaeth rhwng y Llu Arbennig Wrth Gefn a'r CC. Yn fuan dechreuai'r mudiad newydd dynnu recriwtiaid posibl oddi wrth y Llu Arbennig Wrth Gefn: ni fedrai Wrecsam a Litherland fel gwersylloedd gystadlu â phleserau glan y môr arfordir gogledd Cymru. I ddynion o ogledd-orllewin Cymru'n enwedig, rhagorai 'Byddin Lloyd George' gerllaw yn Llandudno ar y canolfannau pell, Seisnig. Mae'n bosibl bod rhai dynion wedi cael eu symud o'r CC i'r Llu Arbennig Wrth Gefn i'w helpu ar adegau o brinder recriwtiaid difrifol – tua 500 erbyn

Mai 1915. Ceisiodd un uwch-swyddog mentrus o Fataliwn 3 (Arbennig Wrh Gefn) y Gatrawd Gymreig ddenu anghydffurfwyr trwy ffurfio 'Cwmni Dirwest' i lwyrymwrthodwyr. Yn rhyfedd ddigon, gweithiodd hyn ac yn fuan roedd y cwmni'n sylweddol dros ei nerth sefydlu!

Yn ystod Awst i Ragfyr 1914, roedd 850,000 o ymrestriadau 'Byddin Barhaol'. Roedd dros 750,000 o'r rheiny yn ddynion 'Kitchener', gan adael ychydig dan 100,000 a ymunasai â'r Llu Arbennig Wrth Gefn neu'r Fyddin Barhaol go iawn.

Cynorthwyodd y Llu Arbennig Wrth Gefn; ffurfio Bataliwn Garsiwn 1 FfCB yn Wrecsam yng Ngorffennaf 1915, o ble y cafodd ei anfon i warchod Gibraltar. Ffurfiwyd cyfanswm o saith bataliwn Garsiwn FfCB erbyn 1917: roedd gan lawer o ddynion wasanaeth gweithredol blaenorol ond cawsant eu hisraddio'n feddygol o ganlyniad i glwyfau neu salwch. Estynnwyd yr adnoddau dynol oedd ar gael yn y dulliau hyn er mwyn cyfarfod ag anghenion bythol gynyddol y rhyfel.

Yn hydref 1915 cylchredwyd bwletinau cyson i swyddogion recriwtio Cymreig, yn rhoi gwybod iddynt ar ba un o'r tri bataliwn Cymreig Arbennig Wrth Gefn yr oedd yr angen mwyaf am ddynion, ac a fyddai'n bosibl dylanwadu gwirfoddolwyr tuag atynt. Tua'r adeg hon lleddfwyd y gystadleuaeth am ddynion rhwng yr amrywiol ganghennau gan y Swyddfa Rhyfel yn cymryd rheolaeth dros filwyr wrth gefn y CC yn Awst, ac ar ôl Hydref gan Gynllun Derby, gorfodaeth. O hyn ymlaen byddai'n achos o alw dynion a'u dosbarthu yn ôl yr angen. I danlinellu'r pwynt, pan ffurfiwyd y Llu Hyfforddi Wrth Gefn yn Awst 1916 codwyd rhif sefydlu'r bataliynau Arbennig Wrth Gefn i 2,000 o ddynion, ac anfonwyd drafft o 1,600 ar unwaith at Fataliwn 3 FfCB o gyn-filwyr wrth gefn y CC ym Mharc Cinmel. Dadgorfforwyd Bataliwn 3 yn 1919 a'i ailffurfio yn 1921 fel y Milisia newydd.

Y Llu Tiriogaethol

Disgynyddion oedd Tiriogaethwyr 1914 o dros ganrif o fudiadau amddiffyn cartref amatur. Yn ystod y rhyfeloedd yn erbyn Ffrainc ar ôl 1793, cododd llawer o unedau cafalri lleol gwirfoddol a milwyr troed i amddiffyn y wlad. Roeddent yn boblogaidd, yn bennaf oherwydd bod eu dyletswydd yn gorffen yn aml ar derfyn y plwyf a bod eu haelodau'n eithriedig rhag y Balot Milisia atgas. Daethant i ben ar ôl heddwch 1815. Yn 1859 roedd bygthiad o oresgyniad Ffrengig arall a chychwynnwyd Corfflu Reiffl Gwirfoddol newydd ledled y wlad. Yn 1881 clymid y Llu Gwirfoddol â'u catrodau lleol: daeth Corfflu Reiffl Gwirfoddol Siroedd y Fflint a Chaernarfon yn Fataliwn 2 Gwirfoddol FfCB. Yn 1897 ailffurfiwyd elfen siroedd Caernarfon a Môn yn Fataliwn 3 Gwirfoddol. Yn y cyfamser, cododd siroedd Meirionnydd a Threfaldwyn Bataliwn Gwirfoddol 5 Gororwyr De Cymru.

Yn ystod Rhyfel y Boer 1899–1902 gwirfoddolodd cwmnïau 'Gwasanaeth Arbennig' o'r unedau hyn i wasanaethu ochr yn ochr â'u cymrodyr yn y Fyddin barhaol am y tro cyntaf. Arweiniodd hyn a phrofiad tebyg y Milisia at Ddeddf Lluoedd Tiriogaethol ac Wrth Gefn yr Arglwydd Haldane yn 1907. Eglurodd hyn swyddogaeth Llu Tiriogaethol newydd 1908 fel un amddiffyn Cartref, er y gallai swyddogion a dynion unigol ymrestru ar gyfer 'Gwasanaeth Ymerodraethol' pe codai'r angen. Daeth Bataliwn Gwirfoddol 3 FfCB yn Fataliwn 6 (sir Gaernarfon a Môn) (Tiriogaethol), a Bataliwn Gwirfoddol 5 Gororwyr De Cymru yn yr un modd yn newid i Fataliwn 7 (siroedd Meirionnydd a Threfaldwyn) FfCB (Tiriogaethol).

Cynhwysai Bataliwn 6 FfCB wyth cwmni wedi'u gwasgaru ar draws y ddwy sir fel a ganlyn: Pencadlys ac un cwmni yng Nghaernarfon, Porthmadog, Penygroes (a gorsaf ddril yn Nantlle), Llanberis (a gorsaf ddril Ebeneser),

Conwy (a gorsaf ddril Llandudno), Penmaenmawr, Pwllheli (a gorsaf ddril Cricieth), a Chaergybi (a gorsaf ddril ym Mhorthaethwy). Roedd gan Fataliwn 7 newydd FfCB ochr yn ochr â'i bencadlys yn y Drenewydd a phedwar cwmni yn sir Drefaldwyn bresenoldeb yn sir Feirionnydd yn Nolgellau, Tywyn (a gorsaf ddril Aberdyfi), Blaenau Ffestiniog a'r Bala. Roedd gan bob bataliwn wyth aelod staff parhaol yn Ddirprwy, hyfforddwyr Swyddogion Heb Gomisiwn ac yn y blaen.

Ymgorfforodd y llu newydd yr Iwmoniaeth hefyd fel ei fraich farchogol, yn ogystal ag amrywiol ffurfiadau magnelau gwirfoddol, peirianyddol ac eraill. Yr Iwmoniaeth oedd elfen gafalri'r gwirfoddolwyr Napoleonaidd, nas diddymid mewn llawer o siroedd. Ymgorfforai ei aelodaeth y dosbarthiadau tiriog a'r tir-ddalwyr, a gelwid arnynt i fynd allan yn erbyn elfennau radical yng nghymdeithas y cyfnod Sioraidd diweddar a chyfnod Victoria. Roedd gan Hwsariaid sir Ddinbych bresenoldeb ar draws gogledd Cymru a thu hwnt; Wrecsam oedd lleoliad ei bencadlys ac un sgwadron, a sgwadronau eraill yn Ninbych a Phenbedw tra bod gan Sgwadron 'C' ym Mangor is-orsafoedd dril yng Nghaernarfon, Biwmares a Llandudno. Yn Rhyfel y Boer noddasai gwmni tramor o Iwmoniaeth Ymerodraethol. Yr uned Diriogaethol arall yng ngogledd-orllewin Cymru oedd Magnelwyr Garsiwn Cymreig Brenhinol 1 (Caernarfon) (Tiriogaethol), er 1859 yn ffurfiad magnelau gwirfoddol, a Chorfflu Hyfforddi Swyddogion Coleg y Brifysgol ym Mangor ynghlwm wrtho. Bangor oedd ei ganolfan a'r golofn ffrwydrau yn Llandudno. Roedd yn awr hefyd Adran Gymreig (Tiriogaethol) yn ymgorffori yr holl filwyr troed Cymreig ac o'r Gororau, yn ogystal ag unedau meddygol, cyflenwi ac eraill. Trefnid yr Iwmoniaeth ar wahân fel rhan o Frigâd Marchogol Gororau Cymru.

Un o brif gryfderau'r diwygiadau oedd creu Cymdeithas

Llu Tiriogaethol i bob sir, dan lywyddiaeth yr Arglwydd Lefftenant. Dewisid y cadeirydd a nifer amrywiol o 'aelodau Milwrol' o blith cyn-swyddogion a rhai'n dal i wasanaethu'r unedau yn y sir. Roedd hefyd 'aelodau Cynrychioladol' a enwebid gan gynghorau sir a bwrdeistref, ac unrhyw brifysgolion lleol, ynghyd ag aelodau cyfetholedig a ddewisid gan y categorïau uchod i gynrychioli cyflogwyr a llafur. Yn 1914 amrywiai cyfanswm aelodau Cymdeithasau Tiriogaethol o wyth ym Môn i bymtheg ym Meirionnydd a naw ar hugain yn sir Gaernarfon. Erbyn Awst 1914 y rhai â rhengoedd neu gysylltiadau milwrol a dra-argwyddiaethai yng ngogledd-orllewin Cymru, megis mewn ardaloedd eraill. Ychydig o gynrychiolwyr llafur oedd yn amlwg, er i dirfeddiannwyr a chyflogwyr fel C. H. Darbishire o Benmaenmawr (hefyd yn swyddog Gwirfoddol wedi ymddeol), yr Arglwydd Penrhyn (hefyd yn swyddog gweithredol, Gwirfoddol Wrth Gefn Llynges Frenhinol) a'r Anrhydeddus Henry Lloyd-Mostyn o Landudno (Cyrnol Arbennig wrth gefn anrhydeddus) gael eu cynnwys. Nifer o ynadon a swyddogion Cyngor Sir oedd y gweddill.

Y cymdeithasau a gymerodd at ddyletswydd ariannu unedau, darparu ffurfwisgoedd ac offer, mannau ymarfer reiffl a neuaddau dril, cofrestru ceffylau ar gyfer defnydd posibl amser rhyfel, tâl gwahanu a lwfansau eraill, trefnu gyda chyflogwyr i wyliau blynyddol gyd-daro â gwersylloedd blynyddol ac is-bwyllgorau recriwtio. Gellid codi is-bwyllgorau i ddelio â chyllid, cyflenwi ceffylau a materion eraill tra gallai Pwyllgorau Cynghori Lleol gael eu ffurfio mewn ardaloedd mwy poblog, yn cynnwys aelodau cynghorau bwrdeistref, dosbarth trefol a gwledig, a thrigolion blaenllaw.

Dan y telerau gwasanaeth newydd, arwyddai Tiriogaethwyr gytundeb Gwasanaeth Cartref pedair blynedd a'u hardystio gerbron ynad neu swyddog recriwtio fel recriwtiaid eraill i'r Fyddin. Cyn hynny, caent eu 'hymrestru'n' syml am 1-4 blynedd, a therfyn oed uwch yn codi i 35. Am y tro cyntaf derbynient dâl ar gyfraddau'r Fyddin tra'n mynychu driliau a gwersylloedd hyfforddi 15 diwrnod blynyddol (a chael bownti o £1 hefyd ar y diwedd). Rhoddwyd lifrai nawr am ddim. Roedd rhwymedigaeth i recriwtiaid fynychu o leiaf 40 sesiwn dril, llwyddo mewn cwrs saethyddiaeth, a mynychu gwersyll blynyddol yn ystod eu blwyddyn gyntaf. Roedd darpariaeth hyd yn oed (yn y dyddiau hynny cyn Gwasanaeth Iechyd Cenedlaethol) ar gyfer talu treuliau meddygol ac ysbyty o 3s. 6d. y diwrnod am hyd at chwe mis o salwch neu anaf yn deillio o weithgaredd milwrol. Roedd ganddynt yr hawl i gael eu rhyddhau o roi rhybudd tri mis a thalu ffi iawndâl bychan.

Roedd Gwasanaeth Cartref yn achos ymgorffori (byddino) gorfodol, a chyflwynwyd bathodyn metal bychan ar ôl 1910 i'r rheiny'n gwirfoddoli ar gyfer Gwasanaeth Ymerodrol. Yn ôl y disgwyl, nid oedd gan filwyr Parhaol farn ffafriol o'r 'milwyr nos Sadwrn' amatur hyn a ymddangosai'n brin o hyfforddiant a disgyblaeth iddynt. Er i wersylloedd blynyddol cyntaf Tiriogaethwyr FfCB esgor ar adroddiadau swyddogol anffafriol, erbyn 1911 newidiasai hyn i ganmoliaeth wrth i'r unedau newydd gael eu traed danynt. Gwelai'r Tiriogaethwyr eu hunain yn wahanol; datganodd un hen filwr o'r Rhyfel Mawr o Fataliwn 4 (Sir Ddinbych) FfCB yn bendant mewn cyfweliad radio yn 1978:

> A Territorial battalion is a family – a family in itself; and there's more love with those boys than all your companionships otherwise.

Roedd agweddau pob rheng yn sicr yn wahanol i'r fyddin Barhaol. Fel arfer tynnid Swyddogion a Rhengoedd Eraill o leoliad pendant, a gorffennai eu driliau wythnosol yn aml mewn nosweithiau hwyliog yn y tafarnau lleol. Apeliai'r Tiriogaethwyr at y dyn dosbarth gweithiol oedd mewn cyflogaeth sefydlog, oedd yn mwynhau'r cyfeillgarwch rhanamser a'r gwersyll blynyddol, a fyddai i'r rhan fwyaf yr unig wyliau a gymerent. Er ymdrechion gorau'r Cymdeithasau, gallai dynion gael eu diswyddo am gymryd gwyliau heb gymeradwyaeth yn y dull hwn, ac yn 1913 dim ond 66% o Rengoedd Eraill ledled y wlad a fynychai'r gwersyll. Ychwanegai chwaraeon, saethu reiffl ac ambell ddawns at yr apêl, a llawer o recriwtiaid yn cael eu hannog i ymuno gan ffrindiau neu gydweithwyr.

Roedd yn well gan y rheiny o ddosbarth cymdeithasol neu addysg uwch unedau mwy dethol Tiriogaethol Llundain, neu wasanaethu'r Iwmoniaeth ceffylog. Ar ben arall y raddfa oedd cymeriadau fel y chwarelwyr llechi. Cymerai recriwtiaid Tiriogaethol Llanberis a Phen-y-groes yng Nghaernarfon yn hwyr yn 1914 holl fusnes milwriaeth mor ysgafn fel y gallai hyd at 250 fod yn absennol heb ganiatâd ar unrhyw adeg, a'u canfod fel yn amser heddwch yn trin eu rhandiroedd yn ddiwyd gartref.

Roedd yr Adran Gymreig (Tiriogaethol) yng nghanol eu gwersylloedd haf yn sir Gaernarfon ac Aberystwyth pan dderbyniwyd gorchmynion ar 3 Awst 1914 i atal gweithgareddau. Y diwrnod wedyn byddinwyd y Tiriogaethwyr yn ffurfiol a phostiwyd amlenni glaswyrdd bygythiol i'r rhai nad oedd yn y gwersyll, yn cynnwys eu galwad ar gyfer gwasanaeth ar unwaith. Erbyn 12 Awst roedd y broses yn gyflawn a Brigâd Gogledd Cymru (Tiriogaethol) wedi ymgynnull yng ngwersyll Morfa Conwy. Ar ddiwedd y mis, roedd yr Adran gyfan yn ei gorsaf ryfel yn ardal Northampton. Wrth fyddino derbyniai pob dyn fownti deniadol o £5 mewn sofrenni aur. Dechreuodd amddiffyn cartref ar unwaith, er enghraifft gyda pharti o dri deg o Diriogaethwyr ar ddyletswydd o Aberystwyth i warchod y pontydd ffordd a rheilffordd dros y Fenai.

Gyda chyhoeddi'r rhyfel codai cwestiwn gwasanaeth

tramor. Un peth oedd atgyfnerthiadau dethol ar gyfer ymgyrch ymerodrol, ond cwbl wahanol oedd wynebu gelyn modern enfawr yn Ewrop. Amheuai Kitchener fel Ysgrifennydd Gwladol Rhyfel barodrwydd y llu rhan-amser ar gyfer gweithredu, ac ychydig o ffydd oedd ganddo yn eu parodrwydd i wirfoddoli yn eu niferoedd. Cyn y rhyfel dim ond 17,621 neu 6% o'r Tiriogaethwyr a dderbyniasai'r rwymedigaeth Ymerodrol, a phum uned yn unig (tair ohonynt yn Filwyr Troed) a wirfoddolasai. Ond gwyddai hefyd mai'r Tiriogaethwyr oedd yr unig lu ar gael i amddiffyn Prydain rhag goresgyniad tra oedd y fyddin Barhaol dramor. Am y rhesymau hyn, o fewn mater o ddyddiau dechreuodd greu y Byddinoedd Newydd gystadlu a dderbyniai'n awtomatig rwymedigaeth dramor. Er bod dynion yn heidio at y Tiriogaethwyr, gwelai llawer ohonynt nad oedd angen gwirfoddoli i fynd dramor. Ar 15 Awst dywedwyd wrth y Tiriogaethwyr bod angen gwirfoddolwyr ar gyfer gwasanaeth tramor, a bod gofyn i 75% o'r Llu i gamu ymlaen, a gweddill y dynion i gael eu recriwtio. Deng niwrnod yn ddiweddarach, gwirfoddolasai 61 bataliwn a'u hawdurdodi i godi aelodaeth Ail Linell.

Ar 11 Awst ysgrifennodd David Lloyd George, yntau'n gyn-aelod Gwirfoddolwyr Reiffl sir Gaernarfon, yn betrusgar at ei wraig:

> They are pressing the territorials to volunteer for the War. We mustn't do that just yet. We are keeping the sea for France ... I am dead against carrying on a war of conquest to crush Germany for the benefit of Russia ... I am not going to sacrifice my nice boy for that purpose. You must write to [Gwilym] telling him on no account to be bullied into volunteering abroad.

Roedd rhaid gofyn cwestiwn Gwasanaeth Ymerodraethol i bawb, yn recriwtiaid newydd neu'n filwyr profiadol: a chyfrifai cadarnhâd llafar neu gorfforol gymaint ag un ysgrifenedig. Ym Mangor ar yr un diwrnod ag y mynegodd Lloyd George ei anesmwythyd, gorymdeithiai sgwadron lleol Iwmoniaeth sir Ddinbych gyferbyn â Gwesty'r British Hotel yn y Stryd Fawr. Arthiodd y prif swyddog ar ei ddynion o falconi'r gwesty, yn gofyn iddynt gamu ymlaen a gwirfoddoli. Dim ond dau neu dri a wrthododd. Yn Iwmoniaeth sir Drefaldwyn roedd tua 85% o'r gatrawd wreiddiol yn barod i dderbyn hynny. Erbyn 18 Awst, cytunasai 24 o 26 aelod cyfredol CHS y Brifysgol ym Mangor i ymrestru ar gyfer Gwasanaeth Ymerodraethol.

Roedd Kitchener yn gywir, fodd bynnag, yn ei ddehongliad cyn gynted ag yr aethai'r ymchwydd recriwtio cyntaf heibio, gwrthodai cyfran helaeth o ymrestrwyr Tiriogaethol eu rhwymedigaeth dramor. Dangosir hyn trwy rai ystadegau yn ymddangos mewn papurau newydd lleol yn ystod Medi-Rhagfyr 1914. Yng Nghaernarfon, rhwng 18–23 Medi ymrestrasant 46 dyn i wasanaeth Ymerodraethol a 22 dyn ar gyfer gwasanaeth Cartref. Erbyn wythnos gyntaf Hydref, dim ond 1 Ymerodaethol a gofnodwyd o gymharu â 46 recriwt Cartref. Wedi hyn, y gyfran oedd tua 4–6 ymrestriad Ymerodraethol yr wythnos o gymharu â 37–40 o rai Cartref. Gwelodd wythnos gyntaf Rhagfyr 2 Ymerodraethol a 82 recriwt Cartref.

Rhan o'r rheswm am y gwahaniaeth allai fod y gystadleuaeth gynyddol gan y Byddinoedd Newydd, lle roedd rhaid derbyn gwasanaeth dramor. Gwnai hyn y Tiriogaethwyr yn fwy deniadol i'r rhai a ddymunai fod mewn lifrai ond heb fod yn dymuno mynd dramor. I ddechrau, gorchmynnid unedau cyfan i gael eu dynodi'n 'Gartref' neu 'Dramor' ar y sail a oedd mwy na 60% o'r personél wedi mynegi'u parodrwydd i wasanaethu dramor. Fodd bynnag, roedd llawer o fataliynau'n bell dros eu nerthoedd sefydlu, a phrofai rhai o'r gwirfoddolwyr tramor i

'I'r Fyddin Fechgyn Gwalia!'

fod yn gorfforol anghymwys. Yr ateb oedd canolbwyntio'r gwirfoddolwyr mwy heini, awyddus yn yr uned 'Llinell Gyntaf' wreiddiol, a chreu 'Ail Linell' neu 'Wrth Gefn' ar gyfer y rhai heb fod yn iach, yr anfodlon a recriwtiaid dibrofiad. Gellid cynnig cytundeb 'tair blynedd neu gyfnod y rhyfel' i wirfoddolwyr amser rhyfel fel ymrestrwyr Kitchener.

> No one will volunteer for foreign service which, in his opinion, will never be required.

Felly yr amlinellodd cyfnodolyn Cymreig un rheswm pam y ffafriwyd gwasanaeth Cartref yn wythnosau cynnar y rhyfel. Fodd bynnag, deuai digon o ddynion ymlaen i gymryd lle y rhai a wrthodai'r rwymedigaeth, ac erbyn diwedd Awst roedd 69 bataliwn ar gael ar gyfer gwasanaeth tramor yn syth. Roedd y colledion a ddioddefai'r Fyddin Barhaol a'r angen i ryddhau milwyr proffesiynol mewn garsiynau tramor yn golygu bod dirfawr angen yr unedau hyn, er amheuon Kitchener. Rhwng 11 Medi a 9 Tachwedd 1914, gadawodd 21 bataliwn Tiriogaethol am Ffrainc. Erbyn canol Hydref roedd rhai yn brwydro yn Ypres ac eraill yn yr Aifft yn barod neu ar eu ffordd i India. Rhwng Awst a diwedd y flwyddyn roedd 350,000 o Diriogaethwyr wedi ymrestru.

Tiriogaethwyr a Recriwtio

Yn eithaf cynnar yn y rhyfel, gofynnwyd i'r Cymdeithasau Tiriogaethol helpu'r Fyddin Barhaol a'r Byddinoedd Newydd gyda recriwtio, oherwydd na fodolai mudiad effeithiol arall mewn llawer o ardaloedd. Er iddynt rannu rhai o'u hadnoddau, fe'u gorchmynnwyd hefyd i beidio â recriwtio dynion dros y nerth sefydlu Tiriogaethol tan bod y Fyddin Newydd Gyntaf yn gyflawn. Caniateid hefyd i unigolion drosglwyddo o'r Tiriogaethwyr i'r mudiad newydd pe dymunent. Y canlyniad oedd dyblygu ymdrech, a honiadau niferus bod Kitchener a phrif swyddogion eraill â rhagfarn yn erbyn y Tiriogaethwyr. Mae'n ymddangos y teimlai Kitchener bod y Cymdeithasau yn cynnig eu hunain yn rhy hawdd i ddylanwadau nepotaidd ac eraill, ond prin y gellid honni bod y Byddinoedd Newydd yn rhydd o'r gwendidau arbennig hynny.

Yng ngogledd Cymru, y canlyniad erbyn Hydref oedd cystadleuaeth rhwng y Fyddin Barhaol/Arbennig Wrth Gefn am recriwtiaid yn erbyn y Tiriogaethwyr, a'r ddau ohonynt yn erbyn y Byddinoedd Newydd. Pan gafodd y Corfflu Cymreig eu traed danynt yn Nhachwedd 1914, golygai hynny bod yr hen fudiadau yn dod yn ail gwael i'r mudiadau newydd.

Yr Iwmoniaeth yn unig oedd â gormod o aelodau. Roedd yn boblogaidd gyda meibion fferm, ciperiaid a'r rheiny oedd yn hoff o farchogaeth, a'i swyddogion yn fonheddwyr lleol yn bennaf. Tueddai i ddenu eraill o'r un math, yn ogystal â rhai efallai oedd yn dymuno aros mwy mewn gwasanaeth Cartref, felly llenwai'r lleoedd gweigion yn gyflym. Er bod rhai Iwmonwyr wedi mynd i Ffrainc yn 1914, gadawyd llawer o gatrodau yn amddiffyn arfordir y dwyrain. Gohiriwyd recriwtio Iwmonwyr dros dro ym Mehefin 1915 wrth i'r Cymdeithasau Tiriogaethol gael eu hannog i ganolbwyntio ar leoedd gwag y fyddin droed.

Codwyd yr unig gatrawd Iwmoniaeth newydd (a'r olaf erioed) yng Nghymru. Lansiwyd yng Nghaerdydd mor gynnar ag 3 Awst 1914, apeliai'r Marchoglu Cymreig ledled y wlad am hen filwyr Rhyfel y Boer ac eraill. Un o'i brif symbylwyr oedd yr awdur lliwgar a chenedlaetholwr Owen Rhoscomyl. Cefnogai'r Lefftenant-Gyrnol Owen Thomas ym Môn y gatrawd a hysbysebodd am ddynion yn y wasg ogleddol ar 11 Awst.

Yn ystod Awst 1914 ar draws gogledd Cymru gyfan

ymrestrodd y Tiriogaethwyr 1,335 o ddynion o gymharu â 1,234 'Parhaol' (yn cynnwys Arbennig Wrth Gefn a Byddin Newydd). Erbyn Medi fel arall roedd hi gyda 1,298 o Diriogaethwyr a 1,470 Parhaol. Yn Hydref, er i ffigyrau ostwng, aeth yn ôl i Tiriogaethwyr 947 yn erbyn 677 'Parhaol', a daliodd i amrywio wedi hynny wrth i unedau Tiriogaethol a fodolai lenwi ac i fwy o gystadleuaeth godi ar ffurf y CC.

Yng ngoleuni sylwadau yn y wasg leol a ffynonellau eraill, ffafriai gogledd-orllewin Cymru y Tiriogaethwyr mwy na thebyg ar yr adeg hon. Nid oedd unedau Byddin Newydd yn cael eu codi'n nes na'r Rhyl a Wrecsam, tra oedd y fyddin Barhaol ac Wrth Gefn yn gyrchfan yr un mor amheus â chyn y rhyfel. Roedd gan y Tiriogaethwyr fantais o fod yn ffurfiadau wedi'u sefydlu'n dda, gyda rhwydwaith o neuaddau dril rhanbarthol a swyddogion lleol. Mor hwyr â Ionawr 1915 cawsai ei awgrymu bod dynion yn ardaloedd y chwareli yn ffafrio ymuno â'r Tiriogaethwyr yn hytrach na'r CC, gynted â bod y gwahaniaeth rhwng y ddau wedi'i egluro. Roedd gan y Tiriogaethwyr hefyd broffil oed ehangach a safonau meddygol tybiedig llacach na'r Byddinoedd Newydd.

Awgrymodd adroddiadau yn y wasg bod 150 o ddynion wedi ymuno â Bataliwn 6 (sir Gaernarfon a Môn) FfCB yn y phythefnos yn diweddu ar 18 Awst 1914. Erbyn canol Medi hawliai ei hysbysebion recriwtio gryfder o 980, er erbyn hynny codasid ei sefydliad i gynnwys Ail Linell Wrth Gefn. Gwelodd Hydref y CC yn ymddangos a dryswch yn rhemp: dychmygai llawer o bobl ei fod yn rhan o'r Tiriogaethwyr – neu yn wir bod bwriad i ddiddymu'r Tiriogaethwyr yn llwyr. Adroddodd Richard Lloyd George, yn gweithredu fel recriwtiwr yn y gogledd-orllewin, bod ei gyfatebwr Tiriogaethol yn 'ddigalon' ar ddiwedd y mis gan fod angen 600 o ddynion i lenwi'r lleoedd wrth gefn, a recriwtiaid i lawr i 50 yr wythnos.

Yn Nhachwedd tynnai'r CC fwy o ddynion oddi wrth y Tiriogaethwyr. Dywedodd rheolwr Swyddfa Gyflogi Caernarfon ar 26 Tachwedd:

> There seems to be some rivalry between the Territorials and the Regular Army including that of the Welsh Army Corps. This was found evident at four or five Fairs in South Caernarfonshire.

Ar yr un pryd gorchmynnodd Swyddfa'r Rhyfel y Cymdeithasau Tiriogaethol i symud dynion dros ben i'r Byddinoedd Newydd, ac i ddiddymu 'rhestrau aros' o ddynion a ddymunai ymuno â'r Tiriogaethwyr ond a fethai â chanfod lleoedd gwag.

Erbyn diwedd 1914 collasai'r Tiriogaethwyr arweiniad i'r Byddinoedd Newydd, a dechreuodd dirywiad hir. O Fawrth 1915 fe orffennwyd yr opsiwn gwasanaeth Cartref i recriwtiaid newydd. Yn ystod Ebrill cynigiwyd y dylai'r PCGC gymryd rheolaeth dros y Cymdeithasau Tiriogaethol, ac er na ddigwyddodd hynny erioed, erbyn Awst apeliai'r Cymdeithasau am gymorth gan y CC. Ceisiai Cymdeithas Diriogaethol sir Gaernarfon yn arbennig, ganfod 1,159 recriwt i lenwi lleoedd gwag. Ni fedrai Ysgrifennydd PCGC, wrth gytuno i helpu'r Ganolfan Grŵp Trydedd Llinell FfCB yn Amwythig, ymatal rhag gwneud y sylw:

> The difficulty with ... Caernarfonshire and Anglesey is that men ... prefer to join a unit where the Officers and men are Welsh-speaking and where their friends have already enlisted.

Yn y pen draw, dechreuodd Cynllun Derby yn Hydref 1915 leddfu'r prinderau yn gyffredinol, er ar ôl 30 Tachwedd nid oedd y gwirfoddolwyr a ffafriai'r Tiriogaethwyr yn cael dewis uned, ond yn cael eu gosod lle bodolai'r angen. Gallent apelio yn erbyn hyn pe dymunent fynd i uned gyda lleoedd gwag. Ni 'grwpiwyd' recriwtiaid Tiriogaethol dan y Cynllun fesul oed a statws priodasol, oherwydd yr oedi tebygol cyn galw i fyny ar adeg pan oedd angen trallwysiad dynion yn ddybryd ar y llu. Ar ôl Ionawr 1916 amsugnodd y Tiriogaethwyr eu cyfran deg o gonsgriptiaid, a'r Cymdeithasau yn dal i ddelio â dillad a lwfansau.

Megis gyda'r Fyddin Barhaol, roedd rhwymedigaeth gyfreithiol i ryddhau milwyr y cyfnod cyn y rhyfel â'u cytundebau wedi dod i ben. Gallai'r fath ddynion gael cynnig cymhellion i estyn eu gwasanaeth fel £15 o fownti a mis o wyliau gartref i'r rheiny a wasanaethai yn Ffrainc. Ar ôl canol 1916 gallai'r Deddfau Gwasanaeth Milwrol eu hysgubo yn ôl i'r Fyddin fel consgriptiaid, ar yr amod eu bod yn ateb y gofynion meddygol ac heb fod yn gyflogedig mewn gwaith rhyfel hollbwysig, neu bod ganddynt seiliau apêl eraill.

Deliwyd â'r dynion gwasanaeth Cartref hefyd trwy ddileu'r dewis hwn i recriwtiaid Derby a dilynol. Os nad oedd perswâd erbyn hynny wedi helpu i gael y lleill i arwyddo'r rhwymedigaeth Gwasanaeth Ymerodraethol, y sefyllfa gyfreithiol yn 1916 oedd y dylent gael eu rhyddhau. Mae'n ymddangos fodd bynnag y cedwid rhai gan eu hunedau a chymerid yn ganiataol eu bod yn syrthio o fewn cwmpas llawn y Deddfau, gan gynnwys gwasanaeth tramor pe gorchmynnid hynny tra oedd eraill yn cael eu rhyddhau'n gywir. Wynebai'r rheiny wedyn gael eu consgriptio beth bynnag, oni bai y gallent apelio'n llwyddiannus i Dribiwnlys. Yn y cyfamser sianelwyd y llai heini i'r unedau 'Trydedd Llinell' o natur gwasanaeth Cartref pur, gan adael yr Ail Linell i'w llenwi gan filwyr mwy heini ac mewn llawer o achosion i wasanaethu ar y Ffrynt. Pan ailffurfiwyd y Fyddin Diriogaethol yn 1920, derbyniodd pob aelod rwymedigaeth tramor wrth ymuno.

Teimlid hyd a lled rheolaeth Swyddfa'r Rhyfel dros y

Tiriogaethwyr bron o ddechrau'r rhyfel. I lawer o ddynion, roedd ymadawiad yr Adran Gymreig (Tiriogaethol) i Northampton yn Awst yn antur cyffrous, ond anrheithiwyd y ffurfiad yn fuan, a bataliynau parod fel Bataliwn 1/4 (Sir Ddinbych) FfCB yn cael eu gyrru i Ffrainc yn Nhachwedd. Anfonwyd yr Adran a ailenwyd yn 53 (Cymreig) (Tiriogaethol) i Gaergrawnt i warchod Arfordir y Dwyrain, ac yna i Bedford. I'r bylchau yn Ebrill 1915 daeth bataliynau amrwd Ail Linell o'r Siroedd Cartref. Yn olaf, yng Ngorffennaf gadawodd yr Adran i gymryd rhan ym menter drychinebus Gallipoli, a glanio ym Mae Suvla ar 8 Awst. Llanast oedd y glaniad; rheolwyd Adran 53 yn wael a thynnai feirniadaeth am ei ymddygiad, gan gael ei disgrifio'n hanner hyfforddedig, a dechreuodd y wasg Gymreig gofnodi nifer cynyddol o golledion trwy salwch yn ogystal â thrwy ymladd. Megis gyda phrofiadau cyntaf y Ffrynt Gorllewinol i'r CC ac unedau Byddin Newydd eraill, cyn gynted ag y symudwyd y Tiriogaethwyr Cymreig yn Ionawr 1916 i'r Aifft gallent hyfforddi'n gywir a defnyddio'u profiad yn dda yn yr ymgyrchoedd anodd a ddilynai ym Mhalesteina lychlyd a bryniog yn ystod 1917–18. Yn yr un modd, dadwreiddiwyd yr Iwmoniaethau Cymreig o ddiflastod gwylio'r arfordir yn gynnar yn 1916 a'u hanfon i'r Aifft, gan gymryd rhan yn yr un ymgyrchoedd, ond yn ddiweddarach fel bataliynau troed Cymreig. Roedd oes y ceffyl mewn brwydr yn dod i ben, ac ar ôl y rhyfel daethant yn fagnelwyr.

Unedau Tiriogaethol Wrth Gefn

Awdurdodwyd ffurfiadau Wrth Gefn neu Ail Linell ar gyfer yr holl Gymdeithasau Tiriogaethol ar 21 Medi. Codwyd Ail Linell Bataliwn 6 (sir Gaernarfon a Môn) FfCB – a ddisgrifid fel arfer yn 'ail-chweched' (2/6) neu '6 Wrth Gefn' i'w gwahaniaethu o'r bataliwn Llinell Gyntaf (1/6) – yn swyddogol yng Nghaernarfon ar 10 Medi, ac ymddangosodd

Bataliwn 2/7 FfCB yn yr un modd ychydig yn ddiweddarach yn y Drenewydd. Gwnaeth Syr Watkin Williams-Wynn sylw ar y pryd yr ymddangosai bod y recriwtiaid hyn dan yr argraff na fyddai'u hangen ar gyfer gwasanaeth tramor.

Symudodd y ffurfiadau Ail Linell i Aberystwyth erbyn Rhagfyr: ar yr adeg hon roedd gan Fataliwn 2/6 FfCB 325 o ddynion, heb gyfrif 175 o ddynion gwasanaeth Cartref a oedd yn dal gyda Bataliwn 1/6. Yn Ebrill 1915 ymgasglodd y Lluoedd Wrth Gefn yn Northampton a dod yn Adran 68 (2 Cymreig) (Tiriogaethol). Cymerodd le'r Llinell Gyntaf yn Bedford pan aeth honno i Gallipoli. Nid aeth Ail Linell y FfCB erioed dramor, ond mabwysiadodd swyddogaeth Amddiffyn Cartref gan wylio arfordir Suffolk tan haf 1917 pan ddadfyddinwyd y bataliynau. Erbyn hynny, anfonasai bataliwn 2/6 1,149 o ddynion fel atgyfnerthiadau i unedau eraill (yn bennaf i Ffrainc yn hytrach na'r 1/6 yn yr Aifft), a Bataliwn 2/7 yn yr un modd 1,185. Yn y pen draw collodd Adran 68 ei statws Cymreig a Thiriogaethol.

Crëwyd Ail a Thrydydd Linellau i'r Iwmoniaethau Cymreig a Magnelwyr Garsiwn Brenhinol hefyd, a'u gwagio wedyn i atgyfnerthu unedau eraill, eu huno a'u dadfyddino'n aml.

Erbyn hynny creid haenen eto fyth o filwyr Wrth Gefn. Gorchmynnwyd y Cymdeithasau Tiriogaethol ym Mawrth 1915 i godi Trydedd Linell i gynnwys y rhai llai heini ac i hyfforddi'r recriwtiaid tra bod yr Ail Linell yn barod ar gyfer gwasanaeth Cartref neu dramor. Mewn gwirionedd roedd yn Fai cyn i Fataliwn 3/6 a Mehefin cyn i fataliwn 3/7 FfCB gael eu ffurfio, a'u canolbwyntio gydag unedau eraill Trydedd Llinell FfCB yng ngwersyll Park Hall, Croesoswallt. Ar ôl cyflwyno gorfodaeth, yn Ebrill 1916 fe'u hailenwyd yn Fataliynau Wrth Gefn a'u huno wedi hynny i Fataliwn Wrth Gefn 4 FfCB. Gwasanaethai hon fel uned hyfforddi recriwtiaid ar gyfer pob un o bedwar bataliwn

Tiriogaethol y FfCB dramor, er fel y lluoedd wrth gefn cyfochrog gan y Byddinoedd Newydd ym Mharc Cinmel, roedd milwyr yr un mor debygol o ddiweddu yn unrhyw fataliwn yn y Gatrawd yn ôl y galw. Symudwyd dynion rhwng y Fyddin Barhaol, y Byddinoedd Newydd a'r Tiriogaethwyr, gydag angen weithiau am ollwng mewn enw ac ailymrestru neu symudiad cyfreithiol dyfeisgar arall er mwyn diweddu o dan y telerau a chytundebau a ddeisyfid gan yr awdurdodau.

Y Lluoedd Wrth Gefn Tiriogaethol a Chenedlaethol
Yn yr un modd â'r Fyddin Barhaol yn cael ei chadarnhau a derbyn dynion o'r lluoedd Wrth Gefn Parhaol ac Arbennig, roedd gan y Tiriogaethwyr eu lluoedd cefnogol eu hunain.

Anelai'r *Llu Tiriogaethol Wrth Gefn* a grëwyd yn 1913 i ddarparu llu a fyddai gyda byddino llawn yn medru llenwi rhengoedd unedau Tiriogaethol a chynnig atgyfnerthiadau dros ben. Golygai hynny y dylai fod yn hafal mewn dynion i 33% nerth sefydlu pob uned. Yn wir, dylid fod wedi cael traean yr un o bob rheng islaw Lefftenant-Gyrnol yn gefnogaeth. Gellid trosglwyddo Swyddogion a Rhengoedd Eraill i'r Llu Wrth Gefn hwn ar gymeradwyaeth y Gymdeithas Diriogaethol Sirol neu gan uned Diriogaethol, a bod wedi gwasanaethu dan yr un amodau cyffredinol â gweddill y Tiriogaethwyr ac eithrio mynychu gwersylloedd blynyddol oedd yn wirfoddol (ond â thâl).

Cynhwysai'r rhai cymwys i ymuno gyn-filwyr o unrhyw gangen o'r Fyddin. Roedd rhaid i swyddogion feddu ar bedair blynedd o wasanaeth blaenorol. Ni allent fod yn aelodau o lu wrth gefn arall; roedd rhaid iddynt fod yn rhesymol heini ac o gymeriad da, a heb fod yn hŷn (ar raddfa symudol) na 57 oed i Lefftenant-Gyrnoliaid ac Uwchgapteiniaid, i lawr i 40 oed i swyddogion iau. Cynhwysai'r Rhengoedd Eraill cymwys filwyr Parhaol gyda dwy flynedd yn lleiafswm gwasanaeth (gan gynnwys pensiynwyr), ond nid rhai Wrth Gefn. Roedd rhaid i aelodau'r Llu Arbennig Wrth Gefn, Tiriogaethwyr ac yn y blaen fod wedi perfformio pedair blynedd o wasanaeth blaenorol 'effeithlon'. Yr oed uchaf ar gyfer ymuno oedd 41 (46 ar gyfer rhingyllau cyn-Barhaol), ac eithrio cyn-Diriogaethwyr a allai fod o unrhyw oed fyddai'n caniatáu iddynt wasanaethu am flwyddyn o leiaf cyn ymddeoliad gorfodol. Roedd hyn yn 60 ar gyfer swyddogion, 50 ar gyfer rhingyllau a 45 i'r Rhengoedd Eraill.

Y telerau oedd ymrestru pedair blynedd, neu os yn gwasanaethu'n barod gyda'r Tiriogaethwyr ac yn symud i'r Llu Wrth Gefn gellid cynnig unrhyw gyfnod o 1-4 blynedd gan y Gymdeithas Sirol. Fodd bynnag, cawsai'r llu drafferth i ddenu recriwtiaid. Ar ddechrau'r rhyfel dim ond 661 swyddog a 1,421 yn y Rhengoedd Eraill oedd cyfanswm nerth y Llu Tiriogaethol Wrth Gefn: yn druenus o brin o'r hyn ddylai fod wedi bod (dros 105,000 mewn theori). Y diffyg hwn oedd un rheswm pam na fedrai'r Tiriogaethwyr fyddino unedau llawn yn syth ar ôl i'r rhyfel ddechrau.

Y Llu Cenedlaethol Wrth Gefn – crëwyd yn 1910 fel y llu Hen Filwyr Wrth Gefn, yn cynnwys dynion hŷn a wasanaethasai'n 'effeithlon' mewn unrhyw gangen o'r lluoedd arfog am dair blynedd neu fwy. Roedd yn rhaid i Ddosbarth 1 fod o dan 42 oed ac yn gymwys i wasanaeth Cartref neu dramor gydag uned yn ymladd. Dosbarth 2 oedd swyddogion a Swyddogion Heb Gomisiwn hŷn dan 50 oed, a Rhengoedd Eraill dan 55 oed ar gyfer amddiffyn Cartref a dyletswyddau Garsiwn neu weinyddol yn unig. Roedd hefyd Ddosbarth 3 o'r rhai oedd yn gymwys o'r blaen ond yn methu ag ymgymryd ag unrhyw rwymedigaethau, gan gynnwys y rheiny oedd i bob pwrpas yn aelodau anrhydeddus o'r Llu Cenedlaethol Wrth Gefn. Gallai dynion drosglwyddo i ddosbarthiadau eraill wrth gyrraedd y terfynnau oedran. Yn ymarferol cofrestr o wirfoddolwyr oedd y Llu Wrth Gefn

Parhaol, Tiriogaethwyr a'r Fyddin Newydd

Y CORFFLU CYMREIG.

A fyddwch chwi garediced a gwneuthur y cyfarwyddiadau hyn yn hysbys?

PA FODD I YMUNO.

Ewch i'r Llythyrdy agosaf. Yno cewch gyfeiriad y Swyddfa Ymrestru agosaf yn yr hon y gellwch ymrestru.

PWY ALL YMUNO.

Pob dyn rhwng 19 a 38 oed. Hen filwyr i fyuny i 45 oed.

TELERAU YMRESTRU.

Gellwch ymuno dros dymor y Rhyfel, neu am dair blynedd.

TÂL.

Tâl arferol y Fyddin (swm lleiaf—7 swllt yr wythnos ar ol clirio pob gofynion), bwyd, dillad a llety. Hefyd telir swm penodol i gadw gwragedd a phlant y milwyr tra byddont oddicartref.

YSWIRIANT (Dan Ddeddf Yswiriant Cenedlaethol)

Cymerir 1½c. yr wythnos o arian y milwr. Ceidw hyn ef mewn llawn yswiriant tra bo yn y Fyddin.

MANTEISION.

Byddin Gymreig, dan arweiniad Swyddogion Cymreig, yn dysgu ei milwriaeth yng Nghymru. Ceisir cadw cyfeillion ynghyd yn yr un Cwmni.

Am fanylion pellach ymofyner yn y Swyddfa Ymrestru.

'Manteision ymuno â'r Corfflu Cymreig' – clawr cefn un o'r cyfres o bamffledi propaganda'r PGCC gyhoeddwyd gan y Western Mail *1914–15.*

'I'r Fyddin Fechgyn Gwalia!'

G. R.

YMUNO YM MON.

DYMUNIR I BOB DYN IEUANC CRYF YMUNO YN DDIATREG A'R

FYDDIN GYMREIG.

| OEDRAN | .... | 19 I 38 MLWYDD |
| CYN-FILWYR | .... | 19 I 45 MLWYDD |

Y Taldra Isaf yn awr yw 5 troedfedd 1 fodfedd.
"Bantam" Regts., 5 troedfedd.

Caiff ymunwyr a'r Fyddin Gymreig ei hymarfer yng Ngogledd Cymru.

Cynorthwy ar Wahan i Wragedd, Plant, a rhai'n Dibynnu

Ceir holl Fanylion Ymuno yn y Swyddfeydd Ymuno canlynol ym Mon—

PORTHAETHWY	Water Street	Brif Swyddfa
CAERGYBI	Market Hall	Col-Sergt. Fetham
LLANGEFNI	Neuadd y Sir,	Mr. J. T. Davies
AMLWCH	Gorsaf yr Heddlu	Rhingyll Wm. Owen

Mae'r boneddigion canlynol yn garedig wedi ymgymeryd a gweithredu fel Swyddogion Ymuno a rhoddant bob gwybodaeth, ac anfonant Ymunwyr i Ymrestru yn y Swyddfa Ymuno agosaf:—

Mr. Thomas Williams, Y.H.	Dinorben House,	Llanerchymedd
Dr. Parry Edwards, Y.H.	Mynydd y Gof,	Bodedern.
Mr. Ed. L. Jones,	Eithinog,	Amlwch.
Mr. H. E. Jones,	School House,	Cemaes Bay.
Mr. Bob Morgan,	4, Dinorben Sq.	Amlwch.
Mr. R. E. Briercliffe,	Menai Place,	Beaumaris.
Mr. H. O. Hughes, Y.H.,	Cefn Mawr,	Llangaffo.
Mr. O. Jeffrey Jones, Y.H.,	Ty Lawr,	Newborough.

Water Street,   MIL. DIXON,   Swyddogion Ymuno
Menai Bridge.   CAPT. WYATT,   Arolygiadol Mon a'r Cylch.

"DUW GADWO'R BRENIN."

Hysbyseb o'r wasg tua diwedd Mai 1915, yn annog recriwtiaid i'r Fyddin Gymreig drwy bwysleisio safonau taldra isel a hyfforddiant yng ngogledd Cymru. Noder hefyd y rhwydwaith o swyddogion recriwtio ar draws sir Fôn hwn, wedi'i lunio a'i weinyddu gan y Cymdeithasau sirol.

Roedd swyddogion a wasanaethasai am o leiaf flwyddyn ac yn rhydd o rwymedigaethau gweithredol neu wrth gefn yn gymwys. Roedd cymhwyster Rhengoedd Eraill yn cynnwys milwyr Parhaol ac Arbennig Wrth Gefn â blwyddyn o brofiad o leiaf, Tiriogaethwyr a Thiriogaethwyr Wrth Gefn gydag wyth blynedd o leiaf o wasanaeth, dynion Milisia oedd wedi cwblhau un cyfnod cytundeb gwasanaeth, Iwmoniaeth Ymerodraethol neu Wirfoddolowyr â thair blynedd o wasanaeth, pensiynwyr a rhai wrth gefn llyngesol a morol a phawb oedd yn berchen ar fedal rhyfel!

Roedd Dosbarth 1 i gael ei alw a'i drosglwyddo at y Tiriogaethwyr ar ddechrau'r rhyfel. Roedd Dosbarth 2 i gael ei ymgorffori a'i ffurfio i'r hyn a elwid 'Cwmnïau Ychwanegol' o'r Llu Tiriogaethol Wrth Gefn a'i osod ar ddyletswydd gwarchod mewn lleoliadau strategol fel rheilffyrdd a phontydd, neu'n gwarchod carcharorion rhyfel. Yn Hydref 1913 roedd dros 215,000 yn perthyn i'r Llu Cenedlaethol Wrth Gefn.

Nid oedd y rheiny a gofrestrwyd yn ymgymryd ag unrhyw rwymedigaethau penodol, ond bod disgwyl iddynt ateb galwad gwasanaeth yn anrhydeddus. Pan ymfyddinent gallent gael eu lleoli i unedau Parhaol neu Diriogaethol yn atgyfnerthiadau, neu wasanaethu mewn penodiadau gweinyddol, technegol neu arbenigol os oedd ganddynt y sgiliau perthnasol. Roedd cymhelliad bownti i ymuno â'r llu hwn, a'r tâl arferol, pensiynau a lwfansau wrth dderbyn galwad. Gallai cyn-aelodau'r Llu Cenedlaethol Wrth Gefn ailymrestru os oeddent rhwng 30-45 oed, ac ymhellach fel y rheiny yn Nosbarth 1 â hawl i £10 o gildwrn pe derbynient rwymedigaeth Gwasanaeth Ymerodraethol, neu'n debyg i Ddosbarth 2 yn cael £5 am wasanaeth Cartref. Amrywiai terfynau oed y rheiny a ddewisai ymrestru 'er mwyn amddiffyn mannau bregus' o 35 i 50 oed.

Wrth fyddino, byddai Swyddfa'r Rhyfel yn cysylltu â phob Cymdeithas Diriogaethol Sirol a rhoi gwybod iddynt faint o ddynion Dosbarth 1 oedd eu hangen, a pha gangen o'r Fyddin oedd yn galw amdanynt. Dosberthid cyfarwyddiadau ymuno drwy'r Cymdeithasau, a fyddai hefyd yn cynnal archwiliadau meddygol, yn ardystio'r dynion yn ffurfiol Dros Gyfnod y rhyfel, rhoi lifrai iddynt a threfnu trafnidiaeth yn ôl yr angen. Aeth galw i fyny yn ei flaen yn ystod 1914, a chyn gynted yr ymgorfforwyd hwy daethant yn rhan o'r Llu Tiriogaethol Wrth Gefn a gwasanaethu'n lleol gyda'r Cwmnïau Ychwanegol.

Yng nghanol Awst ymddangosodd hysbysebion yn y wasg leol yn cymell pob cyn-filwr i gofrestru gyda'u prif swyddogion ardal neu drwy eu Cymdeithas Sirol. Mae ystadegau a gyhoeddwyd yn y wasg leol yng ngogledd-orllewin Cymru yn dangos bod tua 20 i 30 o'r Llu Cenedlaethol Wrth Gefn yn cael eu galw i fyny bob wythnos rhwng canol Medi a chanol Hydref 1914 yng Nghaernarfon, a'r ffigyrau'n gostwng wedi hynny (dim ond 2 filwr Wrth Gefn a alwyd i fyny yn ystod wythnos gyntaf Rhagfyr).

Erbyn Gorffennaf 1915 arweiniai'r angen am ddynion y Fyddin i adnabod y milwyr Cenedlaethol Wrth Gefn hynny a fedrai orymdeithio deng milltir gyda reiffl a llwyth o fwledi. Yn syml trosglwyddid y rhai a fedrai ac yng nghategori uchaf ffitrwydd i unedau gwasanaeth mwy gweithredol, tra bo'r rhai ar lefel nesaf ffitrwydd yn cael eu symud i ffurfio wyth bataliwn newydd catrawd y Brigâd Reiffl. Anfonwyd y mwyafrif ohonynt i'r Aifft ac India er mwyn rhyddhau ffurfiadau Llinell Gyntaf Tiriogaethol o ddyletswyddau garsiwn a bod ar gael i wasanaethu yn rhywle arall. Ffurfiwyd y dynion yn y categori ffitrwydd isaf i Fataliynau Dros Dro, a daeth un o'r rhain (y 47) yn ddiweddarach yn Fataliwn 23 FfCB (Tiriogaethol), ar gyfer dyletswyddau gwasanaeth Cartref. Is-deitl Bataliwn 22 Brigâd Reiffl oedd 'Wessex and

Welsh' i ddangos o ble y deuai ei gwmnïau, a gwasanaethodd mewn garsiynau yn yr Aifft.

Ym Mawrth 1916 newidiodd y Llu Cenedlaethol Wrth Gefn i'r Corfflu Amddiffyn Brenhinol, a daeth yr amrywiol Gwmnïau Ychwanegol yn Gwmnïau Gwarchod wedi'u rhifo. Ym Mehefin 1916 ailagorwyd recriwtio ar gyfer y Corfflu hwn, a cheiswyr rhwng 41-60 oed a gwasanaeth milwrol blaenorol ganddynt. Cymhwyswyd safon meddygol isel. Yn rhyfedd ddigon goroesodd y llu hen filwyr hwn y rhyfel, a dod yn Gorfflu Amddiffyn Cenedlaethol yn 1936.

Y Byddinoedd Newydd

Ar 5 Awst 1914 penodwyd y Cadlywydd Arglwydd Kitchener yn Ysgrifennydd Gwladol Rhyfel. Fel mwyafrif y Fyddin Barhaol nid oedd wedi'i argyhoeddi o werth y Tiriogaethwyr – 'Byddin Clerc Tref'. Daeth i'w swydd hefyd yn argyhoeddiedig y byddai'r frwydr yn yr arfaeth yn hir a chostus, a olygai gynnydd enfawr ym maint y Fyddin Brydeinig. Gwyddai y byddai cyfran fawr iawn o'r Fyddin Barhaol yn cael eu colli ym mlwyddyn gynta'r rhyfel, ac nad oedd digon o filwyr hyfforddedig wrth gefn i gymryd eu lle. Nid oedd y Tiriogaethwyr yn barod i weithredu ar unwaith, yn brin o ddynion a wedi'u hyfforddi'n wael: nid oedd ganddynt chwaith ddigon o wirfoddolwyr cofrestredig i wasanaethu dramor. Yn bennaf oll, gyda'r rhan fwyaf o filwyr proffesiynol yn debygol o adael am Ffrainc pryderai Kitchener am amddiffyn Cartref: roedd yn awyddus i gael y Tiriogaethwyr yn eu safleoedd pe digwyddai cyrch neu oresgyniad Almaenig.

Ar 6 Awst gofynnodd y Prif Weinidog Asquith iddo a'r senedd am ychwanegu 500,000 o ddynion at y filwriaeth, ac erbyn y bore canlynol roedd yr hysbysebion cyntaf yn cael eu cyhoeddi ar gyfer 100,000 o wirfoddolwyr i ffurfio estyniad amser rhyfel yn unig o'r Fyddin Barhaol. Roedd Kitchener yn mynd i hepgor y Cymdeithasau Tiriogaethol Sirol o'i gynllun. Adlewyrchai telerau'r cytundeb ei argyhoeddiadau: byddai dynion yn gwybod eu bod yn arwyddo ar gyfer tair blynedd neu Dros Gyfnod y rhyfel, pa un bynnag oedd yr hiraf. Ar ôl i'r rhyfel orffen byddent yn cael eu rhyddhau mor fuan ag yr oedd yn ymarferol. Roedd y telerau hefyd am 'Wasanaeth Cyffredinol' – ni fyddai cynnig o wasanaeth Cartref. Byddai'r unedau 'Gwasanaeth' newydd a godid yn dod o dan gatrodau cyfredol a'u rhifo'n briodol. Yng ngogledd Cymru y cyntaf i ymddangos oedd Bataliwn 8 (Gwasanaeth) FfCB. Codwyd y rhan fwyaf o'r bataliynau hyn drwy ganolfannau a fodolai fel Wrecsam, a'r Uwch-gapten yn arwain pob canolfan ynghyd a'i Uwch-ringyll Catrodol yn cael eu lleoli i reoli'r uned Byddin Newydd gyntaf a ffurfiwyd.

Er gwaethaf rhywfaint o ddryswch parthed natur a swyddogaeth y 'Byddinoedd Newydd', daliodd y cynllun y dychymyg cyhoeddus ac ar y cyfan roedd recriwtio yn well nag ar gyfer y Tiriogaethwyr, er gydag amrywiadau rhanbarthol. Cyrhaeddwyd y 100,000 cyntaf (yn adnabyddus fel 'K1') erbyn 25 Awst er i'r system recriwtio ddymchwel bron. Dosbarthwyd y ffurfiadau embryo i Adrannau o dan bob Rheolaeth Byddin, fel bod Rheolaeth Orllewinol yn ffurfio Adran 13 (Gorllewinol) a bataliynau cynharaf Cymreig 'Kitchener' wedi'u lleoli ynddi. Roedd gwerth pedair adran o wirfoddolwyr yn orlawn yn yr wythnos gyntaf a'r ddwy adran K1 oedd ar ôl yn cael eu cwblhau'n gyflym gan drosglwyddiadau o unedau eraill.

Yn dilyn hyn, aeth yr alwad allan am ail 100,000 ar 28 Awst. Roedd dynion priod yn debygol o gael eu derbyn yn y 'K2' hwn, a chynigai derfynau oed uwch ynghyd â gostyngiad safonau taldra. Galluogai'r niferoedd dros ben aml o unedau K1 i unedau gael eu ffurfio'n gyflym a'u cwblhau. Ar 3 Medi 1914 yn unig, gwirfoddolodd 33,204 o ddynion ar gyfer y Fyddin, ffigwr a all sefyll o hyd fel record cenedlaethol mewn un diwrnod. Ar ôl 27 Awst dechreuwyd trosglwyddo unrhyw ddynion nad oedd eu hangen yn unedau llawn Kitchener i'r Llu Arbennig Wrth Gefn. Galluogodd yr ymateb aruthrol i 'K3' ddechrau hysbysebu ar 13 Medi, er gyda safonau meddygol tynnach. Erbyn canol Medi cyflawnwyd y 501,580 o wirfoddolwyr dechreuol. O'r rhain cyfranasai Cymru 4%, sef 19,666 o ddynion neu 1.94% o'i phoblogaeth wrywaidd. Ychydig ddyddiau'n ddiweddarach dechreuodd David Lloyd George alw am ei fudiad 'Byddin Newydd' ei hun, y Corfflu Cymreig.

Erbyn hyn roedd rhai unedau hefyd yn cael eu codi trwy arweiniad lleol ar wahân i'r canolfannau, yn enwedig y bataliynau 'Pals'. Anogid recriwtiaid i fynd allan a dychwelyd gydag o leiaf chwech o'u ffrindiau a chydweithwyr, felly gyda chydweithrediad rhwng awdurdodau dinesig a chyflogwyr creodd nifer o'r trefi mwy a dinasoedd frigadau cyfan o 'Pals' yn gyflym. Gallai cyflogwyr gynorthwyo trwy gynnig cadw swyddi eu gweithwyr erbyn iddynt ddychwelyd yn ddiogel, a hyd yn oed sicrhau'r gwahaniaeth rhwng eu cyflogau arferol a rhai'r Fyddin. Mewn rhai ardaloedd poblog crëwyd unedau cyfan o grwpiau galwedigaethol tebyg – broceriaid stoc, dynion tramffordd, masnach gotwm – neu'r rheiny â chefndir neu ddiddordeb cyffredin fel 'Pêl-droed', 'Ysgolion Bonedd', a hyd yn oed bataliynau 'Albanaidd' a 'Gwyddelig' alltud.

Ar 22 Rhagfyr cyrhaeddwyd ffigwr o 800,000 o wirfoddolwyr. Gwawdiai'r milwyr proffesiynol y llu newydd, gan ddatgan ei bod yn ymdrech ofer – sut y gellid hyfforddi'r 'heidiau hyn' o ddim i ddod yn filwyr disgybledig, effeithiol mewn llai na dwy flwynedd neu fwy? Ond awdurdodwyd ehangu pellach, a'r Fyddin Newydd olaf – 'K6' – yn cael ei ffurfio yn Ionawr 1915. Erbyn Ebrill 1915 roedd adrannau cyntaf 'Kitchener' yn glanio yn Ffrainc.

Roedd yr ymateb Cymreig i'r mudiad yn gymysg i ddechrau, a'r bataliynau cyntaf yn cael eu codi mewn canolfannau fel Wrecsam. Roedd Bataliwn 8 FfCB yn Awst yn ffodus o gael pedwar swyddog profiadol a rhai Swyddogion Heb Gomisiwn Parhaol i'w helpu i hyfforddi, a chyrhaeddodd ei nerth sefydliad mewn dynion (er dim ond hanner ei swyddogion) erbyn 29 Awst. Roedd dros 1,000 yn y bataliwn, ac erbyn 9 Medi cynyddasai i 2,868 o Rengoedd Eraill. Yn ystod Medi dilynodd bataliynau Gwasanaeth 9, 10 ac 11, a'r cyntaf ohonynt yn cael ei ffurfio o floc mawr o ddynion dros ben o Fataliwn 8. Deuai llawer o'r recriwtiaid o gymunedau glofaol a chymunedau diwydiannol eraill gogledd a de Cymru. Tra oedd rhai dynion o'r gogledd-orllewin heb os wedi ymuno â'r bataliynau hyn, ychydig o frwdfrydedd amlwg oedd atynt yn y wasg leol ac ni ffurfiodd unrhyw unedau a godwyd yn lleol ar yr adeg hon.

Mewn un achos, ni rhoddwyd caniatâd Swyddfa'r Rhyfel i fataliwn arfaethedig ym Môn symud ymlaen. Roedd hefyd apêl diobaith (yn ôl y disgwyl) gan y Parchedig Gwynoro Davies o Abermaw ym Medi am 'ddynion ifanc crefyddol' i ffurfio bataliwn 'Pals' Meirionnydd. Ceisiodd y Parchedig T. Pritchard o Landwrog hefyd fathu defnydd y termau Cymraeg chwithig *'câr vintai'* neu *'câr vyddin'* i gyfateb i 'Pals' mewn ymdrech i anwylo'r mudiad i ddarllenwyr papur newydd. Yn ddiwylliannol, fodd bynnag, roedd Wrecsam yn diriogaeth mwy estron, a heb o leiaf ychydig o ffrindiau i hwyluso'r newid i fywyd y Fyddin, yna'r Tiriogaethwyr oedd y cyrchfan mwyaf tebygol.

Dichon bod y Byddinoedd newydd yn llwyddiant digamsyniol ond roedd y system i'w gweinyddu, lletya a darparu offer iddynt yn cael ei llethu'n aml. Anfonwyd Bataliynau 8 a 9 FfCB i wersylloedd ar Salisbury Plain a Bataliynau 10 ac 11 i Seaford ar arfordir Sussex. Aeth recriwtiaid trwy ganolfan Wrecsam, ond i'w dogfennu'n unig ac (os yn lwcus) i dderbyn lifrai. Os yn anlwcus, yna roeddent yn eu dillad cynyddol dreuliedig eu hunain mewn caeau mwdlyd, oer yn bell oddi cartref, gyda dim mwy na phebyll gwael yn gysgod. Roedd bwyd digonol yn broblem ar adegau, a phroblemau cynnar gyda diffyg talu lwfansau teulu i rai dynion priod, a gafodd yn ei dro effaith negyddol ar recriwtio. Nid oedd offer ar gael, a chynhwysai hyfforddiant ar y dechrau ddim mwy na drilio gyda choesau brwsh a gorymdeithio diddiwedd. Byddai'r CC yn rhagori dros yr unedau cynharach hyn yn ei leoliadau hyfforddi lleol digonol iawn.

Yn Hydref 1914 ffurfiwyd Bataliwn 12 (Wrth Gefn) FfCB gyda rhywfaint o aelodaeth Arbennig Wrth Gefn yn Wrecsam i ddarparu atgyfnerthiadau i'r unedau hyn, a'i gartrefu yn y pen draw yng ngwersyll newydd Parc Cinmel ger y Rhyl.

Ar draws Cymru cododd rhai unedau lleol hefyd, gan gynnwys Masnachwyr Caerdydd, Bataliwn Dinas Abertawe a dau Fataliwn y Rhondda, a fyddai'n cael eu hymgorffori'n ddiweddarch i'r CC yn bennaf. Yn y Rhyl ar 3 Medi dechreuodd uned yn galw'i hun yn '"Pals" Gogledd Cymru' ffurfio, a drosglwyddwyd i'r CC yn Hydref. Ar yr un pryd dechreuodd 'Bataliwn Prifysgol Cymru' gasglu recriwtiaid, ac uno yn y pen draw gyda'r 'Pals'. Honnwyd bod Rheolaeth Orllewinol yn 1915 wedi cael gorchymyn i anfon pob recriwt newydd i'r CC yn hytrach na'r ffurfiadau cynharach.

Ym Mehefin 1915, ymadawodd Bataliwn 8 FfCB dramor, rhai wythnosau cyn y FfCB Tiriogaethol. Gwasanaethasant yn Gallipoli, ac yn ddiweddarach ym Mesopotamia (Irac). Glaniodd Bataliynau 9, 10 ac 11 yn Ffrainc erbyn Medi 1915, a'r olaf yn cael ei symud i Ffrynt malarïaidd Salonika (Macedonia). Yn 1919 garsiynasant Caer Gystennin a hwy oedd yr uned FfCB Byddin Newydd olaf i gael ei dadfyddino.

Dim ond hyd 1916 y goroesodd lluoedd wrth gefn y Fyddin Newydd, pan arweiniodd gorfodaeth at newidiadau. Crëwyd y Llu Hyfforddi wrth Gefn, fel bod Bataliwn 12 FfCB yn awr yn ffurfio rhan o Fataliwn Hyfforddi Wrth Gefn 62 digymeriad yng Nghinmel, heb unrhyw gysylltiadau catrodol. Unwyd unedau wrth gefn Tiriogaethol a Byddin Newydd eraill a dod yn rhan o beirianwaith bataliynau 'Milwyr Ifanc' a 'Graddedig' a brosesai gonsgriptiaid 18 oed i fod yn barod ar ôl blwyddyn o hyfforddiant i gael eu hanfon dramor ble bynnag oedd yr angen.

Er gwaethaf dyrnaid o ddynion profiadol o'r Fyddin Barhaol neu o ryfeloedd blaenorol, ar y dechrau roedd unedau'r Fyddin Newydd mor amaturaidd ag y gallent fod. Ar y cyfan, yn ogystal â bod yn naïf roeddent yn syndod o frwd a phenderfynol, ac ar ôl cyflwyniadau dychrynllyd i realiti rhyfela modern diwydiannol, dysgodd y goroeswyr a magu profiad, a dod gystal â'r Fyddin Barhaol ym mwyafrif yr agweddau. Yr anfanteision oedd na allai'r bataliynau clòs hyn fod yn siŵr o gadw'u hunaniaethau lleol wrth i'r colledion amlhau, ac unrhyw ddynion y gallai'r awdurdodau grafu at ei gilydd yn cymryd eu lle – Tiriogaethwyr, rhai clwyfedig mewn rhwymau, consgriptiaid – o unrhyw le ym Mhrydain. Yn yr un modd byddai llawer 'Pal' clwyfedig yn gynddeiriog o wella a'i fod yn cael ei anfon at fataliwn neu gatrawd estron. Roedd byd o wahaniaeth rhwng yr addewidion a wnaed i ddenu dynion i'r lliwiau yn 1914, a'r angen dybryd yn ddiweddarach i'w trin fel blociau dienw o ddynion, i'w hanfon ble bynnag roedd bylchau.

Proffwydodd yr Arglwydd Kitchener y byddai'r unedau a gododd yn aeddfedu erbyn 1917, mewn pryd ar gyfer 'y miliwn olaf' o ddynion i droi'r fantol pan flinid lluoedd gwreiddiol enfawr dechreuol y gelyn. Ni welodd y canlyniadau, gan iddo foddi ar *HMS Hampshire* ym Mehefin 1916. Er gwaetha'i ragfarnau (a phrin bod ganddo gydymdeimlad at fuddiannau Cymreig), ei gamp fawr oedd gweledigaeth sefydlu llu a fyddai – er gwaethaf colledion aruthrol – ym marn llawer o haneswyr modern yn aeddfedu'n beiriant ennill rhyfel.

> **20fed Battaliwn**
> **ROYAL WELSH FUSILIER**
> **GWERSYLL—MORFA CONWY.**
>
> PAHAM YR YMUNA BECHGYN O FON AC ARFON A CHATRODAU SEISNIG, PAN Y MAE DIGONEDD O LE IDDYNT MEWN CATRODAU O GYMRY, FEL YR UCHOD?
>
> RESERVE BATTALION YDYW HON, I'R FYDDIN GYMREIG FU YN LLANDUDNO YR HAF DIWEDDAF.
>
> YCHYDIG O AMSER YN NGWERSYLL CONWY WNA Y LLENCYN SALW AC AFROSGO YN WR CYDNERTH A SIONC. DIGONEDD O FWYD O'R ANSAWDD GOREU A PHOB CYSURON.
>
> **Chwi Fechgyn Sir Gaernarfon, Mon Meirion, Ymunwch a CHATRAWD GYMREIG.**
>
> POB MANYLION AM YMRESTRU I'W CAEL GAN Y SWYDDOG YMRESTRU AGOSAF. RHODDIR TOCYN RHEILFFORDD I GONWY YN RHAD OND GOFYN AM DANO I'R SWYDDOG.

Hysbyseb am yr 20fed Bataliwn (Wrth Gefn) RWF o'r Genedl Gymreig 23 Tach. 1915, sy'n pwysleisio'u Cymreictod

Poster cyfarfod recriwtio cyfnod Cynllun Arglwydd Derby ym Mhen-y-groes, Tachwedd 1915

Pennod 6

Y Corfflu Cymreig

SEFYDLU: Medi i Hydref 1914

Yn gynnar ym Medi 1914, darbwyllodd y Prif Weinidog Asquith David Lloyd George i wneud araith ryfel o bwys i annog recriwtio. Hyd at hynny, buasai Lloyd George yn brysur gydag economeg y rhyfel fel Canghellor y Trysorlys ac heb wneud unrhyw ddatganiad cyhoeddus am y gwrthdaro. Paratôdd araith a draddododd ar 19 Medi i Queen's Hall orlawn yn Llundain. Roedd yr araith yn cynnwys cyfeiriad at ei famwlad:

> Wales must continue doing her duty. I should like to see a Welsh Army in the field. I should like to see the race that faced the Norman ... in a struggle for freedom, the race that helped to win Crecy, the race that fought for a generation under Glendower against the greatest captain in Europe – I should like to see that race give a good taste of its quality in this struggle ... and they are going to do it.

Erbyn diwedd y noson roedd Lloyd George yn ymgynghori â'r Arglwydd Plymouth ac eraill 'i godi Corfflu Cymreig'. Symudasant yn gyflym: ffurfiodd cyfarfod yn 12 Downing Street ddeuddydd yn ddiweddarach Bwyllgor Dros Dro gyda'r amcan o godi llu Cymreig o faintioli Corfflu (o leiaf dwy Adran neu 36,000 o ddynion) fel atodiad i'r Byddinoedd Newydd. Daeth yr Arglwydd Plymouth, y cyn Dâl-Feistr Cyffredinol a maer Caerdydd ac erbyn hynny'n Arglwydd Lefftenant Morgannwg, yn gadeirydd. Daeth O. W. Owen, hen filwr Rhyfel y Boer a swyddog yn y Bwrdd Masnach a anwyd yn Llanberis, yn ysgrifennydd. Roedd yr aelodau'n cynnwys Lloyd George, yr Arglwyddi Mostyn a Kenyon, Yr Uwch-frigadydd Syr Ivor Herbert AS, Syr David Brynmor Jones AS, Reginald McKenna AS, William Brace AS a R. T. Jones, Ysgrifennydd Cyffredinol Undeb Chwarelwyr Gogledd Cymru.

Penderfynwyd y dylai cynhadledd genedlaethol lansio'r symudiad, ac aeth y gwahoddiadau dwyieithog allan ar 24 Medi ar gyfer cyfarfod yn Neuadd Park, Caerdydd ar 29 Medi, yn datgan bod yr Arglwydd Kitchener wedi rhoi sêl bendith ar ffurfio Corfflu Cymreig. Sefydlwyd yr Ysgrifenyddiaeth yng Nghaerdydd (a symud i Lundain yn Ebrill 1915). Nid pawb a groesawai'r prosiect. Ysgrifennodd H. A. Gwynne, golygydd y *Morning Post* yn enedigol o Abertawe at Kitchener yn cwyno:

> If this scheme of recruiting is persisted in we shall have the new armies clamouring to be divided into more or less local Army Corps ... you would find yourself faced by these national and semi-national forces which you would not be able to break up without arousing a considerable amount of local feeling which might ... result in Government pressure being brought to bear on you.

Nid oedd gan Swyddfa'r Rhyfel syniad clir o faint y llu a ragwelid. Wrth ofyn iddo am ei farn ar y pwnc, dywedodd H. J. Tennant, Is-ysgrifennydd Gwladol Rhyfel, wrth yr Uwch-frigadydd Syr Henry Wilson bod y Canghellor:

> said he wished to be allowed a Welsh Infantry Brigade. I do not know whether he was allowed one or two battalions but he pleaded very earnestly for a brigade ...

Roedd y mudiad newydd chwe gwaith yn fwy na brigâd; ac er erbyn diwedd Medi bod digon o fataliynau Cymreig Byddin Newydd yn bodoli i ffurfio milwyr troed Adran gyfan, prin y gwnai hynny fawr o argraff ar Kitchener. Roedd rhywfaint o ffraeo rhagarweiniol yn anochel wrth i frwdfrydedd Lloyd

George fynd benben â phroffesiynoldeb di-sigl Kitchener.

Yng nghyfarfod y Cabinet ar 28 Medi cododd Lloyd George gwestiwn darparu caplaniaid Anghydffurfiol ar gyfer ffurfiadau cyfredol Cymreig y Fyddin Newydd a'r CC arfaethedig. Yn y cyd-destun Cymreig roedd hyn yn fater pwysig: newydd ddechrau dod i delerau â'r rhyfel fel achos cyfiawn oedd yr enwadau anghydffurfiol pwerus. Byddai penodi caplaniaid swyddogol o'r capeli yn cynorthwyo i gael eu cydweithrediad mewn recriwtio, ac yn cysuro darpar-recriwtiaid anghydffurfiol y byddai gofal am eu hanghenion ysbrydol. Ni ddeallai Kitchener hyn, fodd bynnag, ac roedd yn gyndyn i blesio'r 'sectau dianghenraid ac ecsentrig hyn'. Dwrdiodd y Canghellor ef, gan rybuddio y byddai llu Anglicanaidd yn gyfystyr ag ymladd gyda 'hanner cenedl'. Ildiodd yr Ysgrifennydd Rhyfel a chymeradwyo caplaniaid pellach, ond cynyddu ei ddiffyg ymddiriedaeth yn hoff fudiad Lloyd George wnaeth y digwyddiad hwn.

Brysiodd David Lloyd George i Gaerdydd, lle'r anerchodd y Gynhadledd Genedlaethol y prynhawn canlynol – cynulleidfa o 2,000 o bobl wedi'u dewis yn ofalus gyda golwg ar eu gwerth posibl mewn hybu'r CC. Roedd Arglwyddi Lefftenant ac arglwyddi'n bresennol ynghyd â gweinidogion Anglicanaidd, Eglwys Rhufain ac anghydffurfiol, yn ogystal ag Aelodau Seneddol, cynrychiolwyr Cynghorau Sir, Dosbarth Trefol a Bwrdeistref; aelodau o Gymdeithasau Tiriogaethol Sirol, amaethwyr, cyflogwyr mawr ac undebau llafur. Hefyd yn bresennol oedd haen o ddynion o oed recriwtio, a allai gael eu darbwyllo i ymrestru yn y fan a'r lle. Ni ddaeth pawb a gafodd wahoddiad (roedd Keir Hardie AS yn wrthwynebwr amlwg), ac yn ddiweddarach byddai rhai oedd yn bresennol yn llugoer at fudiad y CC – yn arbennig y Tiriogaethwyr, yr Arglwyddi Lefftenant ac Esgobion. Ond gwnaed ymdrech fawr i gynrychioli sawl barn a haenau gwahanol y gymdeithas.

Aeth y gynhadledd yn dda, gyda Lloyd George yn annerch y gynulleidfa ar yr hyn a achosodd y rhyfel, gwerthoedd magu cymeriad gwasanaeth milwrol, gogoniannau gorffennol milwrol Cymru, a'i chywilydd yn y dyfodol pe bai'n methu ag ymateb i'r argyfwng. Lansiwyd y CC ymhlith golygfeydd o frwdfrydedd mawr ac ni ddychrynai nod y Canghellor o 40-50,000 o ddynion neb, a'r cyfarfod yn cefnogi'r cynnig:

> That Wales, including Monmouthshire, be constituted a military administrative area for the purpose of recruiting and raising the necessary men to form a Welsh Army Corps.

Etholwyd Pwyllgor Cenedlaethol Gweithredol Cymreig hefyd, i drefnu, cynghori a chyfarwyddo'r CC newydd. Dewiswyd y tri deg aelod yn ofalus i gadw mor bell ag oedd yn bosibl gydbwysedd agweddau gwir gynrychioladol, er yn gymysgedd anwadal ar adegau. Cynhwysai'r Arglwyddi Penrhyn a Rhondda, y Cadfridog Syr Henry Mackinnon o Reolaeth Orllewinol, Syr Watkin Williams-Wynn, Ivor Philipps AS, David Davies AS, William George brawd y Canghellor, Lefftenant-Gyrnol Owen Thomas o Fôn a'r Parchedig John Williams, Brynsiencyn.

Dangosodd y wasg Gymreig gefnogaeth gref at y prosiect, gan awgrymu'n obeithiol y deuai'r nifer angenrheidiol o wirfoddolwyr ymlaen mewn mater o ddyddiau. Cymerwyd yn ganiataol y byddai'r mudiad yn ymgorffori'r bataliynau Byddin Newydd Cymreig blaenorol, yn ogystal â'r Tiriogaethwyr Cymreig a Chymry a ymunasai ag unedau eraill. Hyn mae'n ymddangos oedd amcan Lloyd George, gan ei fod wedi sicrhau'r Parchedig John Williams yn bersonol mor gynnar â 25 Medi.

Cyfarfu PCGC am y tro cyntaf ar 2 Hydref ac enwebu Syr Ivor Herbert yn Oruchwyliwr Recriwtio Cymru, yn y gobaith y byddai Rheolaeth Orllewinol yn cymeradwyo'r penodiad. Yr amcan oedd cydlynu ymdrech a dileu cystadleuaeth mewn recriwtio Cymreig. Ceisiodd Syr Ivor wedyn ddarbwyllo'i gyd-Arglwyddi Lefftenant i ffurfio pwyllgorau recriwtio sirol o dan fodel y Pwyllgor Recriwtio Seneddol, ond roedd y mwyafrif yn brysur iawn yn cefnogi'u Cymdeithasau Tiriogaethol lleol ac ni weithredasant o gwbl. Ar 5 Hydref rhoddodd y PCGC wybod yn swyddogol i Swyddfa'r Rhyfel am eu hawydd i godi Corfflu Cymreig, ac i drefnu'r Dywysogaeth i'r diben hwnnw. Gofynnasant hefyd am gymorth ar ffurf trosglwyddo unedau Cymreig o'r Bedwaredd Fyddin Newydd, ymgorffori unedau Cymreig na chafodd eu lleoli ar y pryd, i ostwng safonau taldra milwyr troed ar gyfer Cymru a chymorth gyda chadw cyfrifon. Byddai'r Pwyllgorau Sirol yn codi, lletya, dilladu a bwydo recriwtiaid tan bod Swyddfa'r Rhyfel yn cymryd cyfrifoldeb ohonynt.

Profodd yr ychydig wythnosau nesaf yn dyngedfennol i oroesiad y mudiad. Gwrthododd Swyddfa'r Rhyfel adleoli'r unedau 'K4' ond cytunodd i'r CC gynnwys dau fataliwn rhannol ffurfiedig o'r Rhondda, a chynigiodd unedau Cymreig o Lerpwl, Manceinion a Llundain. Gan ei fod mor ddigalon bu bron i'r Arglwydd Plymouth ddiddymu'r holl gyfarfodydd recriwtio, ond ar 10 Hydref anfonwyd llythyr gan Swyddfa'r Rhyfel at Reolaeth Orllewinol yn cymeradwyo codi digon o filwyr i ffurfio Corfflu Cymreig â dwy Adran iddo. Fodd bynnag, datganodd gorchymyn newydd bod rhaid i'r holl leoedd gwag mewn unedau Cymreig cyfredol – dros fil o ddynion – gael eu llenwi cyn y gallai recriwtio ddechrau i'r CC newydd. Ni chafodd cynigion recriwtio Herbert eu cymeradwyo, gan adael recriwtwyr y fyddin barhaol i lenwi'r lleoedd gwag ac yna i godi dynion ar gyfer y CC. Cysur bach oedd y caniatâd i ostwng safon taldra milwyr troed Cymreig o un fodfedd o dan yr amgylchiadau.

Daliodd PCGC ati, gyda Herbert yn dal i weithio ar yr

Arglwyddi Lefftenant i ganiatáu i Bwyllgor Sirol godi bataliwn ym mhob ardal, sefydlu is-bwyllgorau lleol i ganfasio tai ar gyfer recriwtiaid, ac i hyfforddi a lletya gwirfoddolwyr tan i'r Fyddin ofalu amdanynt. Yn y diwedd, Siroedd Caernarfon a Chaerfyrddin yn unig a sefydlodd y fath gyrff. Galwai'r wasg Gymreig yn ofer o hyd i'r mudiad ymgorffori unedau a fodolai ac i Gymry gael symud allan o Pataliynau anghymreig. Cynigiodd *The Welsh Outlook* yn Hydref 1914 farn â dogn o synnwyr cyffredin:

> It would be futile to suggest that any regiment should or can consist entirely of men of the same nationality or county, but local patriotism should obviously be recognised as an incentive to recruiting and as a powerful factor in encouraging a spirit of healthy and friendly rivalry.

Cytunodd Lefftenant-Gyrnol Owen Thomas, gan gefnogi unedau wedi'u codi'n lleol yn gadarn a datgan i'r PCGC:

> If we can't have county patriotism we can't possibly go on.

Er yn gorfod aros eu tro yn gyffredinol, roedd bataliynau dynodedig y Rhondda a 'Pals' Gogledd Cymru yn dal i gasglu llawer o ddynion. Mewn mannau eraill, dim ond ar ddiwedd Hydref yr awdurdodwyd Bataliwn Cymry Llundain, ond sodrwyd awgrym uned Gymreig Lerpwl yn gadarn gan yr Arglwydd Derby a Brigâd 'Pals' Lerpwl. Roedd unedau Manceinion yr un mor gyndyn i ymateb i syniad o gwmni Cymreig hyd yn oed, a honnwyd mai un recriwt yn unig a gafwyd.

Erbyn diwedd Hydref roedd gan y CC 3,000 o ddynion yn sgil bataliynau'n cael eu lleoli. Amsugnasai Bataliwn 13 (1 Gogledd Cymru 'Pals') FfCB 350 aelod 'Bataliwn Prifysgol Cymru' wedi'i ganoli ar golegau Bangor ac Aberystwyth. Golygai'r ychwanegiad hyddysg hwn y byddai

Bataliynau 13 ac 16 newydd FfCB yn creu eu cwmnïau 'Corfflu Hyfforddi Swyddogion' eu hunain i gynhyrchu swyddogion newydd ar gyfer y mudiad.

Roedd ystyriaeth yn cael ei roi i faint yn union o ddynion y gellid eu codi. Gan ddefnyddio'r Cyfrifiad diweddaraf (1911) yn ganllaw, gosodwyd cwotâu ar gyfer pob sir. Roedd gan dair sir gogledd-orllewin Cymru amcangyfrif poblogaeth o 30,509 o ddynion rhwng 20 a 40 oed, felly dylai codi tri bataliwn neu 3,000 o recriwtiaid fod wedi bod yn bosibl. Yn ymarferol, fodd bynnag, dim ond un bataliwn a godwyd, a hynny wedi cryn anhawster.

Amddiffyn Byddin Gymreig
Ar ddiwedd Hydref datblygodd ffrae a ddangosodd benderfyniad Lloyd George i gefnogi recriwtio Cymreig. Yn gynnar ym Medi, defnyddiwyd cnewyllyn Swyddogion Heb Gomisiwn Seisnig yn bennaf i ffurfio canolbwynt Ail Linell (Wrth Gefn) Iwmoniaeth sir Ddinbych. Ar ôl peth amser cwynodd y Swyddogion Heb Gomisiwn hyn bod sylwadau difrïol yn cael eu gwneud y tu ôl i'w cefnau, yn Gymraeg, gan y recriwtiaid mwy newydd – rhywbeth eithaf tebygol! O ganlyniad rhoddodd y prif swyddog y Lefftenant-Gyrnol Llewelyn England Sydney Parry, hen filwr o Ryfel y Boer o Ruddlan, orchymyn nad oedd Cymraeg i gael ei siarad hyd yn oed yn y llety. Genhedlaeth yn gynharach, gallai'r fath orchymyn fod wedi mynd heibio heb sylw, ond Byddin Dinesydd newydd oedd hon gydag ymwybyddiaeth o hawliau, cenedlaetholdeb cynyddol, a'r addysg, y modd a'r llais i fynegi cwynion.

Ysgrifennodd milwr i gwyno am y gorchymyn at Ellis W. Davies, yr AS Rhyddfrydol dros Eifion a anwyd ym Methesda a chyfreithiwr Undeb Chwarelwyr Gogledd Cymru. Er ei fod yn heddychwr a heb fod yn gwbl gefnogol i safiad Lloyd George ar y rhyfel, cysylltodd Davies â

Swyddfa'r Rhyfel. Cafwyd ymchwiliadau trylwyr yn gynnar yn Hydref, ac yn ei sgil ddatganiad gan Swyddfa'r Rhyfel ganol y mis mai prin 27% oedd yr elfen Gymreig yn yr uned a bod y rhan fwyaf o'r rheiny wedi cytuno i ufuddhau i'r gorchymyn. Ni chafodd Davies ei fodloni, a phlediodd Lloyd George yr achos. Ar 23 Hydref derbyniodd ateb tebyg gan Swyddfa'r Rhyfel, gyda nodyn ychwanegol nad oedd unrhyw ddyn wedi cael ei gosbi am dorri'r rheol hyd at hynny, a bod y prif swyddog wedi cael ei hysbysu na fyddai cosb am siarad Cymraeg yn y llety.

I'r Canghellor, nid oedd hyn yn ddigon. Pe bai'n cael ei ledaenu trwy'r wasg neu trwy lythyrau adref bod Cymry mewn uned Gymreig yn cael eu hannog i beidio â siarad eu hiaith eu hunain, gallai recriwtio gael ei effeithio'n ddrwg. Roedd lleoedd gwag y Fyddin bron â chael eu llenwi a'r CC ar fin medru hysbysebu ei hun, felly nid dyma'r math o gyhoeddusrwydd oedd ei angen ar yr adeg hon. Ar 27 Hydref dywedodd Lloyd George wrth Kitchener ei fod yn mynd i godi'r mater yng nghyfarfod y Cabinet y diwrnod canlynol, a phwyso am ddiddymiad ffurfiol y gorchymyn ac am geryddu Parry. Ymatebodd yr Ysgrifennydd Rhyfel ar unwaith, gan ddifrïo gweithred Parry ac atodi drafft o orchymyn newydd:

> The Army Council consider that no obstacle should be put in the way of Welsh, Irish or Gaelic, being spoken, but, on parade, the orders will be given in English.

Er gwaetha'r consesiwn hwn, codwyd y mater yn y Cabinet ar 28 Hydref, a datblygodd yn ddadl boeth rhwng Kitchener a Lloyd George a gyplysodd bwnc yr iaith gydag un y CC. Mae'n ymddangos bod yr Ysgrifennydd Rhyfel wedi gwneud sylw na allai 'ymddiried mewn llu a recriwtiwyd yn gyfan gwbl o Gymru i gydymffurfio â phatrwm proffesiynol safonol', a gwrthwynebai Gorfflu Cymreig cwbl Gymreig. Dywedodd y Canghellor yn ei dro wrtho yn union beth oedd ei farn am hynny, a'i ddwrdio hefyd am ei wrthodiad i ymgorffori'r unedau 'K4'. Bygythiodd y ddau ddyn i ymddiswyddo, ac erbyn diwedd y cyfarfod ni chafwyd cymod. Roedd y Prif Weinidog Asquith wedi arswydo, ac anogodd Winston Churchill i fod yn ganolwr rhwng y ddau. Mewn llythyr a ysgrifennwyd y noson honno at Churchill, roedd Lloyd George:

> In despair over the stupidity of the War Office. You might imagine we were alien enemies who ought to be interned ... until we had mastered the intricacies of the English language sufficiently to be able to converse on equal terms with an East End recruit.
>
> I enclose copy of the order issued by the W.O. about the Welsh Army Corps. Under these conditions further recruiting is impossible.
>
> Does K. want men? If he does not let him say so ... Why cannot he give us 18 battalions out of the 30 new battalions already formed in Wales. We could then send over another Division.

Ar ôl diwrnod o fyfyrio, a than berswâd cynnil Churchill, ildiodd Kitchener ac anfon am Lloyd George. Cymeriad diddychymyg braidd oedd Kitchener a'r Fyddin oedd ei fywyd, ac yn ddrwgdybus iawn o'r gwleidyddion y canfu ei hun yn eu plith. Roedd yn sicr o golli yn erbyn ymladdwyr mwy profiadol a chyfrwys yn y Cabinet fel y Cymro bywiog. Pan ddaeth Lloyd George, cytunodd Kitchener i ffurfio'r CC, caniataodd y gallai hyfforddi yng Nghymru, a chynigiodd ddyrchafu protégé'r Canghellor, Owen Thomas i arwain Brigâd Gogledd Cymru. Roedd Lloyd George ar ben ei ddigon, ac nid anghofiodd ysgrifennu nodyn cymodlon at Kitchener yn diolch iddo am ei gydnabyddiaeth 'calonnog a hael' o 'deimladau Cenedlaethol y Cymry.'

Ni thorrodd awgrym o sgandal yr iaith Gymraeg yn y wasg

Gymreig tan ail wythnos Tachwedd, ac erbyn hynny roedd wedi'i chyplysu gyda datganiadau Kitchener. Darllenwyd y gorchymyn ynglŷn â'r ieithoedd Celtaidd yn unswydd i holl unedau'r Fyddin, a milwyr syn yn cael eu deffro yn y nos hyd yn oed a'u paredio mewn glaw trwm i'w glywed.

Yn union yn sgil buddugoliaeth Lloyd George caniatawyd i'r CC dyfu heb ymyrraeth bellach gan Swyddfa'r Rhyfel, er na chafodd yr unedau cynharach eu hymgorffori o hyd. Dros dro oedd y cymod, a gwrthdarodd y ddau ddyn dros arfau rhyfel a materion polisi eraill. Ychwanegodd Syr Ivor Herbert ei bwysau yn erbyn Kitchener yn y Senedd, ond gyda chefnogaeth gyndyn Asquith, glynodd 'K' at ei swydd tan iddo foddi wrth i *HMS Hampshire* gael ei suddo ym Mehefin 1916. O bawb Lloyd George oedd ei olynydd fel Ysgrifennydd Rhyfel.

Nid oedd arweinwyr yn gwrthdaro fel hyn o fudd i'r CC. Roedd y ffordd y cafodd Lloyd George y maen i'r wal yn hysbys yn fuan trwy lefelau uwch y Fyddin, ac er bod rhai o'r swyddogion ar y rhengoedd uchaf yn cael trafferthion gyda Kitchener fel Ysgrifennydd Rhyfel, roedd ganddynt lai o barch fyth at y Dewin Cymreig a'i gynlluniau. Trosglwyddwyd rhywfaint o'r anghymeradwyaeth hwn yn awtomatig at ei greadigaeth, Adran 38 (Cymreig), ar ôl iddi gyrraedd Ffrainc ddiwedd 1915. Yn gynnar yn 1918 pan drosglwyddwyd Bataliwn Parhaol 2 FfCB i mewn i'r Adran, ysgrifennodd ei Swyddog Meddygol Capten Dunn:

> We are going to join a Division begotten in Welsh parish politics; one on which the War Office looked askance until it had to send it overseas, and which has been in G.H.Q.'s bad books since the Mametz muddle ...

Ar ddiwedd Hydref 1914, fodd bynnag, roedd hyn yn bell i'r dyfodol a'r hyn oedd yn bwysig oedd y byddai mudiad CC yn awr yn cael datblygu.

EHANGU: Tachwedd i Ragfyr 1914

Er bod rhaid llenwi rhai lleoedd gwag o hyd yn ystod Tachwedd, cryfhaodd y mudiad. Gan mai dim ond dau Bwyllgor Sirol a ffurfiwyd, anogid penaethiaid bataliynau yn awr i recriwtio drostynt eu hunain. O ganlyniad, mewn llawer o leoedd daeth recriwtio'n gyfystyr â swyddogion unigol. Y mwyaf nodedig yn siroedd y gogledd-orllewin oedd y Brigadydd-Gadfridog Owen Thomas, ynghyd â Lefftenant-Gyrnol Wynne-Edwards yn y gogledd-ddwyrain a Lefftenant-Gyrnol Gaskell yng Nghaerdydd. Camodd sifiliaid blaenllaw ymlaen hefyd i helpu recriwtio, yn amrywio o R. T. Jones o Undeb Chwarelwyr Gogledd Cymru; a phenaethiaid busnes glo a dur fel yr Arglwydd Rhondda a Frederick Mills o Gwmni Glyn Ebwy. Llwyddodd David Davies AS i gyfuno'i safle seneddol gyda bod yn dirfeddiannwr eang a pherchennog papur newydd, yn aelod o'r PCGC, ac am gyfnod yn brif swyddog ar Fataliwn 14 (sir Gaernarfon a Môn) FfCB.

Treuliodd y PCGC amser yn dewis swyddogion Cymreig addas yn arweinyddion, ac yn sicrhau trefi glan môr gogledd Cymru fel mannau hyfforddi, y ddau gyda'r amcan o annog recriwtiaid posibl. Awgrymwyd lifrai *Brethyn Llwyd* fel mesur Cymreig dros dro nes bod mwy o *khaki* ar gael. Yn ystod Tachwedd dechreuodd pum bataliwn newydd ffurfio, yn cynnwys Bataliwn 14 FfCB uchod. Trefnwyd cyfarfodydd ar hyd a lled Cymru a chynhyrchwyd llawer o bamffledi a phosteri dwyieithog yn annog dynion i ymuno â'r CC.

Roedd yr enwadau anghydffurfiol yn awr i raddau helaeth wedi symud i fod o blaid y rhyfel a syniad y CC, a ganmolwyd yn y cyfnodolion enwadol. Yma rhoddodd y Methodist Calfinaidd Cymraeg dylanwadol y Parchedig John Williams, Brynsiencyn ei gefnogaeth, yn cyhoeddi Cymreictod y fenter mewn aml gyfarfod recriwtio megis yma yn Llangefni ar 29 Hydref:

Y manteision ynglŷn a hi fydd cael mynd tan ddisgyblaeth yn agos i'r cartref yn lle bod dan orfod i fynd i ganol cylchoedd Seisnig. Hefyd ceir swyddogion ar y fyddin hon ... fydd mewn cydymdeimlad trwyadl ag iaith, dyheadau a chrefydd Cymru ... a sicrha ymhlith pethau eraill fwy o foes a pharchusrwydd yn y catrodau ... y mae mab y Canghellor wedi ei benodi yn gynorthwywr i Gyrnol Owen Thomas. Dyma sicrwydd ar unwaith o awyrgylch drwyadl Gymreig, ac y mae hynny yn newydd-beth yn ein hanes.

Er i rai unedau ddefnyddio teitlau fel 'Cyntaf Rhondda', 'Ail Gwent', 'Dinas Caerdydd' ac yn y blaen i feithrin ymdeimlad o gysylltiad lleol wrth recriwtio, dim ond y 'Pals' a'r 'sir Gaernarfon a Môn' a ddefnyddiwyd yng ngogledd Cymru. Credai rhai y gallai teitlau arbennig i Frigadau'r Milwyr Traed gynorthwyo, ac yn ôl pob golwg ffafriai Lloyd George 'Gwynedd', 'Dyfed' a 'Phowys' ar eu cyfer. Gwrthododd Rheolaeth Orllewinol y teitlau am eu bod yn 'sentimental'. Awgrymodd O. M. Edwards unedau'n seiliedig ar enwau afonydd fel 'Teifi', 'Hafren' ac 'Alun', ond ni chytunai y PCGC hyd yn oed â'r rhain gan benderfynu'n swta gydag eithriad pwrpasau recriwtio na fyddai'r unedau yn cael eu hadnabod trwy deitlau lleol. Yn ôl yr Arglwydd Rhondda 'roedd yn gymorth i recriwtio mewn rhai ardaloedd, ond heb fod yn ddefnyddiol iawn wedi hynny.'

Gweithredodd y PCGC yn gymharol llyfn, er gwaethaf rhai gwichiadau ac ocheneidiau anochel yn y rhaniad gogledd-de, neu ar hyd llinellau gwleidyddol rhwng ei aelodau. Erbyn diwedd Tachwedd ymrestrid 7,000 o ddynion, a'r unedau newydd yn cynnwys yr Ambiwlansau Maes meddygol a Bataliwn 16 FfCB a grëwyd o rifau dros ben Bataliwn 13 (1 Gogledd Cymru 'Pals'). Ymunodd Bataliwn 15 (1 Cymry Llundain) FfCB hefyd. Yng

Nghaerdydd dechreuwyd cnewyllyn yr hyn a ddeuai'n unedau magnelau, peirianwyr a chyflenwi. Lledodd recriwtio gweithredol CC i Lannau Merswy yn Nhachwedd, gyda chyfres o gyfarfodydd yn Bootle (Capel Methodistiaid Calfinaidd Cymraeg Stanley Road), Penbedw a mannau eraill. Cymerodd y Parchedig John Williams, Brynsiencyn a'r Brigadydd-Gadfridog Owen Thomas ran yn yr ymdrech hon i ymrestru Cymry o'r gymuned alltud gref o gwmpas Lerpwl.

Dangosodd Rhagfyr hefyd ffigyrau gwell a dywedodd Lloyd George yn hyderus wrth yr Arglwydd Kitchener ar 3 Rhagfyr y disgwyliai'r CC i fod yn gyflawn o fewn mis. Yn breifat treblodd Kitchener yr amcangyfrif hwn. Adroddwyd hefyd gan y Capten Richard Lloyd George bod rhai penaethiaid bataliynau ym Mrigâd Gogledd Cymru yn gwrthod cyflwyno adroddiadau i'r PCGC, ar y sail mai corff sifilaidd ydoedd ac nad oedd ganddo hawl i'r wybodaeth! Roedd hi'n amlwg ar adeg mor gynnar â hyn hyd yn oed, bod y demtasiwn i recriwtio dynion o swydd Gaerhirfryn boblog yn cael ei hystyried o ddifrif er mwyn cynorthwyo llenwi'r bataliynau llai llwyddiannus. Teimlai Syr Ivor Herbert y gallai Owen Thomas a'r Parchedig John Williams fod yn llysgenhadon da ar gyfer y mudiad yn Lloegr, ond methai ag ymatal rhag gwneud sylw ar *'the spirit of aloofness that some of our countrymen in North Wales are inclined to hold.'*

Yn ystod y mis hwn cynhyrchwyd y posteri recriwtio darluniadol cyntaf yn Gymraeg, a pharatowyd bathodynnau draig goch i recriwtiaid heb lifrai i wisgo. Crëwyd unedau meddygol a pheirianyddol newydd, ffurfiwyd Bataliwn 18 (2 Cymry Llundain) FfCB fel un Wrth Gefn, ac erbyn diwedd y flwyddyn roedd 10,000 o ddynion yn y CC. Mae ffurflenni ymrestru recriwtiaid yn aml wedi'u stampio'n arwyddocaol â 'Byddin Gymreig' yn ychwanegol at fanylion yr uned.

Roedd hi'n amlwg fodd bynnag tra bod rhengoedd rhai unedau'n chwyddo, cawsai eraill drafferth gan gynnwys

Bataliwn 14 (sir Gaernarfon a Môn) FfCB – sef yr unig uned yn y gogledd a ddibynnai ar Bwyllgor Recriwtio Sirol. Codasai Bataliwn 18 FfCB bron 700 o ddynion mewn mis, ond 535 o ddynion yn unig oedd gan Fataliwn 14 ar 9 Ionawr 1915. Gellir dangos nad oedd teitlau'r bataliynau yn cynrychioli gwreiddiau'r dynion ynddynt bob tro gan yr uned hon. Ar ôl y ffigwr Ionawr hwn cododd ymchwydd o ymrestriadau yr aelodaeth i 1,309 o ddynion ar 1 Chwefror. Mae dadansoddiad o gyfeiriadau perthnasau agosaf y dynion a adawodd am Ffrainc yn gynnar yn Rhagfyr 1915 yn awgrymu mai 24% ohonynt a ddeuai o sir Gaernarfon a 9% o Fôn. Darparodd gweddill gogledd Cymru 26%, canolbarth a de Cymru 19.6%, Lloegr ac ardaloedd eraill 21.4% – a'r rhai olaf yn cynnwys nifer o gyfeiriadau Gwyddelig ac Unol Daleithiau America.

Mae'n hawdd dod i'r casgliad bod y recriwtwyr wedi cywain eu cynhaeaf o ardaloedd pell, ond rhaid cofio hefyd bod llawer o ddynion â'u gwreiddiau yng ngogledd-orllewin Cymru wedi canfod gwaith ym mhyllau glo'r de, neu yn Lerpwl, Llundain a mannau eraill. Roedd hi'n bosibl bod eu gwragedd a'u rhieni hyd yn oed hefyd yn byw yn y mannau hyn, ond pan ddaeth yn fater o ymrestru mae'n sicr bod rhai wedi dewis uned Gymreig agosach at 'gartref'. Gwasanaethent wrth ochr eraill o gefndir a diwylliant tebyg – a hynny'n holl ethos bataliynau o fath y 'Pals'. Mae'n debygol, er hynny, bod y cynnydd sydyn yn recriwtiaid Bataliwn 14 yn ystod Ionawr yn deillio o ymdrech bendant i lenwi rhengoedd y bataliwn gyda dynion o ble bynnag yr oedd modd eu cael. Nodwyd yn Ebrill 1915 mai hanner yn unig o 7,000 o ddynion Owen Thomas oedd yn Gymry.

CADARNHAU: Ionawr i Fehefin 1915

Dyma'r cyfnod mawr o obaith y gellid ffurfio ail Adran, wrth i bob math o uned yn y CC lenwi a bataliynau pellach yn cael eu codi. Mor gynnar â Ionawr fodd bynnag lledawgrymai'r awdurdodau bod ffurfiadau wrth gefn yn bwysicach na'r rhai 'brwydrol', a deuai'u lleisiau'n fwy hyglyw wrth i amser fynd rhagddo. Yn y cyfamser roedd y ffurfiadau newydd yn cynnwys Bataliwn Arloeswyr ar gyfer yr Adran, yn codi'n bennaf o dde Cymru. Hefyd roedd y mudiad 'Bantam'.

Ymddangosodd y Bantamiaid gyntaf ym Medi 1914, pan awdurdodwyd Bataliwn 15 (Bantamiaid Penbedw) Catrawd swydd Gaer, yn apelio am ddynion oedd yn heini ac yn awyddus i ymrestru ond eu bod o dan safon taldra swyddogol. Roedd hi'n amlwg yn fuan bod llawer o Gymry a wrthodid gan ffurfiadau eraill yn ymuno â'r bataliwn hwn, gan fod hyd yn oed taldra consesiynol milwr troed Cymreig 5 troedfedd 3 modfedd yn rhwystr i lawer a gymhwysai'n hawdd ar leiafswm 5 troedfedd y 'Bantam'. Ddiwedd Tachwedd, gorchmynnwyd y recriwtwyr Cymreig i gau'r uned i wirfoddolwyr Cymreig yn sgil cwynion. Yn lle hynny, dechreuodd bataliwn 'Bantam' y Gatrawd Gymreig ei hun ffurfio yn Rhagfyr.

Yn Ionawr a Chwefror crëwyd tri bataliwn tebyg arall gan gynnwys Bataliwn 19 (Bantam) FfCB, a hwythau yn y pen draw yn ffurfio Brigâd 119 ym Mai 1915. Erbyn Gorffennaf cawsant eu symud o'r CC a'u hanfon i Adran 40 cyfan gwbl Bantam. Nododd un o'i swyddogion, Evan Beynon Davies, gwas sifil genedigol o sir Aberteifi a gomisiynwyd y Mawrth hwnnw o Fataliwn 15 (1 Cymry Llundain) FfCB, nad oedd yr elfen Gymreig ym Mataliwn 19 FfCB yn sylweddol; teimlai ei fod yn cynnwys dynion o ganolbarth Lloegr, Lerpwl a Manceinion yn bennaf. Ymddangosent iddo eu bod wedi cyrraedd Llandudno yn syth o'u mannau gwaith yn y pyllau a'r crochendai, yn fudr a blêr, a'r gwragedd llety yn gwrthod eu derbyn. Dysgodd fynd â hwy i'r Baddonau Cyhoeddus gyntaf, i dorri eu gwallt a rhoi lifrai iddynt, ac ar ôl hynny roeddent yn dderbyniol!

Dichon bod y Bantamiaid wedi cael eu henwi gyda

chyfeiriad at geiliogod bychain ond ymosodol, ond dangosai amser bod llawer ohonynt mewn gwirionedd o dan oed, wedi tanddatblygu'n gorfforol, neu'n gorfforol anghymwys: canlyniad bwyd ac amodau byw gwael plentyndod ym Mhrydain yn hwyr yn oes Victoria. Edrychai'r Fyddin yn amheus ar y 'corachod hyn mewn lifrai'. Wedi iddynt gyrraedd Ffrainc ganol 1916, roedd y rhai wrth gefn iddynt yn ddynion o daldra gwahanol i'r Bantam ac erydwyd eu harwahanrwydd.

Gwelwyd hefyd yn Ionawr benodi pennaeth Adrannol (gyda dyledus ddylanwad y Canghellor) ym mherson yr Uwch-frigadydd Ivor Philipps AS. Roedd bataliynau newydd hefyd yn cael eu codi ar ddechrau'r flwyddyn, gan gynnwys Bataliwn 17 FfCB a gafodd er gwaethaf penderfyniadau cynharach deitl '2 Gogledd Cymru', a'r Bataliwn 18 (2 Cymry Llundain) (Wrth Gefn) FfCB. Cafodd yr ail gymorth gan Bwyllgor Cymry Llundain, ond ni chodwyd yr un o'r lleill gan gyrff sifilaidd ac roedd yn anodd llenwi rhengoedd rhai unedau. Yn Ionawr codwyd nerth llawn pob bataliwn o tua 1,000 i 1,300 o ddynion, er mwyn darparu cwmni Wrth Gefn. Yn yr un modd ehangodd y canghennau magnelau, meddygol ac eraill eu sefydliadau o 25%. Gobeithid y byddai'r lluoedd wrth gefn hyn ymhen amser yn tyfu i faint uned lawn, o bosibl fel sail ar gyfer ail adran y CC. Yn y cyfamser cyflawnent bwrpas hyfforddi recriwtiaid tra oedd y cwmnïau a fodolai yn symud ymlaen ar lefel mwy datblygedig.

Yn ystod Ionawr ymunodd 6,000 o recriwtiaid – y ffigwr misol uchaf a gyflawnwyd gan y CC, ac a gododd ei nerth i tua 16,000 o ddynion. Tua dechrau'r mis roedd gan yr Adran (yn awr â'r teitl 43) nod sefydliadol o 15,626 ar draws y rhengoedd, a chryfder gwirioneddol o 12,244. Byddai hyn wedi cael ei gyflawni heblaw am godi'r rhif sefydliadol.

Yn Chwefror cyfarwyddodd Swyddfa'r Rhyfel y PCGC i

beidio â chodi unedau newydd tan i'r rhai cynharach gael eu llenwi. Er bod Brigâd 128 (Gogledd Cymru) 303 o ddynion yn brin ar 8 Chwefror (a'r ddwy frigâd arall hyd yn oed fwy na hynny), yn achos Bataliwn 14 (sir Gaernarfon a Môn) FfCB gwelsom pa mor gyflym y cyflawnwyd hynny, gan alluogi'r ffurfiadau 'Bantam' a rhai mwy newydd i ehangu. Ers diwedd y mis hwn cyraeddasai'r CC 20,000 o ddynion neu tua hanner ffordd at nod dwy Adran.

Ar yr adeg hon roedd Syr Ivor Herbert yn dal i ystyried yr hen syniad o lu cwbl arfog annibynnol Cymreig. Yng nghanol Chwefror drafftiodd femorandwm yn galw am ymgorffori'r holl unedau Cymreig gwahanol a recriwtiaid newydd i 'Garfan Gymreig Byddin Ei Fawrhydi', gydag un Arolygydd Gadfridog Recriwtio i ddileu'r holl gystadleuaeth rhwng y Llu Arbennig Wrth Gefn, y Tiriogaethwyr a'r Byddinoedd Newydd. Byddai canfasio am recriwtiaid yn dwysau, a gwybodaeth gywir yn cael ei gasglu parthed niferoedd y dynion yr oedd eu hangen i gynnal diwydiannau a gwasanaethau hanfodol. Beirniadodd y dulliau oedd yn dal i gael eu defnyddio i godi recriwtiaid Arbennig Wrth Gefn a Thiriogaethol, gan honni bod eu diffyg llwyddiant oherwydd 'nad yw'r awdurdodau milwrol wedi deall sut i ddefnyddio'r dulliau ar gael yn nhrefniadaeth gymdeithasol Cymru'.

Gwelodd diwedd Chwefror David Lloyd George yn ymweld â gogledd Cymru i archwilio'i Fyddin Gymreig ei hun, ac i wneud araith ym Mangor. Cyffyrddodd ei araith hirddisgwyliedig yma yn ei gadarnle ar ddrygau diod, ar gydweithrediad rhwng cyflogwyr a llafur a'r angen am benderfynoldeb i ennill y rhyfel, ond ei phrif bwynt oedd bod offer a pheirianwyr yn bwysicach na recriwtiaid.

Ar 1 Mawrth, Dydd Gŵyl Dewi oerllyd a gwyntog, roedd eisteddfod ac adolygiad mawreddog o Frigâd 128 ar y Promenâd yn Llandudno a gafodd sylw dyledus gan y wasg a'i ffilmio hyd yn oed: safai Lloyd George, y Cadfridog Syr

Henry Mackinnon o Reolaeth Orllewinol, yr Uwchfrigadydd Ivor Philipps, a'r Arglwydd Plymouth ar y podiwm gan ddal eu hetiau wrth i filoedd o filwyr orymdeithio heibio y tu ôl i fasgotiaid geifr Cymreig, ond yn bennaf heb reifflau. Roedd hefyd gyfarfod lleol o'r PCGC a fynychodd y Canghellor, lle trafodwyd Ail Adran y CC. Cyflwynodd Herbert ei gynigion recriwtio, a fersiwn ddiwygiedig ohonynt yn cael eu hanfon ymlaen at Reolaeth Orllewinol ar 3 Mawrth. Hefyd yn bresennol oedd yr Arglwydd Derby: o bosibl oherwydd bod syniad Herbert yn cynnwys cyfranogiad recriwtwyr swydd Gaerhirfryn.

Atebodd y Cadfridog Mackinnon ar 9 Mawrth. Cytunodd â chyfeirio holl recriwtiaid Byddin Newydd Gymreig trwy Adran 43 ar gyfer mudiad 'Byddin Genedlaethol Gymreig'. Cytunodd hefyd y dylai recriwtiaid gael eu cronni, ond eu bod wedyn i gael eu lleoli gan y Llu Arbennig Wrth Gefn er budd unedau'r Fyddin Barhaol yn gyntaf. Nid oedd y Tiriogaethwyr yn rhan o hyn. Anghytunai'r PCGC, ac anfonwyd memorandwm arall gan Herbert lle yr ehangodd ei thema wreiddiol, gan alw am ymgorffori'r Gwarchodwyr, y cafalri, y Corfflu Hedfan Brenhinol a changhennau eraill, ond cynigiodd i gryfhau'r Llu Arbennig Wrth Gefn ac unedau hŷn Kitchener yn unig, yn hytrach na symud y CC yn agosach at eu canolfannau – symudiad y teimlai na fyddai'n annog recriwtiaid Cymreig. Cytunai Mackinnon yn gyffredinol, ond aeth rhagddo i gwestiynu'r angen am Arolygydd Gadfridog Recriwtio (swydd y gallai Herbert fod wedi chwennych ei hun); ystyriodd y system recriwtio gyfredol yn ddigonol, a gwrthododd ystyried canolfan Wrecsam fel amgylchedd estron gan fod dynion newydd yno am ychydig ddyddiau'n unig cyn cael eu hanfon at eu hunedau. Gyda hynny, ciliodd y mater am gyfnod.

Yn ystod Mawrth 1915 ehangwyd y magnelwyr ond heb

ffurfio unedau newydd. Ar ei derfyn roedd aelodaeth y CC yn 22,700.

Yng nghanol Ebrill gofynnodd y PCGC i Swyddfa'r Rhyfel i orchymyn Rheolaeth Orllewinol i sefydlu Pwyllgorau Recriwtio Sirol lle nad oedd rhain yn bodoli. Yr ymateb oedd awgrym o gyfarfod gyda'r Arglwyddi Lefftenant Cymreig i geisio dileu cystadleuaeth: peth amhosibl braidd o gofio y berthynas flaenorol rhyngddynt. Wrth roi'r syniad o'r neilltu ym Mai, dechreuai'r PCGC sylweddoli'n raddol nad oedd Ail Adran neu Gorfflu yn mynd i ymddangos, er gwaethaf cryfder lluoedd wrth gefn y PCGC. Gwelodd Ebrill un uned beirianyddol newydd yn unig yn ychwanegol, a'r mudiad erbyn hynny'n 26,300 o ddynion.

Ym Mai roedd pryder cynyddol am arfau rhyfel, gan fod ymosodiadau Prydeinig ar y Ffrynt Gorllewinol wedi chwythu eu plwc oherwydd prinder sieliau tân ffrwydrol oedd yn angenrheidiol ar gyfer unrhyw ymyrraeth dyngedfennol ar y maes brwydr newydd diwydianno. iawn. Sylweddolwyd bod llawer o ddynion gyda sgiliau wedi cael eu sugno'n ddiwahân i rengoedd y Fyddin, ac nad oedd Prydain wedi'i chyflyru ar gyfer economi ryfel fodern. Cafodd Kitchener rywfaint o'r bai a chollodd reolaeth nid yn unig ar gyflenwadau rhyfel ond fe'i gwthiwyd o'r neilltu fwyfwy parthed ei strategaeth. Yn lle hynny, ar 25 Mai symudodd David Lloyd George o'r Trysorlys i fod y Gweinidog Arfau Rhyfel cyntaf erioed. Gyda Deddf Arfau Rhyfel daeth yn anghyfreithlon i weithiwr arfau adael ei gyflogaeth heb ganiatâd, ac yn gynyddol gorfodwyd y Lluoedd Arfog i ryddhau dynion medrus yn ôl i'r pyllau a'r ffatrïoedd. Tyfai'r drafodaeth ar gonsgripsiwn yn ogystal.

Roedd Syr Ivor Herbert ymhlith y rhai a ddymunai gael asesiad o niferoedd y dynion ar ôl, ond roedd yn dal i weithio'n obeithiol ar gynlluniau newydd i uno'r elfennau milwrol Cymreig o dan ymbarel y CC. Rhagwelai ei gynllun newydd luoedd wrth gefn Adran 38 (Cymreig) yn cael eu trefnu fel system 'Ail Linell' y Tiriogaethwyr, yn darparu llif o atgyfnerthiadau hyfforddedig o wersylloedd parhaol yng Nghymru, dan swyddogion Cymreig. Cyflwynodd y syniad i Lloyd George ar 10 Mai, ond a hwnnw ar fin dod yn Weinidog Arfau Rhyfel, roedd ganddo bethau eraill ar ei feddwl, felly cymerai materion Cymreig ail le i ennill y rhyfel hyd yn oed gyda'i brosiect ei hun dan sylw. O hyn ymlaen roedd yn llai tebygol o gweryla gyda Swyddfa'r Rhyfel dros fudiad y CC, ac er gwaetha'i wreiddiau a'i ddaliadau Rhyddfrydol tueddai fwy at orfodaeth: safiad a wnaeth yn gyhoeddus erbyn Medi. Pan fygythiwyd bodolaeth y CC ychydig fisoedd yn ddiweddarach, roedd ei absenoldeb yn drawiadol.

O awgrymiadau Herbert, gwireddwyd llawer ohonynt rhywsut neu'i gilydd – ond heb iddo gymryd rhan yn y gweithredu. Pan adawodd Adran 38 (Cymreig) gogledd Cymru ar gyfer hyfforddi ar raddfa fwy ar Salisbury Plain ym Mehefin cyfunwyd ei gwmnïau wrth gefn FfCB i Fataliwn Wrth Gefn newydd – Bataliwn 20 (Wrth Gefn) FfCB – a'u brigadu gyda Bataliwn 18 a lluoedd wrth gefn hŷn yr unedau 'K4' gan gynnwys Bataliwn 12 (Wrth Gefn) FfCB. Wedi'u lleoli ym Mharc Cinmel ger y Rhyl gyda lluoedd wrth gefn eraill Cymreig, byddent yn darparu drafftiau, ond ni ddaethant yn Ail Adran. Gorchmynnwyd y magnelwyr wrth gefn i fod yn atodol i fagnelwyr wrth gefn Seisnig, tra bod Brigâd 119 (Bantam) wedi'u hanfon i Prees Heath yn swydd Amwythig. Gwelodd Mai hefyd greu Cwmni Beicwyr yng Nghonwy ar gyfer Adran 38, a chyrhaeddodd y CC rif o 29,660.

Ym Mehefin cyrhaeddodd y mudiad 35,000 o ddynion, ond dyma fis cyflwyno'r Mesur Cofrestru Cenedlaethol, fel cyfrifiad o'r dynion (a'r menywod) oedd ar ôl cyn ystyried gorfodaeth. Heb warchodaeth Lloyd George, yn wyneb galwadau dyddiol a chynyddol am drefnu dynion ac yn wyneb difaterwch Swyddfa'r Rhyfel, ar i lawr oedd dyfodol mudiad y CC o hyn ymlaen.

Mae ystadegau manwl ar gyfer y CC ar 30 Mehefin 1915. Ymrestrasai Bataliynau 13 i 19 FfCB gyfanswm o 10,453 o ddynion rhyngddynt [cyfanswm milwyr troed CC: 27,836]. O'r rhain, roedd 974 o ddynion wedi cael eu trosglwyddo (yn arbennig 607 o Fataliwn 13) [c.m.t. CC: 2,049]. Dim ond 5 dyn a fu farw [c.m.t. CC: 21]. Roedd 137 wedi ffoi, eto'n drawiadol 120 o ddwy uned Cymry Llundain [c.m.t. CC: 273]. Hefyd rhyddhawyd 1,021 o ddynion [c.m.t. CC: 2,908].

Roedd milwyr marchogol y CC – categori a gynhwysai seiclwyr, magnelwyr, Corfflu Gwasanaeth Byddin ac yn y blaen – wedi ymrestru 10,275 o ddynion a cholli megis uchod 2,463 ohonynt. Ar y cyfan ymrestrasai'r CC 38,111 o ddynion ond collasant 7,714 yn sgil amrywiol achosion.

Mewn geiriau eraill, roedd tua 20% o'r rhai a ymrestrodd i'r CC wedi cael eu colli'n barod am amrywiol resymau: o ryddhau rhai dan oed a chorfforol anghymwys, trwy drosglwyddiadau i unedau eraill neu hyd yn oed gomisiynu fel swyddogion, i ffoi a marwolaeth.

DIDDYMIAD: Gorffennaf 1915 ymlaen

Ddiwedd Mehefin gwrthodasai Swyddfa'r Rhyfel ganiatâd i fagnelwyr wrth gefn Adran 38 (Cymreig) i gael eu defnyddio'n sylfaen ar gyfer Ail Adran, a pharhaodd i droi clust fyddar at ffurfio magnelwyr wrth gefn Adrannol mor hwyr â Hydref. Teimlid gan un cofnodydd ym Mehefin bod yr ysgrifen ar y mur:

> It will thus be apparent that the Welsh Army Corps is to be split up. It will certainly lose its distinctive National character ... the Welsh Army Corps, under whose

auspice recruiting in Wales has become a remarkable success, has been refused authority to raise further new units. The War Office appears to be determined upon forming Reserves. It has been found ... that this is not a popular or attractive method ... The Welsh Army Corps should insist upon completing the Second Division, as it is indisputable that recruiting in Wales will languish if it ceases to possess that essentially National character which the ... Committee has given to it.

Ar 14 Gorffennaf adroddodd y PCGC i'r Cadfridog Mackinnon bod craidd Ail Adran wedi cael ei ffurfio, ac y gallai recriwtio ddioddef pe na bai'r corff newydd yn cael ei gymeradwyo. Cyflwynwyd y mater i Gyngor y Fyddin, a chytunodd y PCGC i dderbyn ei ddyfarniad. Erbyn diwedd y mis cyraeddasai cyfanswm y CC 40,000 o ddynion, y nod a osodwyd y Medi blaenorol. Roedd Adran 38 (Cymreig) yn gyflawn o safbwynt rhif sefydliadol ar 9 Awst.

Roedd Awst yn fis prysur a chwyddodd y niferoedd wrth gefn ond ni alwodd Syr Ivor Herbert (yn awr yn Gadeirydd y PCGC), gyfarfod yn ystod y cyfnod hollbwysig hwn. Daethai'r Ddeddf Gofrestru Genedlaethol yn gyfraith a'r diwrnod cofrestru oedd 14 Awst ac fel cefnogwr brwd y cyfrifiad dynion hwn, mae'n bosibl bod ganddo bethau eraill yn mynd â'i amser.

Ymatebodd eraill yn ei absenoldeb: roedd Swyddfa'r Rhyfel yn y broses o gymryd rheolaeth dros bob uned Byddin Newydd a godwyd yn lleol, ac ar 10 Awst ysgrifennodd O. W. Owen at Lloyd George i ddweud wrtho fel yr ysgrifennydd y byddai PCGC yn peidio â gweithredu o'r wythfed ar hugain. Gan fod y rhifau dros ben ar gael i gychwyn Ail Adran ar y pryd yn 9,168 o ddynion, cynigiodd Owen ymgyrch recriwtio derfynol i lenwi'r lleoedd gwag cyn i'r holl rym gael ei gipio o ddwylo'r PCGC. O fewn ychydig ddyddiau roedd y wasg Gymreig yn rhoi gofod i apêl gan Owen am rhwng 6,000 ac 8,000 o ddynion er mwyn cwblhau prif gorff Adran newydd Gymreig, er y cydnabyddid na fedrid codi unrhyw unedau newydd. Ymddangosai mai'r syniad oedd i'r PCGC barhau i helpu recriwtio ar gyfer bataliynau dan reolaeth Swyddfa'r Rhyfel. Ar 18 Awst roedd yr ysgrifennydd hefyd wedi ceisio ennyn diddordeb Rheolaeth Orllewinol mewn cynllun i chwilota ardaloedd amaethyddol Cymru am recriwtiaid ar ôl i'r cynhaeaf orffen ym Medi. Roedd rhaid cynnal apêl gyfochrog i godi £4,000 yn erbyn y prinder yng Nghronfa Offer CC cyn i Swyddfa'r Rhyfel gymryd rheolaeth.

Roedd recriwtio yn isel ledled Prydain yr haf hwnnw, wrth i'r ysbryd gwirfoddol wanhau'n ddirfawr. Yn ystod Awst a Medi casglodd y CC 2,000 yn unig o recriwtiaid, o bosibl oherwydd gwrthodiad Swyddfa'r Rhyfel i gychwyn unedau newydd. Yn sicr roedd y PCGC yn argyhoeddedig mai dyna oedd y gwir. Dechreuai 'ysgrifau coffa' ymddangos yn y wasg Gymreig, yn nodi natur unigryw y CC ond yn mynegi dryswch llwyr ynglŷn â thynged yr Ail Adran o gofio bod y Gyntaf mor llwyddiannus.

Ymatebodd Rheolaeth Orllewinol ar 23 Awst i gynnig ymgyrch recriwtio amaethyddol Owen trwy ddweud bod Swyddfa'r Rhyfel yn cynllunio'i hymgyrch ei hun yn Hydref, gan wrthod unrhyw gynllun â thuedd unigryw Gymreig.

Ym Medi nid oedd sôn am gyfarfod PCGC, er dicter llawer o aelodau. Fodd bynnag rhoddwyd swyddogaeth dilladu recriwtiaid i'r lluoedd wrth gefn Adrannol 38 (Cymreig) i'r Pwyllgor. Penodwyd byrddau i reoli'r unedau a godasai'r PCGC. Wrth i Gynllun Derby nesáu gobeithid y byddai'r Pwyllgor yn cael rhan i'w chwarae, er bod cyfarfod yn hanfodol os nad oedd delfryd y CC yn mynd i chwalu trwy ddiffyg gweithgaredd. Erbyn dechrau Hydref roedd recriwtio i bob pwrpas wedi peidio. Roedd y Pwyllgor

'I'r Fyddin Fechgyn Gwalia!'

Recriwtio Seneddol a Llafur ar y cyd yn Llundain yn anwybyddu arbenigedd y PCGC a chynyddai teimlad y dylid symud Herbert o'i swydd os oedd am barhau i ohirio cyfarfodydd neu ymdrechion eraill i geisio achub y CC. I roi halen yn y briw, ymddangosai bod Swyddfa'r Rhyfel yn awdurdodi codi unedau Cymreig newydd gan gyrff y tu allan i'r PCGC, yn arbennig felly Bataliwn 23 (Arloeswyr Cymreig) Catrawd Gymreig y Lefftenant-Gyrnol David Watts-Morgan AS.

Daethpwyd i gytundeb ychydig ddyddiau ar ôl i Gynllun Derby ddechrau, pan alwodd Herbert gyfarfod pwyllgor o'r diwedd yn Llundain ar 27 Hydref. Roedd yr Arglwydd Derby yn bresennol, ac esboniodd safbwynt Swyddfa'r Rhyfel nad oedd angen unedau newydd, ac y dylid sianelu pob ymdrech at y lluoedd wrth gefn. Yn gyndyn, ond yn realistig, derbyniodd y PCGC hyn gan ildio olion olaf rheolaeth dros y lluoedd wrth gefn a godasent. Roedd recriwtio ar gyfer y CC wedi dod i ben er bod y Pwyllgor yn parhau â'i swyddogaethau dilladu.

Nid yw'r union nifer o ddynion a recriwtiwyd hyd hyn yn hysbys. O 42,000 ddiwedd Medi, honnid yn ddiweddarach bod y nod delfrydol o 50,000 o ddynion mwy neu lai wedi'i gyflawni. Nid oedd y cyfanswm yn derfynol tra bod dynion yn dal i ymuno â chyn-unedau'r CC, ond amcangyfrif rhesymol o'r sefyllfa yn hwyr yn Hydref fyddai tua 45,000 o recriwtiaid.

Ar nodyn terfynol, hysbysodd y PCGC Rheolaeth Orllewinol fod y system recriwtio Barhaol wedi methu a bod eu dulliau hwy'n well o lawer – ac yn wir ymddangosai'n sylfaen i Gynllun Derby. Yn bendant daeth canfasio tai fel prif ddull y Pwyllgorau Sirol yn gyffredin, ond nid oedd yn unigryw i'r CC. Enwodd y wasg yn llawen, fodd bynnag, system Derby fel 'Cynllun Ivor Herbert' gan y cofient iddo weithredu'n yr un modd yn sir Fynwy yn 1914. Cynhwysai'r papurau newydd ar 28 Hydref hefyd addewid yr Arglwydd Derby i'r PCGC y gallai ardystwyr ddal i ddewis gwasanaethu mewn unedau Cymreig, yn ogystal ag addewid y Pwyllgor y dalient i gynorthwyo recriwtio.

Wrth i ddynion 'Derby' heidio i mewn yn ystod Tachwedd, daliai'r wasg i'w hannog i wirfoddoli i wasanaethu gyda chyn-unedau'r CC. Ymosododd papur newydd y *London Welshman*, yn enwedig, yn chwyrn ar yr awdurdodau a oedd yn honedig wedi dwyn gwarth ar Gymru a bradychu'r CC, trwy israddio'r Brigadydd-Gadfridog Owen Thomas a swyddogion eraill i swyddi gyda'r lluoedd wrth gefn ym Mharc Cinmel.

Ar 28 Tachwedd archwilwyd Adran 38 (Cymreig) gan y Frenhines Mary mewn glaw trwm ger Caer-wynt, a dechreuasant fyrddio llongau i Ffrainc. Roedd datgysylltiad Lloyd George o hyn yn amlwg pan anfonodd ei ferch i'w gynrychioli. Wrth i'r bataliwn ddechrau'i thaith i feysydd y gad, gorchmynnid recriwtwyr Cymreig yn y dyfodol i anfon pob recriwt FfCB yn uniongyrchol at y Llu Arbennig Wrth Gefn yn Litherland ger Lerpwl, ac yn ddiweddarach i ganolfan Wrecsam. Felly gwadwyd mynediad i gyn-unedau wrth gefn y CC i wirfoddolwyr Derby, a'u lleoli fel y gwelai'r Fyddin Barhaol yn briodol.

Crëodd y milwyr wrth gefn yng Nghinmel nifer o unedau newydd i ymdopi â mewnlifiad dynion Derby. Adfywiwyd teitlau unedau am gyfnod byr, pan enwyd Bataliwn 21 (Wrth Gefn) FfCB yn 'Fataliwn Ffermwyr' mewn ymgais i ddenu gweithwyr amaethyddol. Yn yr un modd enwyd Bataliwn 22 (Wrth Gefn) FfCB yn 'Fataliwn Gwynedd' a'i Gymreictod yn cael ei hysbysebu yn y wasg. Gosodwyd y grwpiau 'Derby' cyntaf a alwyd i fyny yn Ionawr 1916 yn y bataliwn hwn. Ond gallai dynion o ogledd-orllewin Cymru ganfod eu hunain wedi'u harwyddo i gatrodau Cymreig eraill gan fod angen llenwi'r rheiny. Ni roddodd y PCGC ond y mymryn lleiaf o gymorth i godi'r unedau newydd.

Un ffurfiad newydd oedd 'Cwmni'r Myfyrwyr Cymreig, Corfflu Meddygol Byddinol Brenhinol' a godwyd gan Owen Thomas a'r Parchedig John Williams, Brynsiencyn yn Ionawr 1916 o fyfyrwyr, diwinyddol Cymraeg o enwadau amrywiol a fu tan hynny'n gyndyn i recriwtio, a rhai gwirfoddolwyr a oedd wedi'u hordeinio'n barod ac athrawon. Honnir iddynt gael addewid o swyddogion Cymreig, derbyn hyfforddiant yng Nghymru ac aelodaeth o Adran 38 (Cymreig). Casglodd y cwmni 240 o wirfoddolwyr mewn un diwrnod ar ddeg ond cafodd ei symud yn fuan i Sheffield ac yna'u gwasgaru, llawer ohonynt i Ffrynt Salonika.

Wrth i 1916 rygnu ymlaen gwnaethpwyd nifer cynyddol o gwynion bod dynion o gyn-luoedd wrth gefn y CC yn cael eu drafftio nid yn unig i fataliynau Parhaol neu Diriogaethol, ond hefyd i unedau Seisnig neu rai eraill. Tan ddiwedd cynllun Derby yn gynnar ym Mawrth, ymddangosai hysbysebion yn aml yn atgoffa darpar-recriwtiaid y gallent ddewis gwasanaethu gydag unedau Cymreig yn unol â'r addewid a wnaethpwyd i'r PCGC y Medi blaenorol. Fodd bynnag, mater arall oedd a fyddent yn cael eu hanfon o'r lluoedd wrth gefn Cymreig i unedau maes Cymreig.

Yn Ebrill anfonodd yr Arglwydd Kitchener lythyr terfynol, cynnes o ddiolch i'r PCGC am ei ymdrechion yn codi Adran 38 (Cymreig) a Brigâd 119 (Bantam). Er gwaetha'r ffaith nad oedd yn hoff o'r mudiad a'i sylfaenydd, nid oes rheswm i amau ei fodlonrwydd gwrioneddol â nifer y gwirfoddolwyr a gyflawnid.

Gwelodd Mai 1916 ymestyn gwasaneth milwrol gorfodol i ddynion priod, a chafodd yr awdurdodau bwerau diderfyn mwy neu lai i drosglwyddo milwyr i ble bynnag yr oedd eu hangen. Gwelsai un cyfnodolyn ym Môn y Ddeddf hon, yn hytrach na'i rhagflaenydd yn Ionawr ar gyfer dynion sengl, fel 'diwedd y Corfflu Cymreig'. Mae ystadegau terfynol yn datgan erbyn diwedd Mehefin 1916, bod 55,000 o ddynion wedi pasio trwy unedau a godwyd gan y PCGC, yn cynnwys y lluoedd wrth gefn.

Y Medi hwnnw collodd y milwyr wrth gefn eu cysylltiadau catrodol, a dod yn fataliynau dienw wedi'u rhifo i'r Llu Hyfforddi Wrth Gefn ac yn ddiweddarach bataliynau Graddedig ac yn y blaen. Daliai'r PCGC i helpu eu dilladu. Yn 1917 trosglwyddodd yr Arglwydd Derby y gwaith recriwtio i'r awdurdodau sifil o dan Weinyddiaeth Gwasanaeth Cenedlaethol – symudiad a groesawyd yn druenus gan yr hyn oedd yn weddill, o'r PCGC fel rhywbeth unol â'u syniadau hwy yn 1914–15. Llusgodd y Pwyllgor ei bresenoldeb niwlog ymlaen at ddiwedd y rhyfel.

Fel y crybwyllwyd, ni chymerodd Adran 38 (Cymreig) ran weithredol arbennig tan Gorffennaf 1916, pan lwyddodd wedi rhywfaint o ddryswch dechreuol i gipio Coedwig Mametz, y goedwig fwyaf ar y Somme, mewn dau ddiwrnod erchyll o ymladd. Gwelodd y Fyddin, fodd bynnag, y camgymeriadau'n unig, ac israddio'r bataliwn (a ddioddefodd bron 4,000 o golledion) i filwyr dal y llinell. Flwyddyn yn ddiweddarach yn Pilckem Ridge, Ypres ymladdodd yn llwyddiannus yn yr ail ymosodiad, dim ond i'w hanfon wedyn i le anghysbell arall. O safbwynt milwrol, ni chyflawnwyd ei phosibiliadau tan dri mis olaf y rhyfel, pan ddaeth yn un o Pataliynau mwyaf effeithiol y Fyddin Brydeinig ar y maes. Daeth hynny, hefyd, ar gost: erbyn diwedd y rhyfel dioddefasai'r Adran tua 29,000 o golledion.

Gorweddai cysgod rhyfel yn drwm ar Gymru, fel y tystia'r rholiau er anrhydedd a'r cerrig coffa o'r rhyfel gydag enwau dynion wedi'u ysgythru arnynt. Swyddogaeth olaf y PCGC oedd i gyfarfod yn 1921 a chynllunio cofeb i'r dynion a godasent: plac tairieithog Ffrangeg-Cymraeg-Saesneg y tu mewn i'r Eglwys Babyddol fechan ym Mametz (gwrthodwyd y bwriad cyntaf, sef ei ymgorffori yn yr allor, gan ei fod o bosibl yn tramgwyddo Anghydffurfwyr). Yn Hydref 1924, ddeng mlynedd ar ôl dechrau mudiad y CC, fe'i cysegrwyd o'r diwedd. Cymerodd drigain mlynedd arall i enw da 'Byddin Lloyd George' gael ei adfer, ac i gerflun modern o Ddraig Goch Gymreig gael ei godi yn 1987 yn edrych dros y coed a aildyfodd ym Mametz.

YN EISIEU.
RECRIWTS i'r 6ed Battaliwn o'r Royal Welsh Fusiliers trwy ystod y Rhyfel

BWYD-RESTR AM YR WYTHNOS YN DECHREU HYDREF 17eg, 1915.

DYDD.	PEN-BOREU.	BOREUFWYD.	CINIAW.	TE.	SWPER.
SUL.		Uwd, Te Bara a Menyn, Stec wedi ei Ffreio, Wynwyn.	Cig Rhost, Pytatws, Moron Coch. Jam Roll.	Te, Bara a Menyn, Gerllyg (Tinned), Cwstard.	Cawl, Pys.
LLUN.	Coco a Biscuits.	Uwd, Bara a Menyn, Bacwn.	Pastai Gig, Pudding Plwm.	Te, Bara a Menyn, Jam a Chacen.	Cawl, Tomatoes a Chips.
MAWRTH	Te a Biscuits.	Uwd, Te, Bara a Menyn, Saussages.	Cig Rhost, Pytatws, Pudding Bara.	Te, Bara a Menyn Penwig a Tomatoes.	Cawl, Ffagbys.
MERCHER	Coffi a Biscuits.	Uwd, Te, Bara a Menyn, Bacwn.	Lobscows a Dumplings.	Te, Bara a Menyn a Beef Roll.	Cawl.
IAU	Coco a Biscuits.	Te, Bara a Menyn, Penwaig Ffresh.	Pastai Gig, Currant Roll.	Te, Bara a Menyn a Chacen Jam.	Cawl Pys.
GWENER	Te a Biscuits.	Uwd, Te, Bara a Menyn, Bacwn a Iau.	Cawl Pytatws, Pys, Pudding Ffigys.	Te, Bara a Menyn, Bloaters.	Tomatoes a Chips.
SADWRN	Coffi a Biscuits.	Uwd, Te, Bara a Menyn, Beef Riasoles.	Cig Rhost, Pytatws, Cauliflower, Pudding Bara.	Te, Bara a Menyn, Salad.	Cawl Pys.

J. J. ENIGHT, Captain,
President Regimental Institutes 3/6th R.W.F.

Hysbyseb gan y 3/6ed Bataliwn RWF (Tiriogaethwyr) o'r Genedl Gymreig 26 Hyd. 1915 yn dangos y fwydlen am yr wythnos, er mwyn perswadio recriwtiaid a'u teuluoedd y buasent yn cael eu bwydo'n dda

Pennod 7

Y Galwad am Ddynion: Hysbysebu a Chyhoeddusrwydd

Roedd hysbysebu yn rhan hanfodol o'r ymgyrch recriwtio. Roedd rhaid darbwyllo dynion i wirfoddoli i wasanaethu, ac i'r diben hwnnw defnyddiwyd y wasg argraffu – trwy gynhyrchu papurau newydd, a hefyd cylchgronau, llyfrau, taflenni, pamffledi a phosteri yn eu lluoedd. Defnyddiwyd gorymdeithiau ffordd, Rholiau Gwasanaeth cyhoeddus, oll fel modd o ddarbwyllo dynion oedd ar gael bod eu lle yn y rhengoedd *khaki*.

Papurau Newydd
Yn 1914 papurau newydd oedd y brif ffynhonell gwybodaeth, boed yn bapurau trymion dyddiol fel *The Times*, y rhai tabloid fel *The Daily Mirror* neu'r wythnosolion a'u cylchrediad mwy lleol. Roedd llyfrgelloedd, ystafelloedd darllen a lleoliadau eraill ar gael i ddarllen cyfnodolion nad oedd gweithwyr cyffredin yn medru eu fforddio. Fel arall, roedd rhannu papur newydd ail-law yn eithaf derbyniol. Ceid y papurau wythnosol yn Gymraeg a Saesneg, gan roi sylw i newyddion rhanbarthol, cenedlaethol a rhyngwladol, gyda rhwydwaith o ohebwyr yn cyfrannu eitemau lleol. Cyhoeddai'r enwadau crefyddol yng Nghymru eu papurau wythnosol eu hunain hefyd. Cyhoeddid cylchgronau, misol yn aml, yn y ddwy iaith.

Ni ddefnyddiai'r papurau benawdau bras: cynnwys y dudalen flaen a mwy oedd hysbysebion a rhybuddion wedi'u gwasgu'n glòs, a'r gwir newyddion yn ymddangos erbyn tua'r drydedd dudalen ymlaen. Ar y tudalennau mewnol oedd hanes cychwyn y rhyfel fwyaf mewn hanes hyd yn oed. Roedd gan newyddion cyffredinol flaenoriaeth dros faterion lleol. Ar y cyfan roedd golygyddion yn awyddus i gynnwys newyddion rhyfel ac erthyglau cysylltiedig ac i adrodd ar yr agweddau lleol, gan mai dyma a werthai'r papurau. Gyda Phrydain mewn rhyfel, roedd hi hefyd yn wlatgarol i roi cyhoeddusrwydd brwdfrydig i ymdrech y rhyfel.

Ceisiai'r cyfnodolion anghydffurfiol fod yn fwy niwtral ar y dechrau. Llwyddodd wythnosolyn y Methodistiaid Calfinaidd *Y Goleuad* i fod yn llai na brwd am y gwrthdaro am tua thair wythnos, cyn i'r hanesion cynyddol am yr erchylltra yn erbyn sifiliaid gwlad Belg fod yn gatalydd i'w symud fwy at gefnogi'r rhyfel.

Roedd newyddion y rhyfel a'r propaganda cysylltiedig ei hun yn hysbyseb ar gyfer y lluoedd arfog. Roedd erthyglau am suddo'r *Lusitania*, neu'r hanesion dychrynllyd am erchyllterau honedig yng ngwlad Belg yn eithaf digon i ddenu rhai dynion i gerdded i mewn i swyddfa recriwtio.

Un ffurf gynnar o apêl oedd llythyrau i'r papurau newydd. Yng nghanol Medi 1914 cyhoeddwyd llythyr agored mewn sawl wythnosolyn wedi'i gyfeirio at 'WŶR MEIRION' a'i arwyddo gan Syr Watkin Williams-Wynn, Syr Henry Robertson (Uchel Siryf Meirionnydd) a'r cenedlaetholwr Cymreig a'r addysgwr O. M. Edwards o Lanuwchllyn. Gan feirniadu diffyg ymateb y sir, apeliodd at ddynion ifanc: 'I amddiffyn eu gwlad a'u cartrefi, ac i amddiffyn rhyddid. Pwy sydd ddigon gwladgarol i ymuno a'r Fyddin gartre ... I amddiffyn ein gwlad ... neu a'r fyddin sy'n ymbaratoi i groesi'r mor?' Gwelwyd eitem debyg yn *Y Goleuad*, wedi'i arwyddo gan nifer o weinidogion blaenllaw. Hawliodd Pwyllgor Recriwtio Dwyrain sir Ddinbych yng ngwanwyn 1914 bod cyhoeddi nodyn yn annog ymrestru ym Mataliwn wrth gefn 2/4 FfCB wedi cynaeafu 150 recriwt.

Roedd yr hysbysebion recriwtio swyddogol cyntaf i ymddangos yn y wasg yn ffeithiol foel, ac yn aml yn Saesneg wrth ymddangos mewn papurau Cymraeg hyd yn oed. Cydryddhawyd nodyn o'r fath wedi'i ddyddio 3 Medi 1914 (a'i gyhoeddi 19 Medi yn *Y Genedl Gymreig*) gan Gymdeithasau Tiriogaethol Môn a Chaernarfon yn cynnwys gwahoddiad digyffro am 'ddynion da ... i ymuno a gwneud eu hunain yn effeithiol yn y rhengoedd.' Atodwyd rhestr fer o recriwtwyr a chyfeiriadau'u swyddfeydd. Ar y cychwyn ymddangosai bod mwy o gyhoeddusrwydd yn cael ei roi i unedau newydd fel y Marchoglu Cymreig, a oedd yn cael ei hysbysebu yng ngwasg Môn erbyn 12 Awst nag i Fyddin Newydd Kitchener.

Ymddangosodd un o hysbysebion cyntaf y Fyddin Newydd ar 14 Awst yng nghyfnodolyn yr Eglwys Anglicanaidd yng Nghymru *Y Llan a'r Dywysogaeth*. Ymwrthodai'r cyfnodolion anghydffurfiol Cymraeg yn dduwiol â chyhoeddi'r fath eitemau milwrol swyddogol ond yn fuan cefnogent yr achos gyda defnydd arall. Cyrhaeddodd Y Fyddin Newydd dudalennau'r *Genedl Gymreig* ar 25 Awst, gyda datganiad (Saesneg) o safonau oed a rhestr o recriwtwyr. Dichon y teimlid nad oedd angen dim byd mwy cymhleth ar y pryd. Rhedai hysbyseb yn gynnar ym Medi mewn termau noeth: 'Join the 7th Reserve Battalion Royal Welsh Fusiliers Territorials – YOUR COUNTY REGIMENT – Full information at the Armoury, Welshpool ... – JOIN NOW – Don't wait but be a Volunteer – GOD SAVE THE KING.'

Noddodd Pwyllgor Recriwtio Ffestiniog hysbyseb Gymraeg ym mhapur lleol *Y Rhedegydd* ar 26 Medi. Dan bennawd 'Apêl at Feibion Meirion' rhestrai resymau pam y dylent wirfoddoli: cymryd rhan mewn rhyfel dros genhedloedd bychain, gwrthwynebiad at greulondeb a barbareiddiwch y gelyn ac amddiffyn y genedl a chenedlaethau'r dyfodol. 'Feibion Meirion, ystyrriwch y rhesymau hyn er mwyn EICH GWLAD-EICH

ANRHYDEDD – EICH TRADDODIADAU GOREU.' Trech angau na chywilydd oedd y neges yn amlwg, wedi'i thanlinellu trwy ddyfynnu llinellau o gerdd gyfarwydd 'I Blas Gogerddan' gan John Ceiriog Hughes (1832–87). Mae'n adrodd ymateb mam i'w mab yn ffoi o'r frwydr a'i yrru'n ôl i ymladd, a'i gorfoledd yn nychweliad ei gorff – un arwr – a oedd yn well na derbyn llwfrgi byw. Ymddangosodd cyfeiriadau at hyn mewn cerddi ac erthyglau a gyhoeddwyd o blaid y rhyfel, a gellir gweld ei dwy linell olaf ar gerrig coffa rhyfel hyd yn oed: 'Mil gwell yw marw'n fachgen dewr / Na byw yn fachgen llwfr.' Roedd hon, hyd yn oed o fewn safonau 1914, yn ddadl anarferol dros ymrestru.

Ymddangosai cynigion o farddoniaeth ryfelgar wrth i feirdd Cymru godi i'r her o fawrygu'r gwrthdaro. Argreffid cerddi Saesneg hefyd, neu gyfieithiadau Cymraeg ohonynt. Dechreuodd *Y Goleuad* ar nodyn chwithig, wrth i rifyn 14 Awst argraffu cerdd yn erbyn y rhyfel gan T. Gwynn Jones. Erbyn 25 Medi fodd bynnag roedd y naws wedi newid, gyda gofod yn cael ei roi i gynnig T. Gwernogle Davies, 'Germania! Germania!' o safbwynt hollol i'r gwrthwyneb. Dilynwyd hyn yn Hydref gan R. H. Jones a 'Dros Gartrefi'n Gwlad', a anogai ymrestru ar y sail y byddai'r Almaenwyr fel arall yn ymddwyn fel a ganlyn 'rhuthrant yn eu nwydau halog / I gartrefi gwlad'. Digon dinod oedd y rhain a darnau tebyg, ond cadwent y crochan i ffrwtian.

Nid oedd prinder defnydd arall chwaith. Er enghraifft, argraffodd wythnosolyn yr Annibynwyr Cymraeg *Y Tyst* ar 14 Hydref, faniffesto gan aelodau blaenllaw Undeb Cenedlaethol Eglwysi Efengylaidd Cymru yn apelio am wirfoddolwyr, wedi'i arwyddo gan Fethodistiaid Calfinaidd Cymreig amlwg – Thomas A. Levi, Athro Cyfraith ym Mhrifysgol Cymru, Aberystwyth; y Parchedig John Williams, Brynsiencyn; y Parchedig J. Gwynoro Davies, Abermaw; yr Annibynnwr a'r awdur o Genedlaetholwr

Cymreig Mr Beriah Gwynfe Evans, Caernarfon ac eraill. Pwysleisiwyd bygythiad goresgyniad mewn penawdau i godi braw, gan awgrymu y gallai'r gelyn lanio'n lleol hyd yn oed. Dyfynwyd tystion a dioddefwyr erchyllterau ar y cyfandir, a'r effaith gyffredinol yn creu pryder.

Roedd rhai hysbysebion mor rhyfedd â'r canlynol, wedi'u cynnwys yng ngholofnau 'Yn eisiau' *Yr Herald Cymraeg* ar 1 Ragfyr rhwng hysbysebion am ddefaid a morwyn gyffredinol: *'THE WELSH (CARNARVON) ROYAL GARRISON ARTILLERY require One SHOEING SMITH, One TRUMPETER. – Apply personally to Major Whiskin, Arvonia Buildings, Bangor.'*

Am sawl wythnos yn cychwyn ar 24 Tachwedd cyhoeddodd *Y Genedl Gymreig* hysbysebion Saesneg ar gyfer y Byddinoedd Newydd, er iddynt gael eu symud i safle flaenllaw ar y dudalen flaen erbyn 1 Rhagfyr. Dilynent batrwm tebyg: yn y cyntaf, gwelai'r darllenwyr restr o enillwyr Croes Victoria. Dywedwyd wrth arwyr cudd *'There is room for your name on this roll of honour ... Is your name to be known from one end of the world to the other as one of the Empire's bravest sons? ENLIST TO-DAY.'* Roedd hyn yn nodweddiadol o apeliadau'n cyfeirio at y bri i'w ennill, i'r gwrthwyneb i godi teimladau o gywilydd. Yr wythnos ganlynol ceid llun milwr yn pwyntio at restr gwirfoddolwyr er budd sifiliaid, a chywilydd yn ei drem. Anogwyd darllenwyr i ofyn i'w cyflogwyr gadw'u swyddi'n agored tra oeddent yn mynd i amddiffyn yr Ymerodraeth. Anelwyd y drydedd yn y set at y cyflogwyr, yn gofyn cwestiynau pigog iddynt a oeddent yn wironeddol helpu'u gweithwyr i ymrestru.

Roedd hyn yn rhwystredig i'r dynion hynny mewn rhai galwedigaethau hanfodol fel y rheilffyrdd, y gwasanaeth sifil a swyddfa'r post, oedd yn awyddus i ymuno ond a wynebai ddiswyddiad posibl o ymuno heb ganiatâd. Wynebai gweithwyr eraill ddiswyddiad am beidio ymrestru: un a ymffrostiodd am ddiswyddo gweithwyr cyndyn oedd Mr Johnson, darpar-ymgeisydd Torïaidd Arfon ac aelod o Gyngor Tref Llandudno, a oedd yn hollol gefnogol i wasanaeth gorfodol. Ar yr un pryd, dywedwyd bod chwarelwyr Dyffryn Nantlle yn dod o dan bwysau tebyg. Fodd bynnag, ynglŷn â phwysau, gallai papurau newydd hefyd anghytuno am yr hyn oedd yn addas. Ar 3 Hydref siaradodd *Y Rhedegydd*, a'i gylchrediad ym Meirionnydd, yn erbyn 'lluaws o ferched ffôl' a ymosodai ar ddieithriaid yn daer: 'Y llwfryn, pam nad ewch; amddiffyn eich gwlad?' neu'n rhoi plu gwyn iddynt. Teimlid nad oedd hyn o wasanaeth i'r wlad gan fod y gwawdio yn gweithio ar deimladau o gywilydd a bychanu yn hytrach na gwlatgarwch. Yn yr un modd ni ffafriai'r papur amharchu'r rhai a siaradai allan yn erbyn cyfarfodydd recriwtio. Roedd hyn yn groes i *The Rhyl and North Wales Weekly News* a anogai fenywod i roi plu gwyn ym mhocedi dynion ifanc oedd heb ymrestru.

Yn gynnar yn Chwefror, yn ychwanegol at yr hysbysebion Byddin Newydd ystrydebol roedd un Saesneg oedd yn gofyn '5 *Questions to men who haven't enlisted*.' Dyma fabwysiadu'r dechneg gywilyddio, gan ofyn i'w darllenwyr sut yr ymatebent i ymholiadau yn y dyfodol am eu gwasanaeth rhyfel neu am eu hadwaith o weld dynion eraill mewn lifrai. Diweddodd yn swta: '5. *What would happen to the Empire if every man stayed home LIKE YOU?*' Cyhoeddwyd apêl debyg yn ddiweddarach ar ffurf poster PRS yn y ddwy iaith.

'Hysbyseb' wahanol oedd 'Drama Recriwtio' arbennig gan Frederick Davies o Dal-y-sarn, yn ymddangos mewn rhannau yn y *Y Genedl* yn ystod Chwefror-Mawrth 1915. O dan deitl 'Morgan wedi listio', Morgan yw canolbwynt y plot – chwarelwr sy'n argyhoddi'i fam o gyfiawnder y rhyfel, cyn mynd yn ei flaen (gyda chymorth gweinidog anghydffurfiol) i wrthbrofi sylwadau negyddol eu cymdogion anwlatgarol. Yn rhyfedd, gwrthodir ein harwr fel milwr yn y pen draw ar sail meddygol, ond mae'n cymryd swydd clerc gyda'r lluoedd amddiffyn cartref. Ceisiodd y ddrama wynebu pwnc y cyndynrwydd honedig yn ardaloedd y chwareli i ymrestru, ac ailddatgan y cyfiawnhâd o gymryd rhan yn y rhyfel, a defnyddio gweinidog yn dwt i roi sêl cymeradwyaeth gymdeithasol a chrefyddol i ebychiadau senoffobig yr arwr. Awgrymodd hefyd y gallai'r llai heini hefyd wneud eu rhan.

Yn Ebrill cyhoeddodd *Y Genedl* rybudd ar gyfer Bataliwn newydd 17 FfCB, gan ddefnyddio enw'r Brigadydd-Gadfridog Owen Thomas a nodi'n gryf bod llawer o'r swyddogion yn siarad Cymraeg: 'Mae y Fattaliwn yn barod yn haner llawnl! Nac oedwch i gysidro'. Fe'i diwygiwyd ym Mehefin i hybu Bataliwn 19 FfCB, a godwyd i safonau taldra 'Bantam'.

Gyda hydref 1915 daeth Cynllun Derby, a chynnydd arwyddocaol mewn hysbysebion am wirfoddolwyr. Cyhoeddwyd Neges y Brenin ar 23 Hydref ar ddechrau'r Cynllun gan fwyafrif y cyfnodolion, a gafodd y blociau argraffu rai ddyddiau ymlaen llaw gyda gwaharddiadau llym rhag datgelu'r testun tan yr amser penodedig. Talodd rhai pwyllgorau recriwtio sirol Cymreig am hysbysebion yn annog dynion i ymuno o dan y System Grŵp, gan ddweud wrthynt na allai tribiwnlysoedd lleol eu cymhwyso i aros yn eu gwaith ar y pryd oni bai eu bod yn cynnig eu hunain. Mewn gwirionedd roedd yn well iddynt anwybyddu'r cyngor hwn, gan ei bod yn anodd iddynt dorri'n rhydd o'r Fyddin ar ôl cael eu hardystio.

Rhoddodd Capten J. J. Knight o Fataliwn 3/6 wrth gefn FfCB hysbysiad Gymraeg yn manylu ar brydau bwyd ei uned dros yr wythnos ganlynol. Rhoddai hyn sicrwydd i ymrestrwyr posibl (a'u teuluoedd) y caent eu bwydo'n dda gan y Fyddin. Yn yr un modd noddodd Bataliwn 20 Wrth Gefn FfCB ym Morfa Conwy hysbysiadau Cymraeg yn y wasg yn canu clodydd ei buddion i iechyd: 'Ychydig o amser yng ngwersyll Conwy wna y llencyn salw ac afrosgo yn wr cydnerth a sionc. Digonedd o fwyd o'r ansawdd goreu, a phob cysuron.'

Ceisiodd y ddau hysbysiad bwysleisio iechyd corfforol, gan ddefnyddio apêl wahanol ochr yn ochr â delweddau gwlatgarol a thactegau bwlio.

Rhoddwyd cyhoeddusrwydd pellach i apêl gan y Brigadydd-Gadfridog Thomas ar 20 Tachwedd am fwy o ymrestrwyr, pan drefnodd John Morris-Jones, Athro'r Gymraeg yng Ngholeg Prifysgol Gogledd Cymru, Bangor gystadleuaeth am gerdd ar ei alwad i'r frwydr. Roedd Thomas, bellach gyda Brigâd 14 (Wrth gefn) ym Mharc Cinmel, wedi penderfynu defnyddio hanes Cymru i ddenu'r dynion a geisiai:

> Ni throdd bechgyn Cymru erioed glust-fyddar i alwad eu gwlad. Pan yrrodd Llewelyn ein Llyw Olaf ac Owain Glyndŵr fflamdorch rhyfel allan rhuthrodd dewrion Cymru i ateb yr alwad ac i brofi eu gwladgarwch. Nid yw calonnau bechgyn Cymru heddyw yn llai cynnes nac yn llai dewr nag oeddent y pryd hwnnw. Gwn y bydd iddynt fel eu tadau gynt, ateb galwad eu gwlad. Canys galwad eu gwlad ydyw.

Roedd cyfeiriadau hefyd at Owain Glyndŵr, ac at y CC sef y llu Cymreig mwyaf arwyddocaol ers i'r Arglwydd Rhys o Ddinefwr arwain dynion de-orllewin Cymru i ymuno â Harri Tudur ym Mosworth yn 1485. Gyda golwg ar dawelu ofnau rhieni, clymwyd y gorffennol arwrol hwn â'i ffydd presennol oedd i raddau helaeth yn anghydffurfiol. Byddai digonedd o ddarpariaeth ysbrydol i'r milwyr yn ffurf caplaniaid Cymraeg ar gyfer gofal moesol, gwasanaethau a chyfarfodydd gweddi. Gyda'r llygad arall ar ar y lobi wrthfilitaraidd, awgrymwyd mai'r gymhariaeth agosaf oedd selotiaid Piwritanaidd Byddin Newydd Cromwell. Dywedodd Thomas hefyd bod diogelwch y genedl yn dibynnu ar drechu'r gelyn dramor:

> cedwir... y gorthrymwyr draw, y diogelir ein cartrefi tawel, y cedwir ein merched yn bur, a'n plant a'n henafgwyr rhag cael eu llofruddio.

Cyhoeddwyd y canlyniadau barddonol mewn nifer o bapurau newydd lleol yn hwyr yn Ionawr 1916, wedi i'r gystadleuaeth ddenu 92 cais yn Saesneg a 64 yn Gymraeg. Roedd y safon yn bur isel, ond enillydd y wobr o £5 oedd y Parchedig G. J. Jenkins, bardd coronog eisteddfodol a golygydd wythnosolyn y Bedyddwyr, *Seren Cymru*. Gellid canu'i gerdd 'Wŷr Ieuanc Cymru' i alaw gynhyrfus 'Ymdaith Capten Morgan'. Noda'r hysbysebion hyn ddiwedd swyddogaeth y papurau newydd i bob pwrpas yn yr ymgyrch recriwtio gyhoeddus.

Gyda gorfodaeth yn dechrau yn Ionawr 1916, gwastraff fyddai apeliadau pellach. Wrth gwrs, roedd y wasg o werth mawr yn yr ymgyrch gyhoeddusrwydd gyffredinol gan hysbysebu Bondiau rhyfel, apelio am fenywod i weithio yn y diwydiant arfau a lledu newyddion rhyfel yn gymysg â phropaganda. Ar y cyfan, fodd bynnag, roedd yr ymgyrch recriwtio wedi'i thrin yn ddi-hid gan y wasg: roedd yr hysbysebion yn ysbeidiol, o ansawdd gwael ac yn aneffeithiol i raddau helaeth. Roedd y ddibyniaeth ar gyfieithiadau o'r Saesneg gwreiddiol (ble na chynhwyswyd y Saesneg yn syml i bapur newydd Cymraeg) yn creu darllen trwsgl. Gellid fod wedi cael canlyniadau gwell gyda chynllunio gofalus, fel yn achos dylunio a dosbarthu gwell ar daflenni a phamffledi.

Taflenni a Phamffledi

Nid ffenomen Rhyfel Byd Cyntaf oedd taflenni recriwtio Cymreig: mor gynnar â 1803 yn ystod y Rhyfeloedd Napoleonaidd, roedd Gwirfoddolwyr Meirionnydd wedi cyhoeddi 300 taflen, ynghyd â 100 copi o anerchiad yn Gymraeg. Yn debyg i hysbysebion y wasg, gogwyddwyd yr enghreifftiau cynharaf o dafllenni a phamffledi recriwtio at y Fyddin Diriogaethol neu Newydd. Roeddynt yn seiliedig ar ffurflenni'r Fyddin cyn y rhyfel, a anelai at roi gwybodaeth yn unig i ymrestrwyr posibl, am dâl, lwfansau, pensiynau, oed, safonau taldra a thelerau gwasanaeth. Nid oedd angen mwy wrth i wirfoddolwyr lifo trwy'r system recriwtio. Yng Nghaernarfon yn Awst-Medi 1914, cynhyrchodd y Fyddin Diriogaethol fersiynau Cymraeg a Saesneg o'r fath daflen ar gyfer Bataliwn 6 (sir Gaernarfon a Môn) FfCB a'r Magnelwyr Garsiwn Cymreig Brenhinol 1 (Caernarfon), er heblaw am bennawd mewn ffont mawr a bras, nid oedd cyfeiriad arall atynt. Ar y diwedd, roedd brawddeg yn cyfeirio'n ysgafn at eu cystadleuwyr yn y Fyddin Newydd.

Ymddangosodd taflenni a argraffwyd yn breifat yn gynnar hefyd, ond yn aml heb ddyddiad arnynt. Argraffwyd un o'r rhain, *At y Cymry*, yn ddwyieithog ym Mangor yn 1914 gan gynnwys collfarnu dienw ar uchelgais yr Almaen, ei militariaeth, a'i herchyllterau honedig, tra'n beirniadu hefyd arafwch tybiedig yr ymateb Cymreig. Yr Athro John Morris-Jones o Goleg Prifysgol Gogledd Cymru Bangor mae'n debyg oedd yr awdur, a chynhyrchodd sawl eitem debyg wedi'u hanelu at ddenu ymrestrwyr neu hybu'r achos Prydeinig. Yn gyfaill agos a chefnogwr gwleidyddol i Lloyd George, enillodd ei safiad ar y rhyfel gefnogaeth Morris-Jones yn ogystal. Croesawyd academyddion o'i safon gan yr awdurdodau, a'u defnyddiai i gynhyrchu pamffledi safonol o blaid y rhyfel. Rhai eraill o'r Brifysgol a gynorthwyodd yn y gwaith hwn oedd Syr Harry Reichel a'r Athro E. V. Arnold, yn ogystal â R. Silyn Roberts o Fwrdd Apwyntiadau Cymru. Roedd Arnold yn gyfrifol am daflen yn hybu 'Bataliwn Prifysgol Cymru' yn gynnar ym Medi 1914.

Ar 19 Medi traddododd David Lloyd George ei araith fawr yn Queen's Hall, Llundain, a rhyddhawyd llif o lenyddiaeth recriwtio yn ei sgil. Argraffwyd darnau'n fuan o dan y teitl *Honour and Dishonour*, a newidiwyd yn ddiweddarach i 'Trwy Arswyd i Fuddugoliaeth' (hefyd fel *The Road Hog of Europe* a *The Rights of Small Nations*). Erbyn 26 Tachwedd nododd Frances Stevenson – ei ysgrifenyddes a'i feistres – bod dwy filiwn a hanner o gopïau wedi'u dosbarthu, a'i gyfieithu yn y pen draw i dair ar ddeg o ieithoedd Ewropeaidd. Cyhoeddodd *The Daily News and Leader* o Fanceinion fersiwn Gymraeg wedi'i chyfieithu gan W. J. Jones. Cynigiodd William Jones (AS Rhyddfrydol Arfon) ei gyfieithu ar gyfer y PRS yn Hydref a daeth i'r golwg yn Nhachwedd fel pamffled. Roedd graddfa lledaenu taflenni yn ystod y Rhyfel Byd Cyntaf yn fwy o lawer na phob ymdrech flaenorol. Roedd y PRS ei hun wedi cynhyrchu tair miliwn ar ddeg o daflenni erbyn Ionawr 1915, yn codi i ugain miliwn erbyn diwedd Mawrth.

Aeth y PCGC ati i ddarbwyllo darllenwyr o Gymreictod cynhenid y mudiad. I'r diben hwn cynhyrchodd chwe math o daflenni – dwy ohonynt yn deillio o araith Lloyd George yn Queen's Hall. Roedd y lleill, dwy yn Gymraeg a dwy yn Saesneg o ddyfyniadau honedig o anerchiadau gwlatgarol gan Dywysogion Gwynedd, Llywelyn ap Gruffydd a Dafydd ap Gruffydd, o tua 1282 yn ystod rhyfeloedd terfynol y goncwest Gymreig. Beth bynnag oedd ffynhonnell y dyfyniadau tybiedig hyn, nid oedd iddynt sail hanesyddol, gan wneud yr honiad argraffedig bod: 'Y geiriau hyn mor wir heddiw a phan gawsant eu hysgrifennu dros Saith Gan Mlynedd yn ôl', yn un gwag. Roedd yn rhyfedd hefyd pa mor addas bynnag y gallai'r datganiadau hyn fod gyda golwg ar yr

Almaenwyr yn 1914, y gelyn trahaus a sarhaus y cyfeiriai'r Tywysogion atynt oedd y Saeson wrth gwrs!

Cynhyrchodd gwasg y *Western Mail* bamffledi mwy sylweddol ar eu cyfer: adolygiad ffuantus a rhemp o wrth-Almaenig oedd *Bernhardi – Adolygiad gan John Morris-Jones* o lyfr y Cadfridog Friedrich von Bernhardi yn 1911, *Yr Almaen a'r Rhyfel Nesaf* oedd wedi ymddangos yng nghyfnodolyn JMJ *Y Beirniad* yng ngaeaf 1914. Yn yr un modd cyhoeddodd PCGC *The War* gan W. Llewelyn Williams (AS Rhyddfrydol Caerfyrddin) yn Gymraeg a Saesneg yn Nhachwedd 1914. Nid oedd Williams, newyddiadurwr a chyfreithiwr a helpodd sefydlu'r mudiad Cenedlaetholgar Cymreig *Cymru Fydd* yn 1891, wedi cyfnogi Rhyfel y Boer, ac yn gyndyn braidd y cefnogodd y rhyfel yn 1914 yn sgil goresgyniad gwlad Belg gan yr Almaen. Yn ddiweddarach daeth ei gysylltiad â Lloyd George i ben dros fater consgripsiwn yn 1916 a cheisiodd sicrhau triniaeth deg i wrthwynebwyr cydwybodol. Gyda John Morris-Jones ac O. M. Edwards sefydlodd Gymdeithas Dafydd ap Gwilym yn yr 1880au: gallai eu hymwneud llenyddol ac academaidd hir â'i gilydd fod wedi darbwyllo'r Williams ac Edwards blaenorol lugoer i gefnogi safle Prydain yn y gwrthdaro hwn.

Ar gefn pob pamffled PCGC roedd y manylion arferol am derfynau oed y Fyddin, tâl a thelerau gwasanaeth, tra'n canu clodydd rhinweddau perthyn i Fyddin Gymreig.

Ar 29 Medi anerchodd Lloyd George gyfarfod yn Neuadd Park, Caerdydd yn pleidio'r Corfflu Cymreig. Cyhoeddodd y *Western Mail*, *A New Welsh Army* fel ei 'Bamffled Gwlatgarol Rhif 2'. Roedd galw aruthrol am y math hwn o lenyddiaeth. Yn Nhachwedd 1914 gofynnodd Pwyllgor Sirol Môn am dros 2,000 o gopïau o bob pamffled PCGC. Mewn ymgais i ymateb i'r galw ledled Cymru, gofynnodd PCGC yn hwyr yn Nhachwedd i'r PRS yn

Llundain am 20,000 o gopïau o'u ddau fath ar bymtheg o daflenni. Cynhwysai'r rhain ddadleuon rhesymedig yn cefnogi rhan Prydain yn y gwrthdaro – un yn dwyn deitl *At y Cymry*, a gawsai'i gyhoeddi yn y ddwy iaith ym Medi, ac a gyfieithwyd o bosibl gan R. Silyn Roberts.

Yn Hydref 1914, rhyddhaodd *The Welsh Outlook, The European War*, eto'n ddwyieithog, a'i ddosbarthu am ddim i Gymdeithasau Tiriogaethol a phenaethiaid unedau Cymreig er mwyn hwyluso recriwtio. Yn rhan o'r ymdrechion i ennill cefnogaeth anghydffurfiol, cyfieithodd John Morris-Jones araith Lloyd George yn y City Temple Llundain yn Nhachwedd 1914, i'r Gymraeg hefyd o dan y teitl 'Eich Gwlad a'ch Ymdrechion', a diddorol yw nodi bod taflen recriwtio wedi cael ei darllen yn yr un mis yn ystod gwasanaeth yng Nghapel Calfinaidd y Tabernacl yn Llanrwst. Cyfrannodd cyfnodolion Cymreig eraill at roi cyhoeddusrwydd i recriwtio.

Er gwaethaf hyn oll, canfu arolwg yn hwyr yn Rhagfyr mai hysbysebion cyffredinol Byddin Newydd a Thiriogaethol yn unig oedd yn cylchredeg, a'r rheiny'n brin o unrhyw ddiddordeb Cymreig. Gallai'r 'Cynllun Deiliaid Tai' fod ar fai am hyn, a'r swyddogion recriwtio ochr yn ochr â hyn dan orchymyn i ddosbarthu sypiau sylweddol o lenyddiaeth gyffredinol.

Yn 1915 ceisiwyd dulliau newydd o roi cyhoeddusrwydd i fudiad y CC, ac yng nghanol Ionawr 1915 cynigiodd PCGC hyd at 500 copi o bob pamffled CC i awdurdodau addysg lleol i'w dosbarthu. Ymatebodd Môn yn ffafriol, ac addawyd 3,000 o gopïau i'w dosbarthu trwy ysgolion yr ynys. Ar yr un pryd, archebwyd 1,000 o bamffledi eraill ar gyfer Meirionnydd a 3,000 ar gyfer sir Gaernarfon. Yng nghanol Ebrill, cynigiodd y PRS yn ogystal 20,000 o gopïau i PCGC o araith Queen's Hall yn Gymraeg, a 40,000 o'u pamffled '*To Welshmen*', hefyd yn Gymraeg, am ddim. Dywedodd O. W. Owen yn llawen wrth Lloyd George yr anfonid 2,500 copi o'r pamffled cyntaf a 500 copi o'r ail at Gyfarwyddwyr Addysg wyth sir Gymreig (yn cynnwys siroedd Meirionnydd a Chaernarfon). Yn yr holl achosion hyn, y bwriad oedd i'r plant ysgol fynd â'r llenyddiaeth adref a'u darllen i'w rhieni. Yn Ysgol y Cyngor Llanfair Pwllgwyngyll, ymwelodd y Cyrnol wedi ymddeol Stapleton-Cotton mor gynnar â 11 Medi 1914 yn gofyn i blant gael mynd â thaflenni'n hysbysebu cyfarfod recriwtio i'r Byddinoedd Newydd adref.

Roedd cyrff ac unigolion eraill yn dosbarthu taflenni a phamffledi yn 1915. Yn Chwefror ymddangosodd erthygl 'ddienw' yn adargraffu erthygl o rifyn Gaeaf *Y Beirniad* ble mynegai'r awdur, er o dras Almaenig, ei anfodlonrwydd ag amcanion gwleidyddol y wlad honno. Yr awdur mewn gwirionedd oedd Syr Harry Reichel, Prifathro Coleg Prifysgol Gogledd Cymru, Bangor, a John Morris-Jones unwaith eto oedd y cyfieithydd.

Wrth i haf 1915 fynd rhagddo, cynyddai'r siarad am gonsgripsiwn. Roedd y CC yn llu ymarferol a gâi ei lyffetheirio gan y Swyddfa Ryfel, ond roedd PCGC yn brysur yn recriwtio i'r bataliynau wrth gefn pan ddechreuodd Cynllun Derby yn Hydref. Yn Lloegr, cymerodd taflenni dôn fygythiol neu o gywilyddio wrth i nifer yr ymrestrwyr ostwng. Ym Mehefin 1915, cymhellwyd rhai milwyr mewn uned Ail Linell Diriogaethol Gymreig i ysgrifennu at PCGC, yn cynnig dosbarthu llenyddiaeth recriwtio ymhlith dynion heb ymrestru yn eu hardal. Amheus oedd effeithlonrwydd ymgyrch y daflen, er bod ystadegau bron yn amhosibl i'w gwirio. Ym Mai 1915, datganodd un papur newydd bod dim llai na 30,000 o daflenni wedi cael eu dosbarthu mewn ffeiriau llogi amaethyddol yn sir Gaernarfon, yn gyfnewid am dri ar hugain yn unig o recriwtiaid.

Rhoddodd dyfodiad gorfodaeth yn 1916 ddiwedd ar ddosbarthu taflenni recriwtio'n annog ymrestru, ond ni buont farw fel dull o hysbysebu. Erbyn Hydref 1917, gellid gweld taflenni recriwtio Cymraeg ar gyfer Corfflu Atodol Byddin y Merched. Arweiniodd yr angen i roi gwybodaeth i ffermwyr at ddosbarthu miloedd o daflenni Cymraeg i bwyllgorau rhyfel amaethyddol, rhai â gorchymyn i'w darllen ym mhob man o addoliad, a llawer i'w dosbarthu gan blant ysgol.

Yn 1914, ystyriodd PCGC hefyd syniad o 'gân recriwtio', ac erbyn yn hwyr yn Hydref dewiswyd cerdd *Come Along, Can't You Hear?* gan D. M. Beddoes, oedd wedi ymddangos yn y *Western Mail*. Roedd Beddoes, llawfeddyg a hanesydd o Ferthyr Tudful, wedi diystyru ei gosod i gerddoriaeth yn gynharach, ac ofnai y gallai'i chyfieithu ei difetha. Yn fuan wedyn, gadawodd am yr Aifft lle gwasanaethodd yn Ysbyty'r Groes Goch yng Nghairo, a lle yr ailweithiodd y gerdd yn frwdfrydig wrth i PCGC ei mabwysiadu, 'er mwyn apelio yn y pen draw at gynulleidfa fwy nac ... y byddai un Gymraeg.'

Cyfansoddwyd y sgôr gerddorol gan Dr Vaughan Thomas, beirniad yn yr Eisteddfod Genedlaethol ac athro yn Ysgol Harrow. Gan anelu at 'rywbeth cynhyrfus', llwyddodd i anfon y gwaith at PCGC erbyn yn gynnar yn Nhachwedd. Cyhoeddwyd y gân yn Rhagfyr, ac erbyn Calan roedd Beddoes yn cael ei sicrhau ei bod yn llwyddiant mawr, er gwaethaf cyfieithiad dinod. Argraffwyd gan wasg y *Western Mail* a'i gwerthu am 1s y copi, ac roedd llun Lloyd George ar glawr 'Dewch Ymlaen, Oni Chlywch?' a threfniant ar gyfer piano gyda llais yn gyfeiliant. Addurnid y clawr cefn gydag wyth pennill y gerdd, a'r gyntaf yn rhedeg fel a ganlyn:

Ai ni chlywch yr ydgyrn alwant
O'r mynyddoedd hyd y môr,
'Dewch ymlaen, dewch ymlaen,
Y gelynion orymdeithiant

Fechgyn Cymru, ffurfiwch gôr
Dewch ymlaen, dewch ymlaen.'
Oni chlywch?

Gwnaeth y Brigadydd-Gadfridog Owen Thomas drefniadau am berfformiad o'r gwaith gan gôr milwrol yn Llandudno ar Ddydd Gŵyl Dewi, ond ni chafwyd sôn pellach amdani wedyn. Mae'n annhebygol iddi fod mor llwyddiannus ag yr awgrymwyd, a'r dôn heb fod yn ysgafn na 'phoblogaidd' ei blas. Aeth Vaughan Thomas yn ei flaen i gyfansoddi cân arall sef, *'Follow the Flag Welshmen'*, a gyhoeddwyd gan y *South Wales Daily Post* yn 1915, ond tynnodd hon lai fyth o sylw.

Posteri

Ar brynhawn 4 Awst 1914 gosododd yr heddlu bosteri byddino swyddogol ar waliau ledled y wlad yn galw ar filwyr wrth gefn, gan olygu mai'r poster oedd y dull cyntaf o alw dynion i ryfel. O fewn dyddiau arweiniodd dyfodiad y Fyddin Newydd at lu o bosteri lled swyddogol, y mwyaf cyfarwydd ohonynt yn bortread iconig Alfred Leete o'r Arglwydd Kitchener, a seiliwyd yn ei dro ar hysbyseb papur newydd. Er bod tebygolrwydd mawr i'r cynlluniau hyn fod wedi cael eu defnyddio yng Nghymru, nid oedd un ohonynt yn Gymraeg. Roedd a wnelo'r posteri cynnar, fel hysbysebion yn y wasg, fel arfer â rhestru safonau taldra a gwybodaeth ffeithiol arall. Hyd yn oed pan awdurdodwyd y CC yn Hydref 1914, ni ddilynodd dosbarthu posteri Cymraeg ar unwaith ac eithrio hysbysebion a argraffwyd yn lleol ar gyfer cyfarfodydd recriwtio. Dangosir effeithiolrwydd y cyfrwng gan adroddiad pan oedd Iwmoniaeth sir Ddinbych yn galw am 50 o ddynion ym Medi 1914, a hysbysiadau mewn ffenestri siop ym Mangor yn arwain at bedwar deg dau yn camu ymlaen o fewn pedair awr ar hugain.

Yn gynnar yn Nhachwedd 1914, dechreuodd PCGC ei ymgyrch bosteri trwy drefnu i swyddfeydd cyflogi i arddangos rhestrau o grefftwyr roedd gan gwmnïau Peiriannwyr Brenhinol CC eu hangen. Er mwyn mesur eu heffaith cylchlythyrwyd y swyddfeydd cyflogi Cymreig ar ddiwedd y mis, a'u hatebion yn dangos bod cyfran uchel heb arddangos unrhyw bosteri o gwbl. O'r naw swyddfa ar hugain a atebodd, nid oedd deunaw wedi arddangos posteri. Cwynodd Caernarfon am ddiffyg posteri y CC, ac am gyfnod roeddent wedi arddangos 'llythyrau ffwlscap y Corfflu Cymreig', ond mathau cyffredinol 'Kitchener' a'r Fyddin Barhaol yn unig oedd bellach ar ôl. Cyfaddefodd Wrecsam arddangos hysbysebion a gynhyrchwyd yn lleol ar gyfer Bataliwn 'Pals' Gogledd Cymru, a theipiad Saesneg dan deitl *'Your King and Country Need You'*.

Erbyn yr adeg hon, roedd y PRS wedi dechrau dosbarthu cyfres o bosteri recriwtio a gomisiynwyd yn arbennig, tua 100 math gwahanol erbyn diwedd y flwyddyn, ac yn eu plith y posteri swyddogol cyntaf yn Gymraeg. Syniad R. H. Davies, Clerc i'r PRS oedd hyn, ac ef oedd un o'r rhai'n gyfrifol am eu His-Adran Gyhoeddiadau. Erbyn y Flwyddyn Newydd, roedd y PRS wedi cyhoeddi dros filiwn o bosteri, ffigwr a ddyblodd erbyn diwedd Mawrth 1915. Cynigiwyd cynlluniau Cymraeg i'r PCGC gan PRS yng nghanol Rhagfyr 1914, ar adeg pan nad oedd proflenni'n bodoli ar gyfer y posteri. Ar ddiwedd y mis dosbarthodd PRS 7,000 o gopïau o ddau boster (Saesneg), ynghyd â 2,000 print pellach o gyfieithiad Cymraeg o un arall dan y teitl 'Dowch gyda mi, Fechgyn!' Cynigiwyd 5,000 copi pellach yr un o ddau fath Cymraeg arall os oedd sicrwydd o'u dosbarthu yn yr ardaloedd Cymraeg. Dyma'r cadarnhâd cyntaf o ddyddiad argraffu posteri Cymraeg swyddogol.

Roedd y rhain yn daflenni mawr lliwgar, a'r tri math cynharaf yn gyfieithiadau uniongyrchol o'r rhai gwreiddiol

Saesneg. 'Y Darn Papur' oedd teitl un a dangosai ffacsimili o Gytundeb 1839 yn gwarantu annibyniaeth gwlad Belg, ynghyd â sylwadau am ei hymwrthodiad honedig â'r Almaen. Dangosodd un arall ddarlun o'r diweddar ymadawedig Gadlywydd Maes Arglwydd Roberts, gyda'r neges 'Gwnaeth EF ei ddyledswydd/ A wnewch Chwi?' Yng nghanol y trydydd roedd llun o filwr yn gwenu o dan yr apêl 'Dowch gyda mi, Fechgyn!' Gyda'r cyfieithiadau hyn dosbarthwyd dau gynllun hanfodol Gymreig. Ar boster PRS Rhif 30 roedd ffris o gennin Pedr o gwmpas yr arysgrif ganolog 'Rhaid wrth BOB DYN gwerth ei gael – Ymrestrwch hyd ddiwedd y Rhyfel'. Roedd poster PRS Rhif 31 yn fwy trawiadol, yn dangos map llwyd o Gymru yn gefndir i'r neges lachar sgarlad 'I'R FYDDYN, FECHGYN GWALIA / Cas gwr nid cas ganddo elyn ei wlad / CYMRU AM BYTH!'

Mae'r pum cynllun hwn, wedi'u cynhyrchu bob un yn Rhagfyr 1914, yn ffurfio'r gyfres gyntaf o bosteri recriwtio Cymraeg swyddogol. Er eu bod wedi'u cynhyrchu'n hanfodol ar gyfer PCGC, ni chyfeiriai'r un cynllun at y CC, gan felly'n ehangu'u hapêl. Dosbarthwyd y posteri cyntaf i Bwyllgorau Sirol yng nghanol Ionawr 1915, a gofynnodd PCGC yn gyflym am fwy. Dechreuodd swyddfeydd cyflogi eu derbyn a'u harddangos ac mae llun ar gael o Swyddfa Stryd Stepney, Llanelli a'i ffenestr yn llawn i'r ymylon o bosteri Cymraeg a Saesneg, yn ogystal ag ychydig o'r mathau llai, ffeithiol. Prin fod y lwfans yn hael: chwe phoster dderbyniodd swyddfa Caernarfon, a phump o'r rheiny i'w dosbarthu i swyddfeydd eraill yng Nghaergybi, Bangor, Tal-y-sarn, Llanberis a Phwllheli.

Ym Mawrth 1915 ymddangosodd dau gynllun testun Cymraeg newydd, eto'n seiliedig ar rai Saesneg gwreiddiol. Roedd 'Pedwar Gofyniad i ddynion sydd heb ymrestru', yn debyg iawn o ran arddull i hysbyseb oedd wedi ymddangos yn ddiweddar (yn Saesneg) yn y wasg Gymreig. Gofynnai (ac atebai) y llall nifer o gwestiynau mewn dull tebyg, a'r olaf fel a ganlyn: 'PWY a'n ceidw mewn coffhad gan falchder a mawl a diolch os gwnawn ni ein dyledswydd heddyw? –Ein Plant. I'R FYDDIN FECHGYN GWALIA!' Nid oedd llun ar y naill boster na'r llall, a'u harddull yn ddrych i gyfnod newydd mwy ymosodol ym mhenderfyniad y PRS i gywilyddio'r llusgwyr traed i ymrestru.

Nid posteri PRS oedd yr unig rai i'w gweld. Ymddangosodd darlun gan Frank Brangwyn, arlunydd o fri o dras Cymreig, fel plât yn yr antholeg Gwlad fy Nhadau, a gyhoeddwyd er budd Cronfa Genedlaethol y Milwyr Cymreig yn 1915. Dengys cynllun Brangwyn o dan deitl 'Recruiting Poster' weithiwr â wyneb digalon gyda gwraig a babi yn erbyn cefndir o ffatrïoedd. Mae milwr at ei fferau mewn cyrff yn ceisio tynnu'i sylw at dŷ a ddinistriwyd, lle mae Almaenwyr yn prysur ymosod ar hen ddynion, menywod a phlant gyda bidogau. Nid oes arysgrif, ond dichon nad oes angen un. Cafodd y cynllun – a'i deitl cywir 'Britain's Call To Arms' – ei gynhyrchu gan Brangwyn fel comisiwn i'r Underground Electric Railways Company yn Llundain, a deimlai bod posteri'r PRS wedi'u cynllunio'n wael. Yn ôl Amgueddfa Victoria ac Albert, teimlai'r Swyddfa Ryfel ar y cychwyn bod y cynllun yn rhy erchyll a gofynasant am ei dynnu yn ôl, ond ildiasant pan ddaeth yn amlwg ei fod yn tynnu 'niferoedd enfawr o recriwtiaid'.

Yn Ebrill 1915 rhoddwyd cyflenwadau mawr o bosteri Cymraeg i'r Adran Fasnach yng Nghaerdydd i'w dosbarthu i swyddfeydd cyflogi. Cymerwyd y rhain o bentwr o 13,500 o gopïau o bedwar math cynharach a ddanfonwyd at PCGC. Ar 10 Mai, derbyniodd Swyddfa Ranbarthol Cymru y Swyddfeydd Cyflogi ac Yswiriant Diweithdra bron 5,000 o bosteri, a hyd yn oed gyda dosbarthiad hael gadawyd swm sylweddol dros ben i'r Swyddfa. Er gwaetha'r cyrhaeddiad

'I'r Fyddin Fechgyn Gwalia!'

cynyddol roedd hi'n bosibl canfod bod rhai ardaloedd yn arbennig o ddiffygiol o ran posteri Cymraeg. Ar ddiwedd Rhagfyr 1914, roedd H. G. Huws o Swyddfa Ranbarthol Cymru wedi dweud mai posteri Byddin Newydd a Thiriogaethol oedd i'w gweld yn ardaloedd chwareli gogledd Cymru. Ar ddiwedd Mai 1915 adroddodd eto nad oedd unrhyw bosteri Cymraeg i'w gweld yn Ffestiniog na Phenrhyn, 'ac eithrio'r cymysgedd ofnadwy hwnnw sef poster Cymraeg y Gwarchodwyr Cymreig neu felly y cafodd ei enwi.' O fewn dyddiau, gorchmynnwyd swyddfeydd recriwtio ledled Cymru i sicrhau bod eu hardaloedd yn cael eu gorchuddio'n drwyadl gan bosteri, a'r asiantiaid recriwtio i sicrhau eu bod yn cael eu pastio a'u glynu'n dda.

Yng Ngorffennaf 1915 ysgrifennodd y PRS yn argymell mwy o ddefnydd o bosteri Cymraeg yng ngogledd Cymru, ble'r honnid bod prinder, er bod mae'n debyg, 'cyfran deg o bosteri darluniadol' yn amlwg ym Mangor. Atebodd PCGC y byddai cyflenwadau yng Nghaerdydd yn cael eu dosbarthu ar unwaith i ogledd a chanolbarth Cymru.

Fodd bynnag, roedd yr amser wedi mynd heibio pan allai'r fath bosteri gael apêl arwyddocaol. Roedd y lobi o blaid gorfodaeth yn dibrisio defnyddio posteri i godi cywilydd. Protestiodd AS Môn, Ellis J. Griffith yn Awst: *'The walls of our country and the pages of our newspapers are defaced by official jibes and taunts at our manhood, some of them actually being addressed to women.'* Teimlai ef ac eraill bod angen system nad oedd yn dibynnu ar ddarbwyllo. Arweiniodd tŷ hanner ffordd Cynllun Derby yn Hydref, fodd bynnag at lif newydd o bosteri. Ar 22 Hydref 1915 gorchmynnwyd swyddogion recriwtio i arddangos poster gyda'r teitl 'YR ARGYFWNG – Apel at Ddynion Rhydd', ar noswyl agor y Cynllun. Yng nghanol rhywfaint o gyfrinachedd, roedd ail fath o boster i'w bastio y noson honno, yn agos at y cyntaf. Ffacsimili mawr oedd hwn o Apêl y Brenin, hefyd i'w weld mewn papurau newydd. Ar 23 Hydref, gorchmynnwyd recriwtwyr i fynd un cam ymhellach a chlirio holl olion unrhyw bosteri cynharach. Dyma ddiwedd defnydd effeithiol cyfres bosteri PRS, oedd wedi dosbarthu cyfanswm o 54 miliwn o gopïau.

Argraffwyd y ddau boster, a gyhoeddwyd gan Gydbwyllgor Recriwtio Llafur, yn Gymraeg. Gwnaeth 'Yr Argyfwng' apêl gyffredinol yn seiliedig ar amcanion y rhyfel a'r angen am fwy o ddynion os oedd y system wirfoddol i barhau. Er yn llawenhau yng nghanlyniadau ardderchog recriwtio mor belled, gofynnodd Apêl y Brenin am fwy o ymdrech eto. Parhaodd y monopoli a fwynhaodd y ddau fath hwn am bythefnos – a dosbarthwyd posteri testun pellach yn esbonio System y Grŵp ar ôl hynny.

Gan nad oedd Cynllun Derby wedi cyflawni'i amcanion erbyn Rhagfyr, cychwynnodd cefnogwyr seneddol gorfodaeth broses o gyflwyno Mesur Gwasanaeth Milwrol a ddaeth yn ddeddf erbyn diwedd Ionawr 1916, ac ar yr adeg honno ynglŷn â dynion sengl yn unig. Ailagorwyd Cynllun Derby gyda dyddiad cau terfynol ar 1 Mawrth, a phob dyn sengl nad oedd wedi gwirfoddoli yn dod yn aelodau'n awtomatig o'r Fyddin Wrth Gefn Dosbarth 'B'. Canlyniad y cyfnod byr hwn o ras oedd fflyd o bosteri, gan gynnwys cyfres olaf y cynlluniau Cymraeg.

Roedd y rhan fwyaf o gynlluniau posteri Cymraeg yn gynnar yn 1916 yn gyfieithiadau uniongyrchol o bosteri testun Saesneg yn cymell cael prawf ar unwaith, hyd yn oed er mwyn apelio yn erbyn cael galwad. Gyda'r rhain daeth unig gyhoeddiad 'darluniadol' y gyfres. Cyhoeddwyd mewn Cymraeg rhwysgfawr 'ANIBYNIAETH sydd yn galw am ei DDEWRAF DDYN'. Uchben yr ysgrifen roedd magnelwyr wedi'u cysgodlunio yn erbyn awyr las a chymylau. Mae'n amlwg na ddysgwyd dim mewn dros flwyddyn parthed testun Cymraeg synhwyrol. Poster Rhif 161 oedd yr unig gynllun unigryw Cymraeg i'w gael yn ymgyrch Ionawr-Mawrth 1916. Roedd ei neges yn syml, 'GYMRY SENGL! DEWISWCH fynd i'r Fyddin cyn DYDD GWYL DEWI. Bydd 2 Mawrth yn RHY HWYR!'

Gydag ail Ddeddf Gwasanaeth Milwrol Mai 1916 peidiodd yr angen am bosteri recriwtio – yn eu lle cafwyd cyfres o bosteri lliw a ymddangosai bob tro yr ymfyddinwyd Grŵp o Gynllun Derby neu'r Ddeddf Gwasanaeth Milwrol trwy Broclamasiwn. Wedi'u pastio i fyny ym mhob ardal gan yr heddlu dan oruchwyliaeth y recriwtwyr, roedd y posteri wedi cwmpasu cylch cyfan o alw'r lluoedd proffesiynol ac amatur yn Awst 1914 at wysio consgriptiaid 1916. Yn 1917 ymddangosodd posteri hefyd mewn hysbysebion Cymraeg ar gyfer menywod i weithio yn y diwydiant arfau, gan gynnwys o leiaf un teipiad wedi'i argraffu yn sir Gaernarfon. Er mor lliwgar a sumbolaidd o ran Cymru yn y rhyfel y bo'r posteri hyn, prin eu bod yn wreiddiol o ran cynllun, a'u heffeithiolrwydd yn bendant yn amheus.

Dulliau Ychwanegol
Gorymdeithiau Llwybr
Mae'n bosibl nad oedd milwyr chwyslyd a'u traed yn brifo yn ymddangos yn anogaeth i ymrestru, ond gwelwyd yr olygfa hon yn sicr yn y gogledd-orllewin. Yn wir, yn 1892 roedd Fataliwn 2 FfCB wedi cynnal gorymdaith hir o gwmpas gogledd Cymru fel ymarfer recriwtio a chael 28 o ddynion newydd. Roedd yr effaith a gynhyrchai gorymdeithiau milwrol ar y rheiny a wyliai yn gyfarwydd ac wedi'i sefydlu, a'r olygfa o Diriogaethwyr a milwyr wrth gefn yn gadael yn 1914 yn bendant yn cymell dynion i wirfoddoli. Cymharol ychydig o adroddiadau sydd am orymdeithiau gyda bandiau yn yr ardal hon cyn diwedd Tachwedd 1914, a'r rheiny hyd yn oed yn perthyn i ymadawiad unedau amrywiol, yn hytrach na'u gweld fel cymorth at recriwtio.

Cofnododd W. Jones-Edwards o Geredigion ar ôl cael ei wrthod yn feddygol gan y Marchoglu Cymreig yn Aberystwyth yn Ebrill 1915, bod gweld rheng o filwyr yn mynd heibio gyda band wedi'i annog i ailgeisio'r un diwrnod (yn llwyddiannus) ar gyfer Gororwyr De Cymru.

Daeth yr awgrym cynharaf yng nghyfnod y rhyfel o ddefnyddio gorymdeithiau recriwtio yn gynnar yn Hydref 1914, pan anogodd Lefftenant-Cyrnol Owen Thomas PCGC i drefnu un mor fuan â phosibl, oherwydd: *'The men themselves, in the bravery of uniform, will be the best incentive to further recruitment.'* Am gyfnod ni wnaethpwyd dim â'r syniad, gan nad oedd y drefniadaeth leol i'w gwneud yn ymarferol (yn ogystal â'r lifrai i'r dynion) yn bodoli. Ar ddyrchafiad Thomas i Frigadydd-Gadfridog Brigâd Gogledd Cymru daeth y syniad yn fwy ymarferol. Rhwng 9-11 Rhagfyr gorymdeithiodd parti o Fataliwn 13 FfCB trwy Fôn. Roedd y daith yn cynnwys cyfarfod yn Llangefni, a dywedwyd bod nifer o recriwtiaid wedi'u casglu ym mhob man y buont. Er gwaethaf peth gwrthwynebiad gan awdurdodau lleol yn sir Ddinbych, defnyddiwyd milwyr yn gwella yno yn rhan o ymgyrch recriwtio FfCB yng ngaeaf 1914–15, gan orymdeithio o gwmpas ardaloedd gwledig.

Erbyn diwedd Rhagfyr 1914 teimlid bod angen rhyw fath o symbyliad i ymrestru yn ardaloedd gwledig a chwarelyddol y gogledd-orllewin. Awgrymwyd gorymdeithiau recriwtio gyda chymorth bandiau lleol o bosibl, ac yn fuan cafwyd trefniadau manwl ar gyfer gorymdaith o bwys. Aeth grŵp o 250 o ddynion o Frigâd Gogledd Cymru Meirionnydd yn ystod wythnos 18-24 Ionawr, gan symud i ddechrau o Landudno i Flaenau Ffestiniog a chyrraedd y Bala ar y trên y bore wedyn. Corwen oedd y man aros nesaf, gyda chinio yng Ngwesty Temprans y Plu a chyngerdd yn y pafiliwn cyn dychwelyd i'r Bala. Cynhaliodd y pwyllgor lleol y grŵp gyda 250 pastai porc a 7 pot o Oxo; cyflenwad o sigarennau a baco, a'u diddanu gan Gôr Meibion Llanfor mewn cyngerdd i ddynion yn ysmygu yn unig yn Neuadd Victoria, a rhoi 4½d. i bob dyn ar gyfer eu swper yn eu llety. Oddi yno gorymdeithiasant i Lanuwchllyn, cymryd y trên i Ddolgellau, ac oddi yno trwy Ddinas Mawddwy, Cemaes a Machynlleth, cyn aros dros nos yn Abermaw. Aeth diwrnod ola'r daith â hwy i Ddyffryn Ardudwy, Harlech, Talsarnau a Phenrhyndeudraeth.

Parhaodd yr orymdaith, ac yn ystod 25-30 Ionawr ymwelodd y milwyr â sir Gaernarfon. Fodd bynnag, treuliwyd mwy o amser yn ardaloedd y chwareli ac ar gyrion amaethyddol Llŷn nac yn nhrefi mwy poblog y gogledd. Roedd y Pwyllgor Sirol wedi trefnu ciniawau a phrydau bwyd eraill ar hyd llwybr yr orymdaith yn ogystal â derbyniad mwy ffurfiol, a chawsant gymorth rhai modurwyr gwirfoddol. Ar un achlysur rhannodd y grŵp er mwyn medru ymweld â mwy o leoedd, ac ar brydiau defnyddiwyd y rheilffyrdd a bysiau i gludo'r milwyr. Fel o'r blaen arhoswyd mewn mannau dros nos (gan rannu'r grŵp ddwywaith i fynd i fwy o leoedd) ym Mhen-y-groes; Llanaelhaearn a Llithfaen; Pwllheli; Llanrug a Llanberis, a Bethesda. Yn y lle olaf rhoddwyd paneidiau o de i'r milwyr ger Gorsaf yr Heddlu, cyn mynd i'r Neuadd Gyhoeddus am wledd wedi'i pharatoi gan drwyddedwr y Douglas Arms. Cafwyd cyngerdd i ddilyn, a rheolwr Chwarel y Penrhyn, Mr Hobson a'r Parchedig J. T. Job, bardd a gweinidog capel Carneddi y Methodistiaid Calfinaidd gerllaw, yn llywyddu.

Trefnwyd cyhoeddusrwydd yn y wasg leol, tra bod cefnogwyr mewn amrywiol fannau aros yn fodlon cynnig te, coffi, sigarennau a chysuron eraill i'r gorymdeithwyr. Anogodd cyfarfod misol Methodistiaid Calfinaidd y Bala ei aelodau i groesawu'r dynion, ond gan atgoffa pobl o gais yr Arglwydd Kitchener i beidio 'gwobrwyo'r' milwyr ag alcohol. Yn wir teimlai'r cyfarfod y byddai cau tafarnau lleol yn gynnar yn helpu amcanion yr orymdaith. Dewiswyd mannau aros dros nos mewn llefydd agos i recriwtiaid posibl, gyda'r sylw 'lleolir y milwyr ble yr ystyrir mae nifer fawr a ddylai ddod i mewn.' Roedd cyngherddau hefyd yn agored i'r cyhoedd, ac anerchid yno a mewn mannau eraill ar y daith ar bwnc ymrestru. Anerchwyd cyngerdd y Bala gan Syr Watkin Williams-Wynn, yr Athro Richard Morris, a swyddog lleol Lefftenant Roberts ymhlith eraill.

Ni chofnodir canlyniadau'r holl weithgaredd hwn, er i gyfnodolyn Meirionnydd *Y Seren a'r Cronicl* gredu y cafwyd tua 25 recriwt yng Nghorwen a 5 ym Mhenllyn. Beth bynnag, ni ddefnyddiwyd y dull hwn eto ar y fath raddfa. Un ffactor oedd y deuai'n anoddach i ysgaru milwyr oddi wrth eu rhaglen hyfforddi wrth i honno ddatblygu, ond y prif reswm o bosibl oedd nad esgorai'r ymdrech ar ddigon o recriwtiaid newydd. Yn nwyrain sir Ddinbych cynhaliodd y Tiriogaethwyr nifer o orymdeithiau ffordd pellach yn ystod gwanwyn 1915, ac yma barnwyd bod y canlyniadau'n ymddangos yn werth yr ymdrech – gydag eithriad yn yr ardaloedd gwledig, lle cyhuddwyd ffermwyr o gadw'u gweision o'r golwg pan gyrhaeddai'r bandiau milwrol!

Yn Awst 1915 awgrymodd PCGC i Reolaeth Orllewinol gynnal ymgyrch recriwtio'n seiliedig ar orymdeithiau ffordd cyn Cynllun Derby: ond ni weithredwyd. Roedd hyn yn rhannol oherwydd bod y Pwyllgorau Sirol yn rhoi eu ffydd mewn canfasio personol, neu hyd yn oed gyfarfodydd er eu diffyg amlwg. Mae effaith weledol milwyr yn gorymdeithio'n drefnus (yn enwedig gyda band) yn apelgar iawn, fel y cyffesodd llawer o recriwtiaid edifeiriol ar hyd yr oesau. Ychydig yn anodd yw deall pam na roddwyd cynnig pellach ar y dull hwn mewn ardal ag angen dirfawr am symbyliad newydd i recriwtio.

Sinemâu

Er mai anodd yw asesu defnydd ac effaith y cyfrwng hwn o hysbysebu, ni fedrai'i effaith fod yn gwbl ddiddim. Faint bynnag y collfarnai'r anghydffurfwyr cul 'y palasau lluniau' newydd am fod yn ffeuoedd llacrwydd moesol, rhoddai poblogrwydd yr adloniant sicrwydd o gynulleidfaoedd parod i recriwtwyr a fyddai'n eu hannerch mewn bylchau rhwng perfformiadau. Megis yn achos theatr fyw neu theatr gerdd y cyfnod, roedd y rhaglen yn aml yn cynnwys eitemau perthnasol i'r rhyfel. Ym Mangor yn gynnar yn Hydref 1914, er enghraifft, roedd gan bedwar o'r pump ffilm a hysbysebwyd yn Theatr y County a'r Picturedrome yr wythnos honno thema filwrol. Ym Medi 1914 cynigiwyd defnydd sinema deithiol i'r PCGC ar gyfer recriwtio, gyda ffilmiau a siaradwr am y swm o £25 yr wythnos, ond fe'i gwrthodwyd.

Yn gynnar yn 1915 roedd ymgyrch recriwtio Bataliwn 4 Tiriogaethwyr FfCB yn sir Ddinbych yn cynnwys peth defnydd o sinemâu, a'r haf hwnnw cynigiodd Mr F. Mills o Riwabon sleidiau recriwtio i PCGC i'w defnyddio yn ystod perfformiadau sinematig safonol, yn debyg i sut y dangosid hysbysebion masnachol. Eto, ni dderbyniwyd hyn.

Ar lefel fwy proffesiynol, nodwyd bod Pathé Freres y cynhyrchwyr ffilm newyddion wedi dod i Landudno i ffilmio adolygiad mawr Brigâd 128 (Gogledd Cymru) FfCB ar Ddydd Gŵyl Dewi 1915. Cofiai Emlyn Davies o Fataliwn 17 FfCB y cafodd ffilm hefyd ei gwneud (a'i dangos yn lleol) pan adawodd y frigâd Llandudno yr haf hwnnw am Gaerwynt. Gwnaed un arall pan orymdeithiodd Adran 38 (Cymreig) gerbron y Frenhines Mary cyn ymadael am Ffrainc yn Nhachwedd. Mae rhannau o'r ffilm yn dal i fodoli fel clipiau yn archif British Pathé.

Rholiau er Anrhydedd

Roedd cyhoeddi enwau unigolion a ymrestrai yn ddull arall a ddefnyddid i annog eraill i ddilyn. Papurau newydd lleol oedd yr erfyn gorau i'r diben hwn. O'r dechrau ymddangosai enwau rhai gwirfoddolwyr yn y wasg, weithiau gyda lluniau. Yn absenoldeb ystadegau manwl roedd hyn yn gymorth i greu argraff ar y cyhoedd a ddarllenai am y recriwtio lleol. Yn ystod y misoedd cynnar rhoddai rhai papurau newydd yn achlysurol ofod colofn sylweddol neu gynhyrchu mewnosodiadau maint llawn gyda rhestrau maith o'r rheiny o drefi mwy fel Caergybi a Bangor oedd yn gwasanaethu eu gwlad. Ar 7 Tachwedd 1914 rhestrodd *Y Rhedegydd* dri ar hugain o ddynion Trawsfynydd oedd yn y Fyddin, a phump ohonynt dramor yn barod. Roedd y fath 'Roliau Gwasanaeth' yn ymgorffori dynion o'r Fyddin a'r Llynges a gafodd eu byddino yn Awst 1914, yn ogystal â gwirfoddolwyr hysbys amser rhyfel, ac felly'n drawiadol i'r llygad.

Dyfais wahanol oedd 'Rhôl er Anrhydedd', rhestr o enwau yn cael eu harddangos yn amlwg yng nghanol trefi, mannau addoliad, busnesau a hyd yn oed cartrefi unigol. Ar 14 Medi codwyd rhestr o gyn-ddisgyblion oedd wedi ymuno ers dechrau'r rhyfel yn Ysgol Gyngor Llanfair PG. Yn yr un mis hefyd codwyd cofrestr o wirfoddolwyr y ddinas ger Cloc y Dref ym Mangor. Erbyn yn hwyr yn Nhachwedd arddangoswyd rhestr o dros 100 o ddynion Bethesda ym mynedfa'r Neuadd Gyhoeddus. Anogwyd llunio'r fath restrau gan gyfnodolyn y Methodistiaid Calfinaidd, *Y Goleuad*, mor gynnar â dechrau Medi 1914, yn benodol i feithrin balchder lleol ac i helpu recriwtio. Roedd pwysau yn y misoedd dilynol dros ddangos rhestrau mewn eglwysi a chynteddau capeli ac erbyn dechrau Rhagfyr 1914 roedd rhestr o ugain gwirfoddolwr yn cael ei dangos yng nghyntedd capel y Methodistiaid Calfinaidd Cymraeg,

Tabernacl, Bangor. Ym Medi 1915 dywedwyd bod Isaac Edwards, ysgrifennydd Pwyllgor Sirol sir Gaernarfon, wedi bod yn bersonol gyfrifol am lunio rholiau er anrhydedd ym mhob ardal yn y sir.

Strwythur berthynol oedd y 'Greirfa Ryfel', bwrdd neu stondin gydag enwau wedi'u rhestru arnynt, yn aml gyda silffoedd neu ddull arall o ddal tuswau o flodau. Rhoddwyd lle amlwg i anrhydeddu enwau'r meirw. Roedd yn fwy o ffenomen o ddwyrain Llundain lle roedd gan lawer o strydoedd eu 'creirfa' eu hunain, ac mae'n bur debyg mai dim ond yn achlysurol y'i gwelid yng Nghymru (er i bob pwrpas doedd y gwahaniaeth rhwng creirfa a Rhôl er Anrhydedd ond yn yr enw'n unig). Fe'u cysylltid yn aml ag eglwysi Anglicanaidd, ac efallai mwy â chofio am y rhai yn gwasanaethu na recriwtio. Diogelir rhai o'r creirfeydd hyn o fewn eglwysi.

Ar lefel bersonol, gellid prynu cardiau argraffedig (neu rai'n cael eu rhannu gan recriwtwyr) i'w harddangos yn ffenestri tai lle roedd un dyn neu fwy wedi ymrestru. Cynhyrchwyd nifer o gynlluniau gwahanol, yn aml yn orliwgar a thrwm o ddelweddaeth gwlatgarol. Yng Ngorffennaf 1915 awdurdodwyd recriwtwyr Cymreig i ddosbarthu 'Bathodynnau er Anrhydedd' i'w gludo i ffenestri fel sbardun i ymrestru.

Yn y pen draw daeth yn broblem weinyddol cadw'r rholiau cynyddol yn gyfredol, yn enwedig gyda chyflwyno gorfodaeth, a gollyngwyd y rhestri manwl yn y wasg. Llwyddai rhai grwpiau neu fudiadau i gadw'r fath restrau trwy'r brwydro fel cofnod o'u cyfraniad. Hyd yn oed heddiw gellir canfod rhestrau o'r rhai a ymunodd yn ystod y Rhyfel Mawr, er enghraifft wedi'i fframio mewn eglwysi fel yn Llangeinwen, Môn neu wedi'i ysgythru mewn pres ar borth mynwent Eglwys Caerhun yn Nyffryn Conwy. Yn Niwbwrch ym Môn, mae gan y Sefydliad a sylfaenwyd yn

1905 gan Syr John Pritchard Jones, 'Rhôl Gwasaneth Plwyf Niwbwrch 1914–15' gwydr gwreiddiol a dwsinau o ddelweddau'r rhai a gymerodd ran yn y frwydr yn syllu allan yn drist, a lluniau'r meirw wedi'u nodi gan gylymau wedi'u peintio'n ddu. Wedi'u creu fel datganiadau o falchder yn y rhai oedd wedi ymuno ac fel anogaeth i eraill wneud hynny, yn eironig daeth y fath restrau yn sylfeini gwybodaeth ar gyfer y lluoedd o gofebau rhyfel a godwyd yn ddiweddarach bron ym mhob cymuned yn y wlad.

'I'r Fyddin Fechgyn Gwalia!'

G. R.

Y CORFFLU CYMREIG.

Difyniad o Araith Canghellydd y Trysorlys yn Llundain, Medi 19eg, 1914.

RHYFEL I AMDDIFFYN CENHEDLOEDD BYCHAIN.

Triniwyd Belgium yn giaidd. Pa mor greulawn ni chawn eto wybod. Gwyddom eisoes lawer gormod. A pha beth a wnaeth Belgium? A anfonodd hi her i Germani? A oedd hi yn parotoi i ryfel yn erbyn Germani? A wnaeth hi y fath gam a Germani fel y teimlai y Caisar dan orfod i'w uniawni? Yr oedd Belgium yn un o'r gwledydd mwyaf diniwed yn Iwrob—yn heddychlawn, gweithgar a diwid, heb roddi tramgwydd i neb.

Ac y mae ei chaeau gwenith wedi eu mathru dan draed, ei phentrefi wedi eu llosgi, ei thrysorau celf wedi eu distrywio, ei dynion wedi eu lladd, ie, a'i merched a'i phlant hefyd. Y mae cannoedd o filoedd o'i phobl yn crwydro'n ddigartref yn eu tir eu hunain, a'u cartrefi bach clyd a chyffordus wedi eu llosgi'n lludw. Beth oedd eu camwedd? Eu camwedd oedd, iddynt ymddiried i air Brenin Prwsia!

Nid wyf am fyn'd i mewn i fanylion yr anfadwaith. Y mae llawer o honynt yn anwireddau. Digon i mi yw yr hanes gyfaddefir gan y Germaniaid eu hunain—ac nid yn unig gyfaddef ond cyhoeddant yr hanes ac amddiffynant eu gwaith—y llosgi a'r llofruddio, y saethu i lawr bobl ddiniwed. A phaham y saethwyd hwy? Am iddynt, medd y Germaniaid, saethu ar filwyr Germani. A pha fusnes oedd gan y Germaniaid yno o gwbl? YR OEDD BELGIUM YN GWEITHREDU YN UNOL A'R HAWL FWYAF GYSEGREDIG—YR HAWL I AMDDIFFYN E" CHARTREFI. . . . . .

Mawr yw dyled y byd i genhedloedd bychain. . . . . Mae gwaith celf goreu'r byd yn waith cenhedloedd bychain. Daw llenyddiaeth fwyaf barhaol y byd o'r cenhedloedd bychain. Gweithredoedd cenhedloedd bychain yn ymladd am eu rhyddid sydd, yn eu dewrder, yn cynhyrfu dynolryw drwy'r oesau. Ie, a thrwy genedl fechan y daeth iachawdwriaeth dynoliaeth. Dewisodd Duw genhedloedd bychain yn lestri i estyn ei winoedd puraf i wefusau dynolryw, i lawenychu eu calon, i ddyrchafu eu golygon, i adfywio a chyfnerthu eu ffydd; a phe buasem ni wedi sefyll o'r naill du pan oedd dwy genedl fechan yn cael eu llethu a'u malurio gan ddwylaw creulawn anwariaid, fe ddisgynasai ein cywilydd i lawr yr oesau.

Dyna yw y Rhyfel hon :—
Rhyfel dros RYDDID, CYFIAWNDER ac ANRHYDEDD.

Western Mail, Cyf., Caerdydd.

'Rhyfel i Amddiffyn Cenhedloedd Bychain' – geiriau Lloyd George yn Llundain yn 1914

Pennod 8

Y Galwad am Ddynion: Cyfarfodydd

Erbyn 1914 roedd cyfarfodydd cyhoeddus yn ddull sefydliedig ar gyfer lansio neu hybu prosiectau ar bob lefel o'r plwyfol i'r cenedlaethol. Roedd gan bron bob cymuned neuadd leol neu ysgoldy a gâi ei ddefnyddio ar gyfer cynulliadau cyhoeddus. Mewn lleoedd lle disgwylid llawer o bobl i ymgynnull, gellid codi llwyfannau awyr agored. Darparai trefi a dinasoedd ddewis ehagach o leoliadau, ac un o'r rhai mwyaf yng Nghymru oedd y Pafiliwn yng Nghaernarfon gydag'i 8,000 o seddi. Dyma'r lleoedd lle deuai pobl i gael eu diddanu a'u haddysgu, i glywed negeseuon pleidiau gwleidyddol, trafod materion lleol, cystadlu mewn eisteddfodau, cynnig llongyfarchiadau cyhoeddus neu leisio'u protest. Roedd yn naturiol yn hydref 1914 bod y lleoliadau hyn yn cael eu defnyddio i hybu rhan Prydain yn y rhyfel ac i annog aelodau'r gynulleidfa i ymrestru.

Ar ddechrau'r rhyfel, roedd rhywfaint o oedi yn amlwg mewn adroddiadau yn y wasg. Er enghraifft, gwelodd cyfarfod yng Nghaernarfon ar 3 Awst y maer D. T. Edwards a'r AS lleol Ellis W. Davies yn dadlau o blaid niwtraliaeth wrth i'r sefyllfa ryngwladol waethygu. Nid arweiniodd cyhoeddi'r rhyfel y diwrnod canlynol, yn ôl adroddiadau papur newydd, at gyfarfodydd niferus ar unwaith. Cyhoeddodd maer Bangor R. J. Williams daflen yn galw cyfarfod cyhoeddus yn Neuadd y Penrhyn ar gyfer 17 Awst, '*with the object of giving full information and suggestions to Young Men who are anxious to be of SERVICE TO THEIR COUNTRY in the present crisis.*' Un o'r siaradwyr oedd y myfyriwr yng Ngholeg Bangor, H. Lloyd-Williams, a'i werth tebygol yn y fath waith yn cymell Syr Harry Reichel i sicrhau ei fod yn llwyddo yn arholiad meddygol y Fyddin.

O ddiwedd Awst deuai adroddiadau o gyfarfodydd recriwtio'n fwy aml. Wedi'i chymell gan adroddiadau propaganda o droseddau rhyfel yr Almaen a newyddion am y gweithredu cyntaf gan y Fyddin Brydeinig, roedd y farn gyhoeddus yn caledu. Yn yr Hippodrome, Caergybi ar 28 Awst dadleuodd Edward Stanley o Benrhos (Barwn Sheffield) bod y diffyg ymateb cyhoeddus tybiedig yn deillio o beidio â sylweddoli dwyster y sefyllfa. Ar yr un diwrnod ym Methesda cynhaliodd y Cyngor Dosbarth gyfarfod lle roedd gweinidogion o amrywiol enwadau'n amlwg fel siaradwyr. Cynigiodd Mr Hobson fel rheolwr Chwarel Lechi'r Penrhyn ar ran yr Arglwydd Penrhyn i gadw swyddi unrhyw weithwyr a allai ymrestru yn agored. Roedd ei bresenoldeb ar y llwyfan yn amlwg yn codi gwrychyn y rhai ag atgofion chwerw am y Streic Fawr 1900–03, ond cynigiodd deuddeg recriwt eu gwasanaeth.

Gallai'r siaradwyr a wahoddwyd sicrhau llwyddiant neu fethiant y fath gynulliadau. Dewiswyd rhai oherwydd eu dylanwad lleol a fyddai o leiaf yn gwarantu gwrandawiad iddynt. Roedd eraill yn anerchwyr cyfarfodydd profiadol, yn llawn huotledd ysbrydoledig. Un a'i bresenoldeb mewn cyfarfodydd recriwtio oedd yn drawiadol o wahanol i'r arferol oedd O. M. Edwards, Llanuwchllyn, Prif Arolygydd Addysg Cymru, a golygydd y cyfnodolyn *Cymru*. Yn llenor, addysgwr, cenedlaetholwr a heddychwr ar hyd ei oes, yr oedd fodd bynnag ymhlith y cyntaf i sefyll ar lwyfannau recriwtio Meirionnydd. Ym Mhenrhyndeudraeth yn hwyr yn Awst honnai ei fod yn dal i garu heddwch, ond teimlai bod hon yn rhyfel gyfiawn ar ran y 'cenhedloedd bychain'. Yng nghanol Medi fe'i clywyd eto'n siarad yn Nolgellau a Nasareth, yn cyfiawnhau'r gwrthdaro ac yn galw am ymrestrwyr. Gwanhau wnaeth yr adroddiadau am ei gyfraniad ar ôl Medi 1914, ond beirniadwyd ei olygyddiaeth o *Cymru* yn ddiweddarach am fod yn ryfelgar ac yn anoddefgar at wrthwynebwyr cydwybodol. Fe'i hurddwyd yn farchog yn 1916.

Cynhaliwyd y prif gyfarfod Cymreig ym Medi 1914, nid yng Nghymru, ond yn y Queen's Hall yn Langham Place, Llundain, a ddinistriwyd gan y *Luftwaffe* yn ystod Blits 1941. Dyma brif leoliad cyngherddau'r brifddinas, gyda 2,500 o seddi, ac yn gartref i Broms Henry Wood yn ogystal â pherfformiadau gan Ravel, Debussy, Elgar a ffigyrau cerddorol enwog eraill. Roedd acwstig ardderchog i'r Neuadd, oedd wedi'i haddurno'n anysbrydoledig gyda seddi goragos, ond gweddai i'r areithiwr David Lloyd George i'r dim. Ar 19 Medi, anerchodd 5,000 o Gymry Llundain, a'u brwdfrydedd wedi'i godi i gymerdwyaeth trwy ganu *Gwŷr Harlech* ac anthemau cenedlaethol Lloegr a Chymru. Roedd derbyniad da i'w araith ac o ganlyniad lansiwyd mudiad y Corfflu Cymreig: er i gyfnodolyn y Methodistiaid Calfinaidd Cymraeg, *Y Goleuad* fethu â pheidio â'i dadansoddi fel pe bai'n bregeth, a'i beirniadu am fod yn rhy fyr (dim ond saith deg munud) yn ogystal a'i ddull o siarad.

Ar 24 Medi daeth Lloyd George adref, gan gymryd rhan yn annisgwyl mewn cyfarfod gorlawn yn Neuadd y Dref, Cricieth gyda Chyrnol Owen Thomas fel rhan o ymgyrch recriwtio ddwys yn ne sir Gaernarfon. Ar y llwyfan, cyffyrddodd â storïau erchylterau'r Almaen, gorffennol milwrol gwych Cymru, a'i chywilydd yn y dyfodol pe methai ag ymateb yn awr. Rhoddodd nifer o ddynion eu henwau fel ymrestrwyr posibl ar ddiwedd y cyfarfod, ond nid cymaint ag y disgwylid gyda'r fath siaradwr dawnus a phoblogaidd.

Rhoddodd cyfarfodydd eraill gynhaeaf da o ddynion y mis hwnnw. Yn Nefyn yn gynnar ym Medi daeth y brif apêl ar ffurf darllen llythyr gan y Parchedig T. C. Williams o Borthaethwy. Gan annog Cymry mai eu dyletswydd oedd codi arfau, perswadiwyd saith ar hugain i wirfoddoli. Arweiniodd cyfarfodydd tebyg yn Sarn a Thudweiliog at ddeugain o ffermwyr a llafurwyr yn ymrestru. Mae'r rhain yn ymddangos fodd bynnag i fod yn eithriadau i'r ymateb cyffredinol. Canlyniad llawer o'r fath gyfarfodydd oedd dim cynigion i wasanaethu hyd yn oed os anogent eu cynulleidfaoedd i gefnogi'r rhyfel.

Erbyn diwedd Awst ffurfiwyd Pwyllgor Sirol ym Môn, a drefnasai dri chyfarfod a deugain ar yr ynys erbyn diwedd Medi yn ei ymdrechion i godi 'Bataliwn Môn'. Y siaradwyr mwyaf mynych oedd y Parchedig John Williams, Brynsiencyn; Lefftenant Gyrnol-Owen Thomas, Cemaes; Cyrnol Stapleton-Cotton, Llanfair Pwllgwyngyll; y Parchedig T. C. Williams, Porthaethwy a'r AS lleol, Ellis J. Griffith. Hyd yn oed gyda'r parchusion hyn, fodd bynnag, ychydig oedd yr ymrestrwyr. Gostyngodd niferoedd y cyfarfodydd a gynhaliwyd yn ail hanner y mis, a rhwng y diffyg ymateb a'r hyn a honnodd y Cyngor Sir oedd yn elyniaeth Swyddfa'r Rhyfel, arweiniodd hyn at ddymchweliad mudiad Môn i bob pwrpas erbyn Hydref.

Cedwid yr un siaradwyr yn brysur ar y tir mawr yn ystod Medi. Ymddangosodd John Williams, Cyrnol Cotton ac Owen Thomas yn Neuadd Gyngerdd Llanberis ar 4 Medi gyda'r Cyngor Plwyf cyfan mewn ymdrech i annog recriwtio ymhlith y chwarelwyr llechi. Anerchodd Cotton a Thomas yn Saesneg a Chymraeg yn eu tro, a Williams yn eu dilyn gyda'i erfyniadau emosiynol. Tarfwyd ar y rhain gan enghraifft brin o heclo, pan gwestiynodd rhywun yr anghyfartaledd rhwng tâl swyddogion a Rhengoedd Eraill. Yng nghanol Medi ymddangosodd y tri eto, yn gwmni i Mrs Margaret Lloyd George mewn cyfarfod ym Mhwllheli, ond ychydig o ddynion a wirfoddolodd. Yng Nghricieth ar 24 Medi ymunodd Syr Henry Lewis o Fangor ac un Rhingyll Williams, dyn lleol a glwyfwyd yn Mons fis ynghynt a'r

Parchedig Williams a Thomas. Y diwrnod canlynol ym Mhorthmadog ymunodd Arglwydd Lefftenant Meirionnydd J. E. Greaves â hwy. Yma cynigiodd 'nifer fawr' o ddynion eu gwasanaeth. Mae'n ffaith ryfedd bod yr un siaradwyr, yn defnyddio'r un dadleuon, yn cael ymateb amrywiol mewn lleoliadau gwahanol, yn amrywio o ddifaterwch i frwdfrydedd. Er gwaetha'r cyfarfodydd a grybwyllwyd yn gynharach, cafodd Llŷn a Meirionnydd rywfaint o gyhoeddusrwydd gwael oherwydd eu amharodrwydd honedig i gefnogi'r rhyfel, gydag ymatebion siomedig yn cael eu nodi mewn digwyddiadau yn Llanbedrog, Sarn Bach, Abermaw a Phenrhyndeudraeth er gwaethaf presenoldeb Syr Watkin Williams-Wynn a ffigyrau lleol blaenllaw eraill. Gall y gyfres ddwys o gyfarfodydd ym Medi yn ne sir Gaernarfon a Meirionnydd gynrychioli'r ymdrech galed i dargedu'r ardal.

Cadeiriwyd un cyfarfod o'r fath yn y Neuadd ym Mlaenau Ffestiniog ar 29 Medi gan William Owen YH Plaswaenydd, henadur ar y Cyngor Sir. Darllenwyd llythyrau gan Dirogaethwyr lleol, ynghyd ag un gan y Parchedig D. Hoskins o Gaernarfon, caplan Bataliwn 1/7 (Meirionnydd a Maldwyn) FfCB (Tiriogaethwyr). Honnid bod tua 200 o ddynion Ffestiniog yn y Fyddin neu Ambiwlans Sant Ioan yn barod. Y siaradwr cyntaf ac eto'r prif un oedd y Parchedig Thomas Charles Williams o Borthaethwy. Roedd yn siŵr yr ymatebai'r chwarelwyr i'r alwad o ddyletswydd gan ymladd yn hunan-aberthol yn y rhyfel anochel hon a dymunai weld nifer fawr yn ymrestru ar gyfer y Brenin a'r Wlad. Pwysleisiodd Haydn Jones AS undod yr holl bleidiau gwleidyddol, a siaradodd Edward Thomas Roberts, postmon a milwr o Harlech a glwyfwyd yn y brwydro cynnar yn gryf o blaid ymrestru. Y siaradwr nesaf oedd O. M. Edwards, a ddatganodd yn syml na allai gadw'n dawel yn wyneb gormes. Cyffyrddodd â Phrwsianiaeth, a gofynnodd pwy a amddiffynai gartrefi, mamau a phlant Meirionnydd pe deuai'r Almaenwyr? Gellid adfer gwlad Belg, a'u tai newydd yn dal dŵr diolch i lechi Ffestiniog. 'Beth bynnag fedrwn ni wneud, fe wnawn wasanaeth i Dduw Rhyddid, Arglwydd y Lluoedd, a Thywysog Tangnefedd'. Cafwyd caneuon, telynor ac adroddiad rhwng y siaradwyr; gorffennodd y digwyddiad gyda chanu'r anthemau Cymreig a Seisnig.

Mae'n werth nodi nad oedd rhywun a ddaeth ymlaen yn ystod cyfarfod o reidrwydd yn cynrychioli milwr a enillwyd gan y Fyddin. Cymerwyd enwau, ond achlysurol yn unig oedd recriwtwyr cymwys neu ynadon wrth law i gymryd eu manylion a'u cael i dyngu'r llw yn y fan a'r lle fel recriwtiaid. Yn aml iawn, arweiniai myfyrio dwys neu bwysau teuluol at ddynion yn tynnu'n ôl cyn iddynt gael eu cofrestru. Methai eraill â llwyddo yn yr archwiliad meddygol neu eu canfod i fod dan neu dros oed.

Cynigia adroddiad yn y wasg am gyfarfod ym Mhorthmadog ar 25 Medi gip ar sut y paratowyd y fath lwyfan ar gyfer y digwyddiad:

> The stage had been effectively decorated and large photographs of Kitchener, French and Jellicoe were surrounded by Union Jacks. Hanging in front of the stage and reaching as far as the chairman's table was red baize with an artistically worked British Crown in gold upon it.

Roedd academyddion yn barod i gynnig eu cymorth deallusol i'r ymdrech recriwtio trwy ymddangos fel siaradwyr, yn ogystal â llunio taflenni ac erthyglau. Yn yr un cyfnod, tra bod yr Athrawon Lewis Jones a Milner-Barry o Goleg Bangor yn annerch ym Mhenmaenmawr, anerchai'r Athrawon E. V. Arnold a John Morris-Jones (er dim syndod, o ystyried ei lenyddiaeth o blaid recriwtio) gyfarfodydd ar ran 'Bataliwn Môn' a'r 'Bataliwn Prifysgol Cymru' arfaethedig.

Ymddangosai bod y cyfarfod cyhoeddus fel dull o godi

dynion yn cael cefnogaeth gref, ond er yr holl ymdrech dim ond nifer gymharol fach o recriwtiaid a gafwyd. Denai hyd yn oed y cyfarfodydd lleiaf gynulleidfaoedd sylweddol a disgwylid safon dda o areithio. Diau bod llawer o ddynion wedi cael eu darbwyllo yn y fath gynulliadau o gyfiawnder y gwrthdaro, ac o'u dyletswydd i gefnogi, ond mae'n llai eglur iddynt fynd ymlaen i ymrestru o ganlyniad i unrhyw un o'r cyfarfodydd hyn. Yn amlach fe ystyrient eu dewisiadau am beth amser o flaen llaw, gan drafod y mater gyda'u teuluoedd cyn penderfynu. Buasai llawer o'r rhai a wirfoddolodd mewn cyfarfodydd trwy'r broses hon, a mynd wedi'u darbwyllo'n barod ac yn fodlon i wneud hynny. I'r trefnwyr fodd bynnag, mesurid llwyddiant gan recriwtiaid yn y fan a'r lle ar y noson, ac fe'u siomwyd yn aml. Cyfrannai hyn at deimlad cynyddol o Hydref 1914 ymlaen nad oedd cyfarfodydd yn unig yn ddigon.

Lansiwyd y Corfflu Cymreig trwy gyfarfod cyhoeddus mawr ar 29 Medi yn Neuadd Park, Caerdydd. Yn groes i'r cyfarfodydd llai i fyny yn y gogledd-orllewin llwyddodd i hybu'r mudiad newydd a denu gwirfoddolwyr. Dengys ystadegau recriwtio dyddiol swyddogol bod 154 ymrestriad ar draws Cymru gyfan, yn y deg diwrnod cyn Neuadd Park. Cynhyrchodd yr un diwrnod ar ddeg a ddilynodd 351 o ddynion, cyn i'r ffigyrau ostwng eto. Targedwyd y rheiny a wahoddwyd i fynychu'r prif ddigwyddiad fel unigolion neu gynrychiolwyr mudiadau a allai gynnig cefnogaeth sylweddol i'r mudiad, gan gynnwys llywodraeth leol, cyflogwyr, eglwysi, llafur, amaethyddiaeth a swyddfeydd cyflogi. Hyd yn oed cyn y cyfarfod, cynigiasai llawer nad oedd yn medru bod yn bresennol gymorth, yn cynnwys Cyrnol Henry Platt AS (Llanfairfechan) a Dr E. Ll. Parry-Edwards Swyddog Meddygol Iechyd Sir Gaernarfon.

O fewn ychydig ddyddiau o'r cychwyn, anfonodd ysgrifennydd y CC nifer fawr o lythyrau allan yn gofyn am gymorth i hybu'r Corfflu newydd ar lefel leol – a gofyn yn benodol am gymorth i gynnal cyfarfodydd cyhoeddus. Derbyniwyd llawer o atebion brwdfrydig, a'r unig gyfyngiadau ar seiliau pellter neu gost. Roedd y Pwyllgor Recriwtio Seneddol yn gynharach wedi gwneud yn glir y ffefrid siardwyr di-dâl, ond y caniateid treuliau dyddiol o rhwng hanner gini a dwy gini. Rhoddent grantiau hefyd tuag at hysbysebu cyfarfodydd, yn amrywio o £1.10s. am gyfarfod mewn pentref i £25 ar gyfer cynulliadau mwy.

Gwnaeth nifer o'r siaradwyr wrth ymateb i'r CC y pwynt o bwysleisio gwerth apeliadau yn yr iaith Gymraeg, hyd yn oed pan oeddent yn Saeson uniaith. Ar yr adeg hon, rhanedig oedd yr ymateb a fedrai mwy o gyfarfodydd gyflawni canlyniadau da, a chwestiynai rhai werth ymdrechion pellach i chwythu bywyd i ardaloedd lle na chafwyd ond ychydig o ymateb. Cytunai rhai fel AS Meirionnydd, Haydn Jones, yn gyndyn yn unig gan y teimlent bod ganddynt waith pwysicach i'w wneud. Cytunai'r Parchedig J. Gwynoro Davies (Abermaw), ond gofynnodd am ychydig wythnosau o ras i wella o salwch nerfol o ganlyniad i'w brofiadau yn yr Almaen ar gychwyn y rhyfel. Teimlai A. O. Davies o Fachynlleth, ar y llaw arall, y medrai o bosibl:

> arouse some slight amount of patriotism at Barmouth, Towyn, Aberdovey, Aberystwyth; I have already spoken here and am thankful to say I was able to send half a dozen men off to join the colours.

Ni pharhaodd ei ddechreuad addawol i'r mudiad newydd o safbwynt cyfarfodydd cyhoeddus. Ar 25 Hydref, dywedodd Ellis W. Davies AS wrth Syr Ivor Herbert o'r CC mai siaradwyr sâl a threfnu gwael, yn ei brofiad ef oedd ar fai am brinder recriwtiaid. Erbyn canol Hydref, dywedodd O. W. Owen wrth ofyn i Gyngor Sir Meirionnydd i ffurfio Pwyllgor Sirol: 'cytunir nad yw cyfarfodydd yn unig yn ddigon i bwrpasau recriwtio'. Yn nhermau gogledd-orllewin Cymru roedd hyn yn rhannol oherwydd prinder unedau CC penodol yn cael eu codi'n lleol, a'r agosaf draw yn y Rhyl, sef 'Pals' Gogledd Cymru.

Mabwysiadodd Pwyllgorau Sirol, ar ôl iddynt gychwyn, strategaeth a flaenoriaethai ganfasio personol darpar-recriwtiaid, gyda swyddogaeth eilradd i gyfarfodydd cyhoeddus. Hyd yn oed lle dibynnai'r fath siroedd â Threfaldwyn a Mynwy'n drwm ar ganfasio, fodd bynnag, daliai cyfarfodydd i ddigwydd. Yn anffodus, mewn sawl ardal ni ffurfiwyd pwyllgorau lleol ac felly parhaodd y cyfarfodydd, er eu bod yn esgor ar ganlyniadau llai. Dibynnent am effaith gweithredoedd megis yr un a fabwysiadwyd yn y Bontnewydd, Caernarfon yn hwyr yn Hydref, pan ymddangosodd tri ffoadur dagreuol o wlad Belg ar y llwyfan i ddiolch i bobl lleol am eu caredigrwydd.

Roedd disgwyl eang yn Hydref 1914 y deuai David Lloyd George, fel yr areithiwr blaenaf a'r AS lleol, i annerch raliau sylweddol yn ardal ei gartref. Gohebodd â Syr Henry Lewis o Fangor o ddiwedd Medi gyda golwg ar drefnu cyfarfod yno. Ychydig ddyddiau ar ôl iddo ymddangos yng Nghricieth, ysgrifennodd Syr Henry'n awgrymu y dylid cynnal y cyfarfod ar brynhawn Gwener neu Sadwrn er mwyn denu'r chwarelwyr llechi, oedd yn gweithio wythnos tri diwrnod a felly'n rhydd i fynychu. Dylai'r cyfarfod fod yn Gymraeg gan fwyaf. Honnai Syr Henry bod y Gymdeithas Diriogaethol Sirol yn dangos agwedd 'ffroenuchel' at y digwyddiad a gynlluniwyd, ond cynigiodd siaradwr o'r blaid Unoliaethol pe cytunai'r Canghellor. Ni chytunai'r Canghellor, ac mewn ymateb maith ar 7 Hydref pwysleisiodd mai'r prif fwriad oedd i ddenu gweithwyr lleol yn recriwtiaid, a'r angen i'r casglu hwnnw fod â blas Cymreig ysgubol:

As you know well, in order to make any impression on them, the meeting must be almost exclusively in Welsh: the speeches must be delivered in the Welsh language, and the atmosphere must be a Welsh one ... otherwise you will find that a large number whom we want to have there will not give up their work for the day in order to attend ... Whilst the English speech was being delivered, more than half the audience would be bored, or what is till (sic) worse, might be amused. I cannot think of anything which would be more likely to make our meeting futile ... I am thinking only of the purpose which we wish to achieve – the rousing of the workmen of Caernarvonshire to a greater pitch of enthusiasm than they have displayed up to the present in favour of recruiting to the New Army ... I am exceedingly anxious not to pack the floor of the Pavilion with a stodgy, fashionable crowd who will chill every enthusiasm in my own and in everybody else's breast.

Ni chynhaliwyd cyfarfod. Erbyn diwedd Hydref roedd Lloyd George yn ysgrifennu at ei wraig, na fyddai ar gyngor y Parchedig John Williams, Brynsiencyn, yn annerch cyfarfod 'eto' tan i rai pethau gael eu datrys. Cyfeiriai hyn yn ôl pob tebyg at ymateb cloff yr Arglwydd Lefftenant, Syr J. E. Greaves dros ffurfio Pwyllgor Sirol Caernarfon. Hyd yn oed wedi datrys y mater, fodd bynnag, nid anerchodd y Canghellor unrhyw gyfarfod arall yng ngogledd-orllewin Cymru tan 28 Chwefror 1915, pan oedd y pwyslais ar arfau rhyfel nid recriwtiaid. Roedd rhaid iddo fod yn yr ardal ar y pryd beth bynnag, i gymryd rhan yn adolygiad mawreddog Brigâd 128 (Gogledd Cymru) yn Llandudno ar Ddydd Gŵyl Dewi. Ei anerchiad difyfyr yng Nghricieth ym Medi felly oedd ei unig ymddangosiad mewn cyfarfod recriwtio yn yr ardal.

Erbyn Tachwedd 1914 roedd y PRS yn Llundain hefyd wedi dod i'r casgliad bod cyfarfodydd cyhoeddus yn gyffredinol anghynhyrchiol. Parheid i'w cynnal, hyd yn oed er mwyn ffurfio'r pwyllgorau sirol a lleol a fyddai'n cyfeirio recriwtio (megis yng Nghaernarfon ar 3 Tachwedd), ond ar raddfa lai. Adroddodd Syr Osmond Williams yn gynnar yn Nhachwedd eu bod ym Meirionnydd: 'wedi cynnal cyfarfodydd ym mhob man – cyfarfodydd brwd ond heb ganlyniad, o safbwynt recriwtiaid.' Y mis hwnnw arweiniodd penodi Lewis Davies Jones ('Llew Tegid') o Fangor yn asiant recriwtio at drefnu cyfarfod ganddo ym Methesda. Ysgrifennodd H. R. Davies fel Swyddog etholiadau sir Gaernarfon at William Jones AS yn gofyn iddo annerch y cynulliad. Nododd yn arwyddocaol er y byddai dynion ifanc yn debygol o ymateb, 'mae'r bobl hŷn, yn enwedig pobl y Capel yn flanced wlyb, y mae'n rhaid ei sychu os ydym am wneud unrhyw lês', gan ychwanegu mai 'yn awr neu byth ydy hi os ydy Bethesda am achub ei enw da'. Cadeiriwyd y cyfarfod ar 25 Tachwedd gan y bardd nodedig a'r gweinidog lleol gyda'r Methodistiaid Calfinaidd, y Parchedig J. T. Job. Ymhlith y siaradwyr eraill oedd y Parchedig T. C. Williams, Porthaethwy, a Lefftenant Vaughan, gweinidog gyda'r Methodistiaid Wesleaidd a oedd wedi ymrestru gyda Brigâd Gogledd Cymru a dystiodd i gymeriad da y milwyr. Siaradodd y Brigadydd-Gadfridog Owen Thomas hefyd, gan ddatgan yn blaen pe siaradai unrhyw Gymro yn erbyn cynorthwyo'r wlad yn yr argyfwng presennol, roedd yn siŵr y byddai ymchwil i'r achau teuluol yn canfod person estron yn cuddio yno. Cynghorodd fenywod ifanc Bethesda i beidio â dewis 'arhoswr gartref' yn ŵr, a fyddai'n cuddio o dan y gwely pe torrai lladron i mewn! Defnyddiai Davies yr ystafell nesaf er cyfleuster y rhai a ddymunai ymrestru, ac ymbresenolodd yno am rai oriau bob dydd tan 28 Tachwedd. Profodd y digwyddiad i fod yn eithaf llwyddiannus gyda phump ar hugain o ddynion lleol yn ymrestru yn y dyddiau canlynol.

Yn dilyn pryderon Davies, nid yw hyd a lled cefnogaeth Anghydffurfiaeth i'r rhyfel yn amlycach nac yn ymddangosiadau cyhoeddus ei gweinidogion mewn cyfarfodydd recriwtio. Câi'r Anglicaniaid Cymreig lai o drafferth, a hwythau'n rhan o hyd o Eglwys Sefydliedig Lloegr er bod Datgysylltiad yn y gwynt. Synnodd a chythruddodd y tro pedol sydyn o wrth-filitariaeth blaenorol mwyafrif eglwysi anghydffurfiol lawer o aelodau capel. Roedd llawer o ddynion o oed recriwtio hefyd yn ddifater at weinidogion a oedd yn sydyn o blaid rhyfela. Ni ddigiai 'pobl hŷn' Davies at filitareiddio'u byd o'u cwmpas – na hyd yn oed dderbyniad enwadol o gymryd rhan yn y rhyfel – hanner cymaint â gweithgaredd rhai o'u gweinidogion ar y ffrynt recriwtio.

Roedd cyfranogiad llawer o weinidogion anghydffurfiol a lleygwyr mewn cyfarfodydd recriwtio a gwlatgarol yn amlwg yn eithaf cynnar. Cyhoeddodd *Y Goleuad* ar 11 Medi restr o'r fath siaradwyr o'i enwad Calfinaidd ei hun, a gynhwysai yng ngogledd-orllewin Cymru y Parchedigion John Williams (Brynsiencyn), T. C. Williams (Porthaethwy), J. Gwynoro Davies (Abermaw), H. Berrow Williams a Spinther James (Llandudno), O. Selwyn Jones (Deganwy) a'r Athro R. Morris o Goleg y Bala (coleg diwinyddol y Methodistiaid Calfinaidd) a anerchodd gyfarfod yn Nolgellau. Cynhwysai siaradwyr lleyg Calfinaidd amlwg: O. M. Edwards (Llanuwchllyn), Syr Henry Lewis, yr Athrawon Lewis Jones a J. R. Davies (oll o Fangor). Dylid cofio bod llawer o weinidogion eraill yn rhoi cefnogaeth gyffredinol i'r rhyfel, ond ymwrthodent â gweithredu fel recriwtwyr ar ei chyfer. Eto i gyd, roedd y nifer oedd yn barod yn awr i gefnogi ymdrech y rhyfel yn y pulpud hyd yn oed, i gynnig eu gwasanaeth fel caplaniaid y

Fyddin, neu i arwyddo llythyrau gwlatgarol i'w cyhoeddi, yn dangos cryn newid o agweddau anghydffurfiol blaenorol. Yn Chwefror 1915 pregethodd y Parchedig Hugh Williams, Amlwch am naw deg munud yng Nghapel Methodistiaid Calfinaidd Seion, Llanrwst yn cymell bechgyn lleol i ymrestru, mewn iaith apocalyptaidd a ragwelai Ewrop yn trawsnewid o ladd-dy i baradwys.

Yr un mwyaf trawiadol o ryfelgar oedd y Parchedig John Williams, Brynsiencyn, llywydd Cymdeithasfa Gyffredinol y Methodistiaid Calfinaidd, a'i gefnogaeth i Lloyd George wedi'i gynorthwyo i benderfynu o blaid y gwrthdaro fel Rhyfel Cyfiawn. Arweiniodd ei benodiad dilynol yn Gaplan Byddin anrhydeddus ar reng Lefftenant-Gyrnol ato'n gwisgo'i lifrai milwrol newydd yn y pulpud hyd yn oed. Yn hyn, dadleuai'i ddilynwyr ei fod yn dilyn ôl traed un o sylfaenwyr Calfiniaeth Gymraeg, Howell Harris o Drefeca (1714-73), a oedd fel swyddog dros dro ym Milisia sir Frycheiniog wedi pregethu mewn lifrai mewn lle cyhoeddus. Y gwahaniaeth oedd rhwng efengyliaeth syml Harris, a 'Brynsiencyn' yn pregethu cefnogaeth i ryfel. Gallai caplaniaid y Fyddin ddadlau'n rhesymol bod eisiau gweinidogaethu wrth ochr milwyr arnynt, gan roi mesur o gyfarwyddyd a chefnogaeth ysbrydol yn eu sefyllfa ddieithr; ond roedd gweinidogion eraill a'u cyfranogiad yn y 'rhyfel cyfiawn' yn gyfyngedig i anrhydeddu'r llwyfannau recriwtio â'u presenoldeb ac ymuno â'r alwad i ddynion ymrestru.

Yng nghanol Hydref 1914, cyhoeddodd *Y Goleuad* lythyr gan y Parchedig John Williams ac eraill yn cefnogi mudiad y CC, ynghyd ag un arall gan y Parchedig D. Francis Roberts yn condemnio gweinidogion oedd yn barod i siarad mewn cyfarfodydd recriwtio. Ysgrifennodd D. R. Daniel, darllenydd y cyfnodolyn hwn, at ei olygydd E. Evans yn ei gyhuddo o ragfarn o blaid y rhyfel, ac aeth rhagddo:

Nid oes dim wedi'm poeni yn fwy na gweled ein gweinidogion yn rhuthro i'r llwyfannau i berswadio eu gwarandawyr i ymrestru a hwythau i aros gartre i weddio drostynt am gyflog gwell nag a gai'r trueiniaid am roddi eu cyrff i'w damio! ... gwelais yn eglurach nag erioed ei fod [Lloyd George] yn llai o ryfelwr yn ei galon o lawer iawn na rhai o bregethwyr yr Hen Gorff heddyw sydd yn neidio i'r llwyfannau – gyda dynion hoffent eu llosgi – i fathru dysgeidiaeth ein Hallorau o dan draed.

Cynhwysir beirniadaeth mwy treiddgar mewn adroddiad am y sefyllfa gyffredinol yn ardaloedd y chwareli llechi yn wythnos olaf Rhagfyr 1914. Yma adroddodd H. G. Huws, wedi'i yrru o Gaerdydd, bod cyfarfodydd ar y cyfan yn fethiannau, a bod brwdfrydedd wedi gwanhau. Mewn llawer man lle roedd gweinidogion blaenorol gwrth-filtaraidd wedi newid eu safbwyntiau ac ymddangos ar lwyfannau recriwtio, roedd y chwarelwyr wedi anwybyddu eu hapeliadau – yn fwy felly, dywedodd Huws, gan fod gan rai feibion o oed recriwtio na wnaeth unrhyw ymdrech i ymrestru. Argymhellodd lai o gyfarfodydd. Adroddodd ddigwyddiad gyda recriwtiwr yn ffair Penmorfa wedi casglu chwech neu saith o wirfoddolwyr tebygol, ond bod eu rhieni wedi ymddangos a darbwyllo pob un ohonynt i beidio ag ymrestru. Gwrthwynebiad rhieni oedd un o'r rhesymau 'ataliol' blaenaf ynglŷn â recriwtio yn y rhanbarth. Ochr yn ochr â hyn rhestrwyd effaith niweidiol degawdau o athrawiaethau heddychol anghydffurfiol, a chenedlaetholdeb Cymreig cul. Ysgrifennodd O. W. Owen o PCGC, a'i sylw ar Gaerdydd a Llundain yn ei bellhau oddi wrth ei wreiddiau yn Llanberis, yn chwerw at J. T. Davies yn y Trysorlys ar 22 Hydref am ymateb 'alaethus' ardaloedd y chwareli:

> One chapel, Capel Coch, with a membership of some 400-500 has sent 1 recruit. The place is mentally twisted,

and the whole population seems to be obsessed with the idea that it is no business of theirs to defend their country.

Ymhen amser daeth y Parchedig John Williams yn anathema i lawer o bobl o ganlyniad uniongyrchol i'w weithgareddau recriwtio. Roedd ei ddull arferol o annerch cynulleidfaoedd yn cynnwys herio'u gwrywdod, gan ymostwng weithiau i awgrymu bod mamau a ddaliai eu meibion yn ôl rhag ymrestru yn peryglu eu heneidiau tragwyddol. Erbyn 1915 golygai hyn, hyd yn oed yn ei Fôn frodorol, bod yr areithiwr dawnus a phoblogaidd hwn yn ymostwng i atal rhai'n cerdded heibio i wneud cynulleidfa fach mewn mannau lle y siaradai. 'Collodd' Syr Henry Jones, a oedd yn gwmni iddo ar un achlysur, Williams yn fwriadol trwy ofyn iddo fynd i mewn i neuadd ym Môn i siarad â'r gynulleidfa, tra oedd ef yn hel ei feddyliau y tu allan – a symud ymlaen ar unwaith i'r lleoliad nesaf, lle gallai ef wedyn annerch y bobl heb ofni y byddent yn gadael yr adeilad. Gellir pwyso a mesur arddull 'Brynsiencyn' yn y darn canlynol o araith yng nghyfarfod Llangefni ar 29 Hydref 1914:

> Ddynion ifanc Môn, dowch i'r gad yn erbyn y difrodwr. A ydych am adael i Awstralia a Chanada bell a'r India draw waedu dros eich rhyddid chwi? A yw eiddigedd y pelledigion hyn ... i chwyddo eu mynwes a gwresogi eu calon, tra mae torraeth o gwyr ieuanc Cymru yn hepian mewn difrawder, ac yn fferu mewn llwfrdra? Mwyaf ymrestra cyntaf oll y derfydd y rhyfel, a sicraf fydd y fuddugoliaeth.

Y canlyniad oedd i enwadau anghydffurfiol Cymraeg gael eu gwanhau gan ddwyster eu cefnogaeth o blaid y rhyfel, a bod Williams wedi denu stigma a brysurodd ei farwolaeth o orweithio heb os yn 1921. Mae'i fedd yn

Llanfaes, fodd bynnag, yn cofnodi ymhlith ei orchestion: 'Caplan anrhydeddus i'r Fyddin Gymraeg yn ystod y Rhyfel Mawr.' Mor gynnar ag Ebrill 1916 teimlai'r cyfnodolyn cenedlaetholgar cryf a'i gartref yn Llundain *Y Cymro a'r Celt* yn abl i broffwydo nad oedd: 'Neb yn gwybod yn well na'n meibion gorau ein hunain faint gollodd Cymru gyda gweinidogion yn troi'n 'Sarjants Recriwtio' yn lle cadw at eu gwaith eu hunain.'

Ar ddechrau 1915, cofnododd y PRS bod 3,000 o gyfarfodydd wedi'u cynnal ledled y wlad a'u bod wedi darparu 6,000 o siaradwyr (erbyn yr hydref codasai nifer y cyfarfodydd i 12,000). Yng ngogledd-orllewin Cymru canolbwyntiwyd y cyfarfodydd yn yr ardaloedd gwledig a chwarelyddol honedig 'anymatebol', lle roedd hi'n hysbys bod dynion ar gael er gwaethaf ymdrechion blaenorol i'w hymrestru. Hyd yn oed yn wyneb wythnos waith gwtogedig – neu gael eu diswyddo'n gyfan gwbl – gwell gan lawer o chwarelwyr oedd symud i rywle arall, gan lenwi'r swyddi a achoswyd gan recriwtio yno yn hytrach nag ymuno. Yn aml roedd ffermwyr hefyd yn ddisymud pan ddeuai'n fater o adael i'w meibion a'u gweision ymrestru, a gallent herio'r recriwtwyr a'r canfaswyr gyda'r ddadl bod amaethyddiaeth yn alwedigaeth ryfel hanfodol os oedd y wlad i gael ei bwydo yn wyneb bygythiad y llong danfor. Cafodd eu gweithwyr eu 'serennu' ar y rhestrau swyddogol fel dynion gwarchodedig, i'w cadw mewn amaethyddiaeth er budd cenedlaethol. Ymddengys bod ffermwyr a chwarelwyr yn cystwyo'i gilydd am fod yn araf i ymrestru!

Ym Mlaenau Ffestiniog yn Ionawr 1915, daethpwyd â William Crooks (AS Llafur Woolwich) yno i areithio, ynghyd â'r cyfreithiwr lleol a swyddog FfCB W. P. Wheldon. Yn hytrach na dwrdio'r chwarelwyr yn uniongyrchol, cyfeirio at ddifaterwch yr ardaloedd amaethyddol yn unig wnaeth Wheldon, a chysuro'r anghydffurfwyr yn y gynulleidfa bod y CC 'yn ymddwyn yn dda'. Ar yr un pryd roedd Pwyllgor Sirol sir Gaernarfon yn sicr o hyd bod gormod o gyfarfodydd wedi cael eu cynnal, ac eto eu bod wedi methu â chyrraedd eu cynulleidfa darged. Nid oedd y Pwyllgorau, lle y bodolent, wedi cael gwell hwyl gyda chanfasio personol ychwaith. Roedd cwynion cynyddol bod cefnogwyr yn blino ar y cyfarfodydd diddiwedd, ac yn anwybyddu apeliadau i gynorthwyo gydag ymdrechion o'r newydd.

Yn Chwefror rhyddhaodd y PRS awgrymiadau hwyr ar gyfer trefnu cyfarfodydd, ynghlwm ag ymgyrch recriwtio newydd gan y Swyddfa Ryfel. I'w weithredu fel mewn etholiad, gweledigaeth cynllun y PRS oedd ymgyrch bythefnos gydag un cyfarfod mawr ym mhob ardal, gyda AS ac eraill yn annerch, a chefnogaeth o gyfarfodydd llai mewn lleoliadau eraill. Roeddent yn fodlon benthyg tryloywluniau ar gyfer darlith, darparu siaradwr, a gyrru copïau o ganeuon gwlatgarol ynghyd â phosteri a thaflenni i hysbysebu'r digwyddiad. Awgrymwyd defnyddio sinemâu lleol, a chymeradwywyd cysylltiad clòs â recriwtwyr os oedd gwirfoddolwyr i gael eu derbyn yn y fan a'r lle. Ymhlith syniadau pellach oedd gofyn am ddefnydd neuaddau ac ysgolion fel mannau cyfarfod am ddim, sefydlu cronfa leol i ariannu'r fenter, a chynnull fflyd o fodurwyr gwirfoddol i gludo'r gynulleidfa i'r cyfarfod. Roedd y cyfarfodydd i barhau am nadeg munud ar y mwyaf, gyda thri siaradwr yn unig, a'r areithiwr gorau ohonynt yn cloi'r gweithgareddau. Nid ymatebodd gogledd-orllewin Cymru fawr i'r ymgyrch hon, er bod gweithredu brwd arni yn nwyrain sir Ddinbych. Yma, gwrthodwyd cyfarfodydd er budd ymgyrch gorymdeithiau ffordd, hysbysebion sinema a chanfasio. Gyda chymorth cyrff llywodraeth leol a chyflogwyr, cynhyrchodd 2,000 o recriwtiaid honedig erbyn haf 1915. Rhoddwyd blaenoriaeth mewn gormod o gyfarfodydd i bobl lleol blaenllaw hunan-bwysig a addurnai'r llwyfan heb gyfrannu'n sylweddol at y digwyddiadau – eto i gyd pwy na ellid eu hepgor heb beryglu'u cydweithrediad mewn recriwtio a meysydd eraill perthnasol i'r rhyfel.

Honnid bod llawer o ddulliau y PRS a sir Ddinbych wedi cael eu defnyddio yn y gogledd-orllewin heb lwyddiant amlwg. Roedd PCGC wedi cael cynnig llogi siaradwr gyda ffilm ar sail masnachol yn Rhagfyr 1914, a thrafodwyd defnyddio modurwyr gwirfoddol yr Hydref blaenorol. Barnwyd bod yr ail yn anymarferol oherwydd cost chwyddedig petrol yn ystod y rhyfel, a phrinder gyrwyr oedd yn fodlon nid yn unig i gasglu teithwyr o leoedd gwledig gwasgaredig ond hefyd i'w cludo adref cyn mynd adref eu hunain – fel arfer yn y nos. Teimlid hefyd nad oedd cymaint â hynny o geir yn y gogledd-orllewin beth bynnag (mae arolwg yn Ionawr 1916 yn rhestru 399 car yn sir Gaernarfon, a 137 o'r rheiny yn ardal Conwy-Llandudno yn unig).

Roedd ardystio yn ystod cyfarfod – cael eich derbyn dan lw fel milwr – yn symudiad defnyddiol arall. Mewn un achos yng Nghaerdydd, gofynnwyd i wirfoddolwyr i fynychu cyfarfod arall ychydig nosweithiau'n ddiweddarach pan y gellid cwblhau eu hardystiad yn gyhoeddus fel cymhelliad i eraill yn y gynulleidfa. Gan apelio at falchder Cymreig cerddorol, teimlai eraill y byddai caneuon milwrol yn cynnig yr allwedd: argymhellai *Y Goleuad* hyd yn oed ganu 'Gwŷr Harlech' neu 'Saf I Fyny Dros Dy Wlad', gan honni eu bod yn fwy effeithiol nac areithiau. Mae'n sicr y byddent wedi cynorthwyo i greu awyrgylch parotach i ymrestru. Ar y cyfan gellir priodoli canlyniadau tila gwanwyn 1915 yn y gogledd-orllewin i ddiffyg trefniadaeth effeithiol ar lefel leol, yn enwedig ymhlith cynghorau plwyf a dosbarth.

Ychydig o siaradwyr newydd a ymddangosodd yn 1915, er i R. Silyn Roberts o Lanllyfni, bardd a golygydd *The Welsh Outlook* (ac Ysgrifennydd Anrhydeddus Cymru Inns of

Court CHS) annerch nifer o gyfarfodydd ym Manceinion a gogledd Cymru yn gynnar yn y flwyddyn. Gwelodd fisoedd yr haf ostyngiad cyffredinol, er gwaethaf cynnydd achlysurol a achoswyd gan ddefnyddio nwy am y tro cyntaf yn Ypres, suddo'r *Lusitania* a newyddion arall o'r rhyfel. Ym Mhwllheli ar 1 Mai, gorymdeithiodd 860 o fagnelwyr y CC heibio llwyfan arolygu gyda channoedd o bobl yn eu gwylio cyn i'r cyfarfod barhau yn Neuadd y Dref dan arweiniad Ellis W. Davies AS. Roedd y siaradwyr yn cynnwys y Parchedig John Williams a'r Brigadydd-Gadfridog Owen Thomas. Gan siarad fel ffermwr ei hun, anogodd ffermwyr lleol i beidio ag atal ymrestriad eu gweithwyr ond i ymdopi â llai o ddwylo yn yr argyfwng hwn. Clywyd themâu am aberth, amddiffyn rhag goresgyniad barbaraidd, crefydd a chenedligrwydd Cymru unwaith eto. Dywedodd Lefftenant-Gyrnol yr Anrhydeddus Lloyd-Mostyn o Fataliwn 17 (2 Gogledd Cymru) FfCB y siaredid mwy o Gymraeg yn ei uned ef na Saesneg. Effaith bychan a gafodd hyn ar y gymuned amaethyddol – yn ffair Machynlleth y mis hwnnw gwawdiwyd recriwtwyr yn agored gan weision fferm, ac yn Sioe Geffylau Caernarfon adeg Sulgwyn, un recriwt yn unig a ganfuwyd o'r cannoedd o ddynion ifanc a fynychodd. Erbyn Mehefin, roedd Owen Thomas wedi annerch tua 150 o gyfarfodydd recriwtio.

Un siaradwr 'o'r tu allan' a ddaeth yn amlwg yn 1915 oedd Syr Henry Jones, mab i grydd o Langernyw yn sir Ddinbych a addysgodd ei hun ac a ddaethai'n Athro Athroniaeth Foesol ym Mhrifysgol Glasgow. Cyn hynny bu'n rhy brysur gyda gwaith ffoaduriaid o wlad Belg i fynd i recriwtio, ond yn haf 1915 roedd yn annerch cyfarfodydd yn ystod streic glowyr de Cymru. Yn Hydref a Thachwedd 1915 ymdaflodd ei hun i gyfres estynedig o gyfarfodydd yng Nghymru i gyd-daro â Chynllun Derby. Canolbwyntiai ei anerchiadau fel arfer ar egwyddorion moesegol uchaf y rhyfel, a chredai mai'r unig sail i ofyn i ddyn ymrestru oedd mai ar y pryd dyna oedd yr unig ffordd i wasanaethu'r amcanion uchaf mewn bywyd. Gwrthwynebai heddychwyr a methai'n lân â deall agwedd y rhai na ymrestrai. Yn ystod y cyfnod hwn roedd yn dioddef o gancr y gên, cyflwr y bu farw o'i herwydd yn 1922. Yn ystod 1916–18 darlithiodd yn eang ar amcanion y rhyfel.

Atgyfododd Cynllun Derby gyfarfodydd fel modd o apelio am wirfoddolwyr. Canfasio personol fyddai'r dull gorau i ddwyn perswâd, felly dysgwyd llawer o gamgymeriadau'r gorffennol, ond gorchmynnwyd recriwtwyr i gynnal cyfarfodydd o hyd a digwyddiadau cefnogol eraill. Hyd yn oed ar yr adeg hon teimlai rhai bod y diffyg ymateb mewn ardaloedd gwledig yn bennaf oherwydd diffyg digon o ddigwyddiadau yn yr iaith Gymraeg. Er nid dyma oedd y gwir yn y gogledd-orllewin, lle roedd cyfarfodydd Cymraeg yn gwbl arferol yn hytrach na bod yn eithriad. Ni chanfuwyd unrhyw wirfoddolwyr, er enghraifft yng nghyfarfod ffair Llanfechell ym Môn yn gynnar yn Nhachwedd, er i delegram o gefnogaeth gan y Brigadydd-Gadfridog Owen Thomas, oedd yn ddylanwadol yn lleol, gael ei ddarllen.

Canolbwyntiwyd prif ymgyrch cyfarfodydd Cynllun Derby yn cynnwys Syr Henry Jones ar yr hyn a alwai'n 'ardaloedd stiff', gan gynnwys ardaloedd chwareli Blaenau Ffestiniog a Phen-y-groes. Am gyfarfod Pen-y-groes ar 19 Tachwedd ysgrifennodd:

> Fancy a Welsh audience, only a portion of which understood English, standing an address in English for more than half an hour in a long meeting without a single sign of impatience! Also, how sweetly they took off their hats when the hymns were sung; and *what* singing we sometimes had! Last night it almost

overpowered me. I would have wept, and very nearly did, at the thought of telling them to go... in those unspeakable trenches.

Er gwaethaf brwdfrydedd Syr Henry, nid oedd y canlyniadau yn nhermau recriwtiaid fawr yn wahanol i'r cyfarfodydd cynharach. Erbyn dechrau 1916 gyda dyfodiad Deddf Gwasanaeth Milwrol, ymdrechion munud olaf oedd unrhyw gyfarfodydd a gynhelid i fygwth rhai cyndyn i ymuno cyn i orfodaeth eu dal. Yn eironig, erbyn Mai 1916 gyda gorfodaeth gyffredinol a dim angen i'r Fyddin ddarbwyllo ymhellach, cynhelid cyfarfodydd Cymraeg o hyd – y tro hwn gyda'r nod o ddarbwyllo menywod i ymrestru ar gyfer gwaith rhyfel amaethyddol.

Fel dull recriwtio, tila oedd y cyfarfodydd er gwaethaf defnyddio siaradwyr dylanwadol yn lleol, ac er gwaethaf gwelliannau yn eu trefniadaeth. Yn y pen draw, roedd canfasio unigolion yn fwy llwyddiannus na chyfarfodydd, er bod y rheiny'n dal i gael eu trefnu flwyddyn ar ôl sylweddoli eu hanaddasrwydd.

Pennod 9

Dyfodiad Gorfodaeth

Cofrestru Cenedlaethol
Nid dyfeisiad y Rhyfel Byd Cyntaf oedd gwasanaeth milwrol gorfodol ym Mhrydain. Roedd y lefiau *fyrd* Sacsonaidd, y system ffiwdal a'r milisia sirol Tuduraidd yn enghreifftiau o sut y bu raid i ddynion wasanaethu gydag arfau. Gyda'r Rhyfeloedd Napoleonaidd, llenwyd y lluoedd amddiffyn Cartref yn orfodol trwy'r balot Milisia atgas. Rhagwelodd Deddf Milisia Lleol 1808 yr hyn a gyfatebai iddo yn 1916 yn ei gyflwyniad o grwpiau oedran, eithriadau, tribiwnlysoedd apêl a chwotâu (er y caniateid dirprwywyr cyflogedig).

Erbyn 1914 gweddai recriwtio gwirfoddol yn dda gyda system ryddfrydol ddemocrataidd. Yn ddiogel y tu ôl i ffos y Môr Udd a muriau dur cadarn y Llynges, gallai'r Prydeinwyr fforddio dibynnu ar ddigon o wirfoddolwyr cyflogedig i ymgymryd â phlismona eu hymerodraeth eang. Nid iddynt hwy y galw i fyny Cyfandirol o lengoedd o ddynion ifanc yn nesáu at ddiwedd eu harddegau – system a ymdebygai i orfodaeth annemocrataidd, taeogaeth ac unbennaeth. Dim ond teg yw nodi bod llawer o Ewropeaid yn meddwl am eu systemau milwrol eu hunain mewn termau gwlatgarol brwd, fel cyflawni'r dyletswydd uchaf i'w gwladwriaethau. Ystyriai rhai hyd yn oed nad oedd y Fyddin Brydeinig broffesiynol yn ddim mwy na milwyr tâl.

Daeth *Entente Cordiale* 1904 â Phrydain a Ffrainc yn nes at ei gilydd yn nhermau cynghrair filwrol â'i gilydd, tra oedd ras arfau forol a gweithredoedd herfeiddiol y Kaiser Wilhelm ansefydlog yn ymddangos yn fygythiad i sefydlogrwydd Ewropeaidd. Dechreuodd Staff y Fyddin Brydeinig gynllunio ar gyfer dyfodol a gynhwysai weithredu o blaid y

Ffrancwyr yn Ewrop. Ad-drefnodd Haldane y Fyddin wrth gefn, a chrëwyd Byddin Ymgyrchol ar bapur. Ond gwyddai pawb mai bach fyddai maint tebygol y fath lu, pa mor broffesiynol bynnag, o gymharu â byddinoedd torfol Ewrop.

Arweiniodd hyn at ymgyrchu dros fath o Wasanaeth Cenedlaethol gorfodol ar linellau Ewropeaidd – anerchodd Syr Harry Reichel, Prifathro Coleg Prifysgol Gogledd Cymru Bangor gyfarfod lleol ar y pwnc yn 1906. Ond i'r mwyafrif, yn enwedig Rhyddfrydwyr, roedd yr awgrym yn anathema. Gwelai dechrau'r rhyfel yn 1914 lawer o gefnogwyr gorfodaeth yn barod i gefnogi'r system wirfoddol yn y lle cyntaf. Wrth i 1915 fynd rhagddi, fodd bynnag, tyfodd galwadau am ryw fath o wasanaeth gorfodol. Roedd hyn yn rhannol yn ymateb i agweddau difater a gochelgar y rhai a elwid yn 'ddiogwn', a wrthodai'n lân ag ymrestru.

Cynllun Deiliaid Tai yn hwyr yn 1914 oedd yr ymdrech swyddogol gyntaf i asesu nifer y dynion a hefyd i ofyn a fyddai dynion yn cytuno i gael eu galw i fyny mewn ffordd gynllunedig, systematig. Gwirfoddol oedd hyn, ac i raddau helaeth yn ddigon aneffeithiol. Canfasiwyd siroedd Trefaldwyn a Mynwy'n fwy effeithiol ar gyfer recriwtiaid ar yr adeg hon trwy fesurau a osodwyd yn eu lle gan eu Harglwyddi Lefftenant, gyda phob dyn cymwys yn cael eu cofrestru. Trefnodd sir Ddinbych hefyd 'gyfrifiad' o ddynion a menywod ym Mawrth 1915, a'r ymdrechion lleol hyn yn ddrych o asesiad Cynllun Derby ledled y wlad yn ddiweddarach y flwyddyn honno.

Yn ddiweddarach byddai David Lloyd George yn honni iddo fod yn gefnogwr i Wasanaeth Cenedlaethol ers sawl blwyddyn; ond llwyddodd i guddio'r ffaith rhag y cyhoedd yn ystod rhan gynharach y rhyfel. Yn breifat, ceisiodd awgrymu mabwysiadu system Napoleonaidd o orfodaeth trwy bleidlais mewn cyfarfod Cabinet yn gynnar yn Nhachwedd 1914, ond yn aflwyddiannus. Pentyrrai'r colledion ar y Ffrynt Orllewinol, a chyn hir roedd yn amlwg bod y Fyddin yn cael anhawster i gael digon o ddynion. Roedd y Fyddin Barhaol ac wrth gefn yn mynd yn hesb, a llawer o'r Tiriogaethwyr wedi arwyddo ar gyfer gwasanaeth Cartref yn unig. Roedd angen chwe mis yn swyddogol ar y gwirfoddolwyr a lenwai'r swyddfeydd recriwtio cyn eu hystyried yn 'hyfforddedig ac effeithol', ond o ganlyniad cawsai dynion nad oedd yn agos at gyflawni'r disgrifiad hwnnw eu gyrru allan fel milwyr wrth gefn. Amrywiai'r ystadegau eu hunain, ond erbyn Mai 1915 roedd yn glir bod y duedd ar i lawr er gwaetha'r cynnydd bychain a achosid gan newyddion am y brwydrau neu erchyllterau. Y mis hwnnw codwyd oedran uwch ymrestru o 38 i 40.

Ar 19 Mai ffurfiwyd y Llywodraeth Glymblaid ac ar yr un pryd roedd cwestiwn asesu'r dynion oedd ar ôl yn cael ei godi gan y Rhyddfrydwyr Syr Ivor Herbert AS ac AS Môn Ellis J. Griffith ymhlith eraill – a hwnnw'n datgan: *'The word conscription had no terrors for him.'* Cododd Herbert gwestiwn 'cyfrif stoc' yn Nhŷ'r Cyffredin y diwrnod hwnnw, ac ysgrifennodd hefyd at Ysgrifennydd y PCGC i ddweud bod: *'Lady Herbert has just come in from church and tells me that the sermon was on National Registration which was declared to be the finest thing for the country.'*

Cydnabyddwyd ym Mai a Mehefin 1915 y deuai mabwysiadu cyfrifiad dynion ledled y wlad â gorfodaeth yn anochel. Ar hyd a lled Cymru roedd recriwtwyr eisoes wedi rhagweld hyn, gan fod gorchymyn wedi'i yrru allan ar 10 Mai iddynt batatoi rhestrau o ddynion cymwys yn eu hardaloedd.

Ar 2 Mehefin roedd y Gynhadledd Genedlaethol Gymreig wedi cymeradwyo'r cynllun, a gafodd ei drafod a'i gefnogi wedyn gan gynadleddau rhanbarthol a sirol. Cynorthwyodd staff Pwyllgor Sirol sir Gaernarfon nid yn unig i drefnu'u cynhadledd sirol eu hunain ond hefyd un ranbarthol gogledd Cymru, y ddwy ym Mehefin. Gwelodd Cynhadledd sir Gaernarfon yr Arglwyddi Lefftenant J. E. Greaves ac Osmond Williams o Feirionnydd wrth ochr Syr Ivor Herbert, Owen Thomas, y Parchedig John Williams, Brynsiencyn, yr Arglwydd Mostyn ac Ellis J. Griffith AS – oll yn unedig am unwaith o blaid y gofrestr. Dim ond Ellis W. Davies AS gododd lais croes. Yn amlwg, roedd y rhwystrau rhag gorfodaeth yng Nghymruyn chwilfriw.

Mewn cyfres o gyfarfodydd, rhoddodd yr Arglwyddi Lefftenant y mater gerbron cynulleidfaoedd 'cynrychioladol' am gymeradwyaeth 'sirol'. Tra oedd yn well gan rai fel y Brigadydd-Gadfridog Owen Thomas y system wirfoddol, roedd cymeradwyaeth yn y wasg Gymreig o unrhyw beth a allai ysgwyd yr hyn a labelwyd yn ddifaterwch hunanfodlon ffermwyr, chwarelwyr ac eraill yn 'aros gartref'. Gallai selogion or-wneud pethau – yn gynnar ym Mehefin llwyddodd cylchlythyr ar bwnc gorfodaeth wedi'i arwyddo gan Mr Hobson rheolwr Chwarel y Penrhyn, a Mr Jervis, prifathro Ysgol Gerlan i godi gwrychyn yn lleol oherwydd teimlid fod ei gynnwys yn fygythiol.

Datganodd Lloyd George yn gynnar ym Mehefin nad oedd hyn yn annemocrataidd, a chyda'i gefnogaeth cyflwynodd y Llywodraeth ei Fesur Cofrestru Cenedlaethol i'r Tŷ ar 29 Mehefin. Ar ôl dadlau tanbaid yn y Senedd, cymerawywyd y Mesur ar 8 Gorffennaf.

Pennwyd dyddiad y Gofrestr Genedlaethol ar 15 Awst 1915. Ym mhob ardal Cyngor Dosbarth trefol a gwledig, byddai'r awdurdodau lleol yn trefnu cyfrif pob person rhwng 16 a 65 oed ar ffurflenni wedi'u dosbarthu gan gwnstabliaid arbennig a gwirfoddolwyr eraill. Mewn rhai ardaloedd cymerwyd y cyfle hefyd gan recriwtwyr a gwirfoddolwyr i ganfasio unigolion, gan ddefnyddio'r rhestrau dynion cymwys a baratowyd ym Mai. Ym Methesda, athrawon ysgol lleol ac ychydig o rai eraill wnaeth y cyfrifiad, ond dryswyd y wybodaeth a gafwyd gan fudo cynyddol dynion o'r ardal hon ac o ardaloedd dirwasgedig tebyg eraill.

Roedd angen manylion oedran, statws priodasol a gwybodaeth sylfaenol pellach ar y ffurflenni cofrestru, a rhoddwyd pwyslais manwl ar alwedigaeth neu grefft cyfredol pob person. Eglurid y rhesymau am hyn yng Ngorffennaf, pan ddywedodd yr Arglwydd Kitchener y byddai'r wybodaeth yn cael ei defnyddio i fynd at ddynion mewn gwaith nad oedd yn hanfodol. Derbyniai pob person a gwblhai'r ffurflen gerdyn melynlwyd yn cynnwys y datganiad ei fod ef neu ei bod hi wedi'u cofrestru yn unol â'r Ddeddf Gofrestru Genedlaethol – y dosbarthiad cyntaf erioed ym Mhrydain o gerdyn adnabod cenedlaethol, a'r awdurdodau yn ei drin felly yn ystod y rhyfel.

Hyd yn oed cyn y dyddiad hwn gwnaed trefniadau tuag at orfodaeth. Dywedodd Lloyd George wrth Bwyllgor y Cabinet ar 10 Awst ei fod 'yn sicr na lwyddwch hebddo.' Y realiti bygythiol a leisiwyd gan y Pwyllgor hwn oedd, tra bod Kitchener yn galw am 30-35,000 o wirfoddolwyr yr wythnos, nid oedd: *'repeated canvassing of individuals, and ... every form of social, and in some cases even economic, pressure upon all classes of men'*, ond yn codi 20,000. Yn amlwg, roedd angen rhywbeth mwy.

Ar yr adeg hon, cafodd y manylion cofrestru eu defnyddio'n unig i restru pob dyn 19-41 oed ac eithrio gweithwyr 'serennog' mewn galwedigaethau hanfodol cyfnod rhyfel. Hap a damwain oedd y 'serennu' (dim ond serennig wrth yr enw ydoedd), a thyfodd o'i gymhwyso cychwynnol i'r rhai yn y diwydiant glo, arfau rhyfel, rheilffyrdd i gynnwys rhai cannoedd o gategorïau erbyn diwedd 1915.

Ganol Medi cyhoeddwyd golygiad poblogaidd o areithiau rhyfel Lloyd George, *Trwy Arswyd i Fuddugoliaeth*. Yn ei ragymadrodd dadleuai: *'if the nation hesitates, when the need is clear, to take the necessary steps to call forth its manhood ... then I can see no hope.'*

Gyda sylwadau eraill tebyg yn y dyddiau canlynol, gwnaed ei safbwynt yn glir. Teimlai y gallai oddef yr amhoblogrwydd dilynol mewn rhai cylchoedd Rhyddfrydol, gan fod llawer o rai eraill bellach o'r un farn.

Erbyn diwedd Awst, cytunai Pwyllgor yr Arglwydd Lansdowne gyda Phwyllgor y Cabinet ar ddefnydd y Gofrestr Genedlaethol a nodai nad oedd digon o ddynion yn dod ymlaen i gyflawni anghenion milwrol arfaethedig yn 1916. Ffurfiwyd Pwyllgor Recriwtio Llafur ar linellau PRS i geisio ennill recriwtiaid trwy apelio at weithwyr trwy'r Blaid Lafur, ond yn ofer ac ar 11 Hydref ymunodd y ddau fel y Pwyllgor Seneddol a Recriwtio Llafur ar y Cyd o dan reolaeth yr Arglwydd Derby.

Cynllun yr Arglwydd Derby

Yn gynnar yn Hydref 1915 gofynnwyd i'r Arglwydd Derby gan y Prif Weinidog Asquith i fod yn bennaeth ar system newydd o recriwtio. Roedd Derby, diwydiannwr mawr o swydd Gaerhirfryn a sylfaenydd unigol mwyaf llwyddiannus unedau Byddin Newydd, yn gefnogwr cadarn i Wasanaeth Cenedlaethol. Derbyniodd gynnig Asquith ar yr amod pe methai'r cynllun, y byddai gorfodaeth yn cael ei fabwysiadu. Ar 5 Hydref daeth yn Gyfarwyddwr Recriwtio.

Mewn cyfarfod Cabinet ar 12 Hydref ni fedrai Kitchener wadu bod ymrestru gwirfoddol yn methu. Yn ddiweddarach, bygythiodd pump aelod Cabinet ymddiswyddo, gan gynnwys Lloyd George, os nad oedd gorfodaeth yn cael ei fabwysiadu. Sicrhaodd Asquith eu cefnogaeth gyndyn am gyfnod prawf chwech wythnos y system dan arweiniad Derby. Hyd yn oed cyn i Gynllun Derby ddechrau, ymddangosai bod y rhai mewn grym yn disgwyl – neu hyd yn oed yn dymuno – iddo fethu.

Datgelwyd y Cynllun ar 15 Hydref. Byddai pob dyn 'heb seren' 18 i 41 oed yn cael cylchlythyr yn gofyn iddynt ymrestru. Gallent ymuno â'r Fyddin yn y ffordd arferol, neu ofyn i gael eu lleoli mewn galwad 'ohiriedig' i'w 'Grŵp'. Roedd 46 Grŵp i gyd, ar sail oed a staws priodasol. Dynion sengl 18 oed oedd Grŵp 1, Grŵp 2 yn 19 oed, ac ymlaen hyd at ddynion dibriod 41 oed Grŵp 23. Cynhwysai Grŵp 24 ddynion priod 18 oed, ac ymlaen at ddynion priod 41 oed yng Ngrŵp 46.

Byddai'r rhai a benderfynodd beidio ag ymuno ar unwaith yn cael eu hymrestru'n ffurfiol, gan eu gwneud yn filwyr dan y gyfraith; ac yn derbyn 2s. 9d. (tâl a lwfans) yn gadarnhâd o'u statws newydd fel aelodau o'r Dosbarth Byddin newydd Wrth Gefn 'B'. Fe'u gyrrwyd adref wedyn i barhau â galwedigaethau blaenorol tan i'w Grŵp gael ei fyddino i wasanaethu. Amcan diymwad y Cynllun oedd cael digon o ddynion wrth law, naill ai trwy ymrestru ar unwaith neu'n ohiriedig, i sicrhau parhâd y system wirfoddol. O fethu ... datganwyd dro ar ôl tro mai canlyniad rhy ychydig o wirfoddolwyr fyddai defnyddio 'dulliau eraill'.

Roedd y Cynllun i redeg o 28 Hydref i 30 Tachwedd. Y prif bwyntiau fyddai: statws priodasol oedd yr hyn oedd i'w gofnodi ar Gerdyn Cofrestru Cenedlaethol Awst, gan achub y blaen ar y rheiny a obeithiai osgoi dros dro trwy briodas amserol. Roedd recriwtiaid Tiriogaethol i gael eu cronni, a chael dewis cyfyngedig o uned yn unig. Byddai 'Serennu' yn cael ei herio, a byddai'r rhai 'Bathodynnog' (meddu ar fathodyn llabed pres gweithiwr rhyfel 'hanfodol') yn cael eu heithrio o'r ganfas os gweithient yn swyddogol i'r Morlys neu gydag arfau rhyfel yn unig. Byddai'r rhai oedd i ymrestru yn cael hawl i apêl yn erbyn galwad, gerbron tribiwnlysoedd lleol neu hyd yn oed sirol a chenedlaethol pe cyflwynid apeliadau pellach.

Roedd siroedd i gael eu rhannu'n 'etholaethau', a'r dynion o'u mewn i gael eu canfasio. Mynychai Recriwtwyr, yn cael eu hadnabod fel 'aelodau Milwrol', y tribiwnlysoedd i fynnu hawliau'r Fyddin. Roedd y tribiwnlysoedd eu hunain i fod i gynnwys: 'dynion oedd yn llwyr y tu hwnt i genfigen crefft allanol', ac yn cynnwys cynrychiolwyr y cyflogwyr a'r cyflogedig. Llwyr ddisgwylid y byddai hyd at 25% yn cael eu gwrthod ar sail feddygol. Byddai'r galw yn dechrau gyda'r Grwpiau dibriod, gan ddihysbyddu cronfeydd y dynion sengl cyn galw'r rhai priod.

Mewn cyfarfod ychydig cyn i'r Cynllun ddechrau gyda'r PCGC, cyfaddefodd yr Arglwydd Derby y byddai recriwtiaid Cymreig cronedig yn mynd i unedau Cymreig, ond 'rhaid trin Cymru, fodd bynnag, fel cyfanwaith. Ni fyddai addewid yn cael ei roi parthed unrhyw ardal arbennig.' Ni awdurdodwyd recriwtwyr i wneud addewidion am unedau arbennig, ond byddai dewis dynion yn cael eu nodi a'r rhain yn cael eu gweithredu mor bell â phosibl. Fel arall, byddent yn cael eu hymrestru ar gyfer 'Gwasanaeth Cyffredinol', a'u gyrru at uned o'r Fyddin oedd ag angen amdanynt. Nododd y Cadfridog Mackinnon o Reolaeth Gorllewinol bod milwyr troed wrth gefn Cymreig yn brin o 16,000 o ddynion gan eithrio'r Tiriogaethwyr ac unedau marchogol hyd yn oed, felly byddai rhai nad oeddent yn Gymry yn gorfod cael eu trosglwyddo i wneud iawn am y diffyg os nad oedd digon o wirfoddolwyr Cymreig yn dod ymlaen. Ymdrechwyd i anfon mwy o ddynion i unedau hyfforddi mwy lleol neu gatrodau o'u dewis hwy, ond yn fuan gallent gael eu hunain yn symud i fataliynau yn ôl angen y Fyddin. O dan is-bennawd *Cam a Bechgyn Cymru* adroddodd *Yr Herald Cymraeg* ar 15 Chwefror 1916 am gwynion bod llawer o ddynion o ogledd-orllewin Cymru a ymrestrid yn ddiweddar gyda'r addewid y gallent fynd i Fataliwn 22 (Wrth Gefn) FfCB (a adnabyddid fel bataliwn

'Gwynedd', ac a oedd i fod yn fwy Cymraeg), wedi'u hanfon yn hytrach i ffurfiadau Seisnig, Gwyddelig ac Albanaidd. Gwnaeth cynghorydd o Lŷn sylw nad oedd llawer o ddynion lleol yn medru gair o Saesneg, a'i bod yn greulondeb i'w gosod mewn byddinoedd Seisnig. Gwnaed protest ffurfiol gan y Cyngor Dosbarth.

Erbyn 23 Hydref roedd recriwtwyr i ddosbarthu copïau o apêl Derby i gartrefi pob dyn cymwys:

> Sir, at my request the Parliamentary Recruiting Committee ... are organising a great recruiting campaign ... If this effort does not succeed, the Country knows that everything possible will have been done to make the voluntary system a success, and will have to decide by what method sufficient recruits can be obtained ... May I ... beg you to consider your own position? ... Will you not be one of those who respond to your country's call?

Awdurdodwyd recriwtwyr i ychwanegu eu negeseuon eu hunain at hyn, ac o ganlyniad roedd rhai yn cynnwys bygythiadau bod gorfodaeth ar fin dod, i ddychryn pobl i ymrestru. Ochr yn ochr â'r rhain cafwyd apêl gyfochrog gan y Brenin George, a atgynhyrchwyd hefyd mewn papurau newydd ac fel posteri wal.

Daliai'r optimistiaid i obeithio y gellid achub yr egwyddor wirfoddol, ond amrywiai safbwyntiau. Cymeradwyodd cyfarfod blynyddol Undeb Cenedlaethol Eglwysi Efengylaidd Cymru gynnig yn gwrthwynebu gorfodaeth fel rhywbeth: 'cwbl dansieliol o egwyddor hanes, ysbryd a sefydliadau'r Eglwysi Rhyddion.' Cyhoeddodd y *Cambrian News* fodd bynnag:

> What the slackers have got to realise is that they must go sooner or later, and that if they wait to be 'fetched' they

will never be able to hold their heads as high as can the volunteer ...

Ym mhob sir yng Nghymru daeth peirianwaith canfasio i fodolaeth. Rhannwyd bwrdeistrefi a chynghorau dosbarth trefol yn 'unedau'; ac mewn cynghorau dosbarth gwledig trefnai plwyfi mwy unigol a grwpiau o blwyfi llai eu hunain. Roedd gan bob uned bwyllgor lleol, o dan gydlyniant y pwyllgor sirol. Yn wahanol i system gynharach fylchog Pwyllgorau Recriwtio Sirol gweithredwyd hyn ledled y wlad. Dewisai cynhadledd sirol bwyllgor gweithredol yn cynnwys meiri'r bwrdeistrefi, cadeiryddion cynghorau dosbarth, cadeiryddion sesiynau bach adrannol, asiantiaid gwleidyddol o bob plaid, recriwtwyr ac eraill. O dan bob pwyllgor gweithredol roedd pwyllgorau cyllid, canfasio ac ymrestru, a phenodwyd arolygwyr teithiol i oruchwylio'r pwyllgorau lleol. Rhoddai'r pwyllgorau ymrestru ddynion bodlon mewn cyswllt â recriwtwyr ar gyfer ymrestru. Cynhelid cyfarfodydd cyhoeddus i esbonio sut y gweithiai'r Cynllun ac i apelio ar gyfer ymrestru.

Cyfarfu Pwyllgor Sirol sir Gaernarfon, un o'r ychydig mewn bodolaeth yn barod, ar 22 Hydref i drafod llythyr oddi wrth y Brenin yn gofyn iddynt gefnogi'r Cynllun. Cytunwyd gan y pwyllgor sirol i ffurfio 'pwyllgor canolog', er mwyn cynnwys awdurdodau lleol. Roedd Ellis W. Davies AS yn dal yn ddigon gobeithiol i deimlo y deuai digon o wirfoddolwyr ymlaen, a gofynnodd y gallai dynion ifanc, sengl heb ddibynyddion gael eu dewis cyn dynion priod.

Dosbarthodd y PRS gyfarwyddiadau manwl i'r canfaswyr i'w defnyddio wrth berswadio'r dynion 'heb seren' a 'heb fathodyn' hynny a restrid ar eu cardiau'n gymwys ar gyfer gwasanaeth milwrol. Dylent alw – fwy nac un tro os oedd rhaid – a chyfweld dynion yn bersonol. Dylent eu hysbysu yn 'glir a chwrtais' o angen eu gwlad –

'Peidiwch â bwlio na bygwth.' Roedd rhaid i'r canfaswyr adrodd i'w pwyllgor lleol bob dydd tan i bob dyn ar y rhestr gael ei gyfweld neu bod rhyw adroddiad arall ar ei gyfer. Roedd gwybodaeth y Cofrestrau Cenedlaethol yn werthfawr iawn, gan fod gweithwyr 'serennog' a rhai gwarchodedig eraill wedi'u rhestru arnynt, ac nid oeddent i gael eu hannog i ymrestru oni bai y collent eu gwaith. Cadwai recriwtwyr gardiau gwybodaeth ar gyfer dynion 'heb seren', wedi'u hisrannu fesul blwyddyn geni. Dim ond ar 25 Hydref y rhyddheid y wybodaeth hon i ganfaswyr ar y 'cardiau gleision' hyn, ac fe'u dychwelid yn y pen draw i'r recriwtwyr yn dwyn canlyniadau unigol canfasio ac unrhyw wybodaeth newydd.

Roedd hi'n 6 Tachwedd cyn i Bwyllgor Sirol sir Gaernarfon gylchlythyru ei bwyllgorau lleol gyda chyfarwyddiadau canfasio. Dewiswyd canfaswyr y gellid dibynnu arnynt am eu pwyll a'u doethineb, ac a oedd dros oedran gwasanaeth milwrol. Rhoddwyd blaenoriaeth i ddynion lleol â meibion yn gwasanaethu'n barod yn y Lluoedd, neu a oedd wedi 'rhoi tystiolaeth ddigamsyniol o'u parodrwydd i wneud aberthau mawr dros eu gwlad Brodorol.' Anogwyd defnyddio menywod yn ganfaswyr hefyd.

Roedd y cynllun cyfan i'w gwblhau erbyn 30 Tachwedd. Yn sir Gaernarfon, penodwyd chwech arolygydd teithiol i wirio gwaith y pwyllgorau lleol; sef Thomas Griffith (ar gyfer Gwydir Ucha a Llanrwst), J. Isaard Davies (Caernarfon), R. S. Chamberlain (Llandudno), Syr Henry Lewis (Bangor), R. M. Greaves (Porthmadog) a J. G. Jones (Penmaen a Phwllheli).

Roedd ymweliad cynta'r canfasiwr i wirio'r wybodaeth ar y 'cardiau gleision' ac i holi am resymau pam nad oedd dyn yn ymrestru, a'r manylion hynny'n cael eu hychwanegu at y cerdyn. Byddai'r pwyllgor lleol wedyn yn craffu ar bob achos, gan ddefnyddio'r wybodaeth a'u gwybodaeth lleol hwy eu hunain i benderfynu pa ddynion y dylid ailymweld â hwy a phwyso arnynt i wirfoddoli.

Ar 26 Hydref cylchlythyrodd y Bwrdd Llywodraeth Leol bob cyngor tref a bwrdeistref metropolaidd, a chynghorau dosbarth trefol a gwledig, i sefydlu tribiwnlysoedd ym mhob Ardal Gofrestru Genedlaethol. Roedd y rhain i benderfynu'n benodol ar werth eithriadau 'serennog' o wasanaeth. Roedd hi'n ganol Tachwedd cyn bod llawer yn barod. Cadeirid Tribiwnlys Bethesda gan William John Parry o Neuadd Coetmor, cyfrifydd siartredig a henadur 73 oed, a ysgrifennai lyfrau am y lle ac yn gyn-olygydd o'r cyfnodolion Radical/Rhyddfrydol *Y Werin* a'r *Genedl Gymreig*. Cadeiriai hefyd bwyllgor pensiynau rhyfel Bangor.

Pwysleisiwyd dro ar ôl tro gan ganfaswyr, siaradwyr cyhoeddus, papurau newydd a phosteri bod tribiwnlysoedd ond yn cael clywed apeliadau dros eithrio a gohirio ar *ôl* i ddyn ymrestru. Ar y pryd ymddangosai hynny'n rhesymol, gan nad oedd rhaid i neb ymrestru, ac roedd y tribiwnlysoedd i fod i ddelio yn bennaf â'r rhai oedd yn ceisio cydnabyddiaeth swyddogol o'u hanallu i wasanaethu, neu a ddymunai gael eu galw'n ddiweddarach. Dim ond gyda threigl yr wythnosau a'r misoedd y sylweddolwyd yn raddol trwy ardystio gyda'r bwriad o apelio, bod llawer o ddynion wedi cael eu rhwydo i ddod yn rhyfelwyr anfoddog. Os methai eu hapêl, arhosent yn filwyr ymrestredig cyfreithlon ac yn waeth eu byd na'r 'diogwn' nad oedd wedi ymrestru yn y lle cyntaf.

Roedd llawer o ddryswch, hyd yn oed ymhlith canfaswyr, a oedd angen i weithwyr amaethyddol ymrestru. Honnwyd bod 2,500 o ddynion 'serennog' yn Llŷn yn unig, a thuag at ddiwedd Cynllun Derby gofynnwyd iddynt ac eraill tebyg iddynt i ymrestru, fel y gallai'r tribiwnlysoedd wirio dilysrwydd eu heithriad.

Roedd rhyw chwech sail y gellid hawlio eithriad rhag

gwasanaeth milwrol arnynt, yn amrywio o wrthwynebiad cydwybodol, trwy anghymhwyster meddygol, neu galedi i ddibynyddion, i gyflogaeth mewn gwaith o bwysigrwydd cenedlaethol. Gallai'r tribiwnlysoedd gynnig tri math o dystysgrif eithrio: absoliwt (eithrio parhaol); amodol (ar amgylchiadau'r dyn yn aros yn ddigyfnewid), a dros dro (gohiriad am, dyweder, dri mis). Roedd hi'n bosibl hefyd i gael eich eithrio o wasanaeth brwydro, yn amodol ar ymrwymiad dyn i ymgymryd â swyddogaeth mewn lifrai heb frwydro neu waith arall o bwysigrwydd cenedlaethol. Oni adnewyddid hyn gan dribiwnlys pellach, bernid bod dynion wedi'u hymrestru ddau fis ar ôl diwedd unrhyw eithriad dros dro.

Er enghraifft sefydlwyd Tribiwnlys Lleol Llŷn, ym Mhwllheli, ar 29 Tachwedd 1915 yn cynnwys cadeirydd, ysgrifennydd a phedwar aelod arall. Ymunodd dau aelod ychwanegol yn Ionawr 1916, ac un arall o Gyngor Dosbarth Gwledig Llŷn ym Mawrth. Clywyd yr achosion apêl cyntaf ar 29 Rhagfyr a'r eisteddiad nesaf yn Chwefror 1916, a 14 o achosion wedi cael eu penderfynu erbyn hynny. Nid tan yn hwyr yn Chwefror 1916, ar ôl i'r Ddeddf Gwasanaeth Milwrol ddod i rym i ddynion ifanc dibriod, y dechreuodd glywed achosion yn eu niferoedd: 214 rhwng 23 Chwefror a 4 Mawrth yn unig. Ar ôl Mawrth 1916, trwy gytundeb â Chorfflu Hyfforddi Gwirfoddolwyr sir Gaernarfon (yn cyfateb i'r Llu Amddiffyn Cartref llawer yn ddiweddarach) daeth yn amod eithriad bod dynion yn ymuno â'r llu amddiffyn lleol rhan-amser hwn. Dywedid o bosibl wrth eraill i weithio ar y tir, gydag eithriadau dros dro yn cael eu rhoi iddynt i gael hyd i waith addas.

Mynychai cynrychiolwyr milwrol bob sesiwn tribiwnlys, gyda'r dasg o bwysleisio angen y Fyddin am ddynion. Nid recriwtwyr oedd y cwbl, na milwyr hyd yn oed, ond sifiliaid yn aml a benodwyd i'r pwrpas. Gweithredai'r Athro E. V.

Arnold o'r Brifysgol ym Mangor yn y fath fodd. Un arall oedd R. J. Lloyd Price o'r Bala, tirfeddiannwr wedi'i addysgu yn Eton, ynad, Dirprwy Lefftenant sir Feirionnydd ac un a ystyriai ei hun yn ecsentrig – cefnogasai orfodaeth ers o leiaf Tachwedd 1914. Roedd yn gyn-swyddog Milisia Reiffl Meirionnydd.

Datganodd Ieuan Rhys, Weslead Cymraeg wrth ysgrifennu at ei ewythr yn Awstralia yn ddiweddarach yn 1916:

> 'Cynhwysai'r llys hwn nifer o ddynion a dim arall ganddynt i'w wneud, fel rheol, ond mynychu byrddau cyhoeddus.' Gan gyfeirio at Gynllun Derby, ychwanegodd, 'Ychydig, os dim, a ganwyd byth er hynny ar 'Yr Hen Ddarbi' yn ein capel ni.'

Profai cael hyd i ganfaswyr yn anodd mewn rhai lleoedd, efallai na allai'r rhai a wnaethai'r gwaith hwn yn barod oddef mwy o ymweliadau i'r un tai, neu gallent fod wedi penderfynu na ddymunent fod ynghlwm â'r hyn oedd yn amlwg yn ragflaenydd i orfodaeth. Ym Methesda dywedwyd bod y Cyngor Dosbarth Trefol wedi gwrthod ymgymryd â'r dasg, ac er iddynt benodi pwyllgorau a chynnal cyfarfodydd ni ddymunai prin neb fod yn rhan o'r gwaith. Ymddangosodd awgrymiadau o anawsterau tebyg mewn adroddiadau yn y wasg o leoedd eraill. Yn hwyr yn Nhachwedd denodd methiant Bethesda sylw'r Pwyllgor Sirol, ac yn hytrach na bod yr ardal ddim yn cydymffurfio credid y gellid penodi canfaswyr nad oedd yn lleol. Yn gynnar yn Rhagfyr anerchwyd y Cyngor gan Syr Henry Lewis, fel arolygwr, a chanfuwyd ateb wrth benodi nifer o foneddigesau i wneud y canfasio.

Wrth i Gynllun Derby agor disgynnodd rhuthr o ardystwyr ar y system recriwtio. Dymunai rhai ymuno ar unwaith, felly deliwyd â hwy mewn ffordd debyg i unrhyw recriwt cynharach. Disgrifiodd un papur newydd yn Aberystwyth yr olygfa fel a ganlyn:

> at each office hundreds of men presented themselves ... the men, with few exceptions, were in good spirits, and stood waiting in rows chaffing and singing popular songs. It was a scene unparalleled in the history of the county.

Roedd y niferoedd a ddeuai ymlaen yn galonogol yn sicr, er wrth gwrs bod rhai wedi'u gwrthod yn feddygol, ac eraill wedi ardystio yn unig er mwyn medru apelio yn erbyn galwad i fyny. Roedd pob un a dderbyniwyd ar gyfer ardystio yn cael rhwymyn braich *khaki* a choron goch arno, i'w wisgo fel arwydd cyhoeddus o'u statws Wrth Gefn newydd. Roedd yn fathodyn amhoblogaidd, a thynnwyd ef yn ôl erbyn canol Tachwedd gan fod dynion a gafodd eu rhyddhau neu rai heb fod yn ddigon iach yn derbyn yr un rhwymyn braich yn union fel ffurf o warchodaeth. Teimlai llawer hefyd bod ei wisgo yn rhagfarnu'u gobeithion o gael gwaith. Yn Ionawr 1916 cafodd ei ddosbarthu eto i ddynion anghymwys ar yr amod eu bod yn cymryd archwiliad meddygol arall – a chanfyddai rhai y gwrthodwyd eu gwasanaeth ar fân seiliau iechyd cyn hynny eu bod bellach yn dderbyniol. Magl dan guddwisg denau oedd hyn a arweiniodd at ailddosbarthu llawer yn gymwys nid yn unig ar gyfer dyletswyddau ysgafn Cartref ond hyd yn oed gwasanaeth llinell flaen. Yn y pen draw, roedd rhaid i'r Brenin apelio'n bersonol i ardystwyr wisgo'r rhwymyn braich.

Cafodd ffurflenni milwyr newydd Wrth Gefn Dosbarth 'B' eu marcio felly, ynghyd â rhif eu Grŵp. Byddai cofnodion eu gwasanaeth yn dangos eu bod wedi ardystio ar ddiwrnod arbennig, ac yna'u rhyddhau ar unwaith i'r Llu Wrth Gefn tan iddynt gael eu byddino. Stampiwyd cardiau Cofrestru Cenedlaethol i ddangos bod dyn wedi ardystio, i atal ailymrestriadau trwy dwyll.

Estynnwyd dyddiad cau y Cynllun o 30 Tachwedd i 4 Rhagfyr a wedyn 12. Yn y diwedd, roedd mwy o bobl yn ymrestru yn yr ychydig ddyddiau olaf nac a wnaeth felly dros sawl wythnos, gofynnwyd i recriwtwyr agor eu swyddfeydd ar foreau Sul a hepgor yr archwiliad meddygol cyntaf er mwyn ymdopi. Yn Neuadd y Dref Conwy ar ddydd Sadwrn 11 Rhagfyr cyrhaeddodd cymaint fel bod ardystio wedi parhau tan 11:15pm a dywedwyd wrth y rhai oedd yn dal i aros am ddychwelyd y diwrnod wedyn, pan ymrestrodd hanner cant o ddynion eraill. Ym Methesda roedd y swyddfa recritwio yn Rhes Ogwen yn gorlifo am oriau, yn enwedig ar y nos Wener olaf. Gan fod cymaint yn ceisio ardystio ledled y wlad caniatawyd estyniad pellach eto, a daeth y Cynllun i ben ar ddydd Mercher, 15 Rhagfyr.

Roedd y dyfalu am y canlyniadau yn rhemp. Ym Mharc Cinmel, pryderai'r Brigadydd-Gadfridog Owen Thomas: 'na ddeallwyd Cynllun yr Arglwydd Derby yn drwyadl yn yr ardaloedd anghysbell neu'r hyn y gellid ei adnabod fel rhan fwy Cymraeg Cymru amaethyddol.' Swnia hyn fel esgus a wnaed cyn cael ffigyrau gwael. Yng Nghaernarfon adroddodd yr asiant recriwtio T. Samuel Ingham chwe deg pump ardystiad yn unig ar gyfer Llu Wrth Gefn Dosbarth 'B' erbyn 5 Rhagfyr. Yn Llanberis, anogai rhagolwg gorfodaeth aelodau Undeb yr Annibynwyr Cymraeg i apelio at eu gweinidogion i helpu dynion i ymrestru cyn i'r elfen o ddewis gael ei ddileu.

Ar ddiwedd eitha'r flwyddyn, ysgrifennodd y bythol-obeithiol Ellis W. Davies AS at Lloyd George yn datgan bod 'gwrthwynebiad unfrydol bron' hyd yn oed i orfodi dynion sengl, oni bai bod cyfle arall yn cael ei roi i ardystio'n wirfoddol. Ei resymau oedd bod y canfasio yn anghyflawn, bod llawer o ddynion yn credu eu bod yn 'serennog' neu'n eithriedig fel arall ac heb drafferthu felly i ymrestru a bod dim ffurflenni Cymraeg wedi'u dosbarthu. Aeth Davies yn ei flaen i honni bod anniddigrwydd gyda'r system 'serennu', a bod teimlad y dylai pob dyn o oedran milwrol fod wedi cael ei ganfasio. 'Yng nghwestiwn gorfodaeth, mae'r *teimlad* yn bendant yn ei erbyn ond gallai gael ei dderbyn os yn angenrheidiol wedi methiant apêl arall.'

Ar 20 Rhagfyr 1915 rhyddhawyd y Proclamasiwn cyntaf yn byddino ardystwyr Grwpiau 2 i 5 (anwybyddwyd y rhai 18 oed o Grŵp 1 gan eu bod yn rhy ifanc ar y pryd ar gyfer gwasanaeth tramor). Pastiwyd posteri ym mhob plwyf, ac aeth llythyrau allan yn gorchymyn y dynion ifanc sengl i ymbresenoli yn eu canofannau penodedig bedair wythnos yn ddiweddarach. Ni byddai ailadrodd o ormodedd anhydrin gwirfoddolwyr yn llethu'r system megis yn Awst-Medi 1914: o hyn ymlaen byddai amserlen galw i fyny'n cael ei chynllunio a mynediad recriwtiaid yn cael ei baratoi'n ofalus. Ar 8 Ionawr, 1916 galwyd am y set nesaf o grwpiau Derby sengl, ac felly ymlaen gyda bylchau o ychydig wythnosau tan i'r grwpiau hynaf a Grŵp 1 gael eu gwysio trwy boster ar 16 a 25 Chwefror yn eu tro, i gyflwyno'u hunain ar 18 a 28 Mawrth. Roedd y gyfres bosteri mewn cod lliw hyd yn oed: y grwpiau cyntaf yn wyn, a'r rhai dilynol yn binc, melyn, a gwyrdd fel na fyddai unrhyw ddryswch.

Ar yr adeg hon daeth addewid cynharach i fod o'r pwys mwyaf i gwestiwn gwasanaeth gorfodol. Ar 2 Tachwedd dywedasai Asquith na ddylid gorfodi ardystwyr priod oni bai a than bod y dynion dibriod 'wedi'u trin'. Neidiwyd ar hyn yn syth fel addewid na fyddai unrhyw ddyn priod yn cael ei alw i fyny tan i bob dyn dibriod (ac eithrio'r rhai anhepgor) gael eu cymryd. Cadarnhaodd yr Arglwydd Derby hynny ar 3 Tachwedd, ac ailadroddodd y ddau ddyn yr addewid ar 12 a 17 Tachwedd yn eu tro.

Roedd Lloyd George ac eraill o blaid gorfodaeth, yn pryderu am y datganiadau hyn. Ailadroddwyd 'addewid' Asquith ar 21 Rhagfyr, gan fod y Proclamasiwn yn eithrio o fyddino y rhai 'serennog', 'bathodynnog' a gweithwyr eraill mewn galwedigaethau wedi'u dal yn ôl hyd yn oed os oeddent yn sengl ac o oedran milwrol. Roedd gan y rhai a alwyd i fyny yn y garfan gyntaf fis i apelio'n llwyddiannus i'r tribiwnlysoedd, neu gyflwyno'u hunain fel arall ar gyfer gwasanaeth milwrol ar 20 Ionawr 1916.

Roedd yr ychydig breintiedig wedi cael gwybod canlyniadau cynharaf y Cynllun ychydig cyn y Nadolig. Yn y pen draw roedd 88.3% o ddynion priod a 87% o ddynion sengl 'cerdyn glas' wedi cael eu canfasio. O'r rhain dim ond 37.7% o'r dynion priod a 38.4% o'r dynion sengl oedd wedi addo ymrestru. Golygai hyn bod canran sylweddol yn syml heb gynnig eu hunain – 33.3% o ddynion priod a 26.4% o ddynion sengl. Ymhellach, roedd 16% o'r dynion priod hyn a 24% o'r rhai sengl yn feddygol anghymwys. Roedd y gweddill yn anghymwys ar gyfer gwasanaeth oherwydd cenedligrwydd estron, bod mewn llywodraeth neu gyflogaeth 'ddefnyddiol' arall neu bod eu cyflogwyr yn gwrthod eu rhyddhau. Hyd yn oed yn y Grwpiau a ymatebodd orau (Grwpiau 2 i 5) roedd yr ardystwyr yn y lleiafrif.

Ar 26 Rhagfyr ceisiodd Asquith osgoi ei 'addewid', ond bygythiodd Lloyd George i ymddiswyddo ar unwaith pe na chedwid yr addewid. Y diwrnod canlynol cyflwynodd gynnig terfynol i'r Prif Weinidog ansicr: oni bai bod dynion sengl yn cael eu gorfodi ar unwaith, byddai'n gadael y Llywodraeth. Ar 28 Rhagfyr cyflwynwyd canlyniadau ystadegol Cynllun Derby i'r Cabinet.

Yn gryno, cadarnhaodd y rhain bod tua 215,000 wedi ymrestru 'ar unwaith' a 2,185,000 pellach wedi ardystio i'w galw'n ddiweddarach, allan o 5 miliwn o ddynion o oed milwrol. Gwrthodid tua 429,000 am resymau amrywiol; felly gadawai hynny bron 2,200,000 na dywyllodd ddrysau swyddfeydd recriwtio. O'r rhai a ardystiwyd, roedd dros 750,000 yn ddynion 'serennog' (allan o tua 1,600,000 ledled y wlad) a fyddai o bosibl yn apelio yn erbyn cael eu galw. O'r ffigyrau hyn, rhagamcanwyd y byddai 831,000 o ddynion ardystiedig mewn gwirionedd ar gael ar gyfer gwasanaeth milwrol – a bod 651,000 o ddynion sengl, 'heb seren' heb ardystio.

I'r Cabinet roedd yr ystadegau'n bendant: nid oedd y system wirfoddol wedi gweithio, a gorfodaeth felly'n anochel. Felly mabwysiadwyd gorfodaeth mewn egwyddor i ddynion dibriod, a chadarnhawyd addewid Asquith felly fel un gorfodol. Ar 4 Ionawr 1916 cyhoeddwyd yr adroddiad terfynol ar y Cynllun a chyhoeddodd Asquith benderfyniad y Cabinet. Y diwrnod wedyn, cyflwynwyd y Mesur Gwasanaeth Milwrol ac aeth recriwtio gwirfoddol i mewn i'w gyfnod terfynol. Felly galwyd ardystwyr priod iau trwy Broclamasiwn ar 3 Mawrth 1916, a'r rhai hŷn (a'r rhai ieuengaf oll yng Ngrŵp 24) ar 13 Mai.

Mae'n bosibl gweld rhywbeth o'r hyn oedd yn digwydd mewn dwy o siroedd gogledd-orllewin Cymru yn y cynllun hwn, trwy ystadegau a ryddhawyd i'r wasg y mis Ionawr hwnnw.

Ym Môn roedd 4,877 o ddynion 'heb seren' a 1,152 o ddynion 'serennog' o oed milwrol. Roedd 176 wedi ymrestru, a 1,225 wedi ardystio a 338 wedi'u gwrthod. Felly roedd 1,739 wedi dod ymlaen o dan y Cynllun – gan gynnwys y rhai a allai apelio – a 4,290 heb ddod ymlaen. Cynrychiolai'r rhai a ddaeth ymlaen 30% o ddynion priod a 28% o ddynion sengl, ac o'r rhain hefyd daeth 968 o ddynion neu 56% o ganlyniad uniongyrchol i ganfasio. Honnwyd yn ddiweddarach bod yr ardaloedd gwledig yn enwedig wedi ymateb yn wael, a bod 40% o'r dynion 'serennog' yn y sir mewn gwirionedd yn ddi-alw-amdanynt.

Nid oedd ffigyrau Meirionnydd yn gyflawn hyd at 11 Rhagfyr 1915, ond ar yr adeg honno roedd 213 o'r 4,014 o ddynion o oed milwrol yn y sir wedi ymrestru, a 1,033 neu

28% o ddynion priod a 21% o ddynion sengl wedi ardystio. Gadawai hyn 2,768 nad oedd eto wedi ymddangos.

Ni chyhoeddwyd ffigyrau sir Gaernarfon ar y pryd, er ei bod yn hysbys i 515 o ddynion ardystio ym Mangor yn unig. Roedd hi'n glir, er gwaetha'r pwysau i wneud hynny, bod mwyafrif sylweddol dynion y rhanbarth yn anfodlon hyd yn oed i ddod ymlaen.

Gydag ymateb o lai na 30%, roedd hi'n amlwg bod delfryd annwyl gwirfoddoli ar ben. Roedd hynny'n fwy gwir hyd yn oed os oedd llawer o'r rhai a ddaeth ymlaen yn gwneud hynny'n unig er mwyn apelio yn erbyn eu galwad, ac y byddai eraill yn cael eu gwrthod pan yr archwilid hwy'n fanylach yn feddygol wrth gyrraedd eu canolfannau.

Gellid dadlau yn hawdd bod yr holl Gynllun yn gyfaddawd bach i deimlad poblogaidd, ac wedi'i ddyfeisio gyda golwg ar fethiant. Ar 16 Hydref 1915 anfonasai Arthur Bonar Law, Ysgrifennydd Ymerodraethol y Glymblaid femorandwm at yr Arglwydd Kitchener yn egluro y byddai'r cynllun arfaethedig yn methu, a datgan bod gwaith wedi dechrau ar ddrafftio mesur gorfodaeth. Prin bod yr Arglwydd Derby, ac yntau'n cefnogi gorfodaeth, yn arweinydd delfrydol ar gyfer cynllun i arbed yr egwyddor wirfoddol.

Yn ei gyfrol yn 1965, *The Deluge*, labelodd yr hanesydd cymdeithasol Arthur Marwick y Cynllun: 'yn beiriant twyll a blacmêl moesol enfawr', a lledawgrymodd mai'r prif amcan oedd gosod un grŵp cymdeithasol yn erbyn y llall.

Gorfodwyd David Lloyd George hyd yn oed i fod yn amddiffynnol i raddau ynglŷn â hyn. Ym Mai 1916 siaradodd yng Nghonwy, yn rhannol i amddiffyn ei hun yn erbyn ymosodiadau gan newyddiadurwyr Rhyddfrydol ac yn rhannol i dawelu ofnau poblogaidd ar adeg pan aethai'r ail Fesur Gwasanaeth Milwrol trwy'r Senedd. Yng nghwrs ei anerchiad datganodd mai 'ymdrech wirfoddol drefnus yn syml yw gorfodaeth', ac aeth yn ei flaen:

Every effort was made to save the voluntary system by means of Derby's scheme ... But Lord Derby's scheme was not the voluntary system ... As a matter of fact there is no doubt at all judged now by experience – and we are all very wise after the event – that the Derby campaign had a great many of the disadvantages of compulsion and voluntaryism without the advantages of either ... I have no shame in declaring for compulsory enlistment.

Cefnogwyd yr araith hon gan dri AS Cymreig yn unig, gan gynnwys Ellis J. Griffith o Fôn.

Cyflwyniad Gorfodaeth

Pasiwyd y Ddeddf Gwasanaeth Milwrol gyntaf ar 27 Ionawr 1916, gan selio tynged y dyn sengl oedd heb ardystio. Ildiodd yr enwadau Anghydffurfiol Cymraeg, fel gweddill y gymdeithas, yn groes i'r graen a derbyn realiti gorfodaeth. Roedd rhai ASau Rhyddfrydol yn amlwg wrth sicrhau llwyddiant y Mesur, gan gynnwys Lloyd George, Ellis J. Griffith, a Syr Ivor Herbert. Gwrthwynebodd tri deg arall, yn eu plith garfan Ryddfrydol Gymreig sef W. Llewelyn Williams (Caerfyrddin), Tom Richards (gorllewin sir Fynwy), E. T. John (dwyrain sir Ddinbych) a G. Caradog Rees (sir Gaernarfon: Arfon). Gwrthwynebodd neu ymataliodd Haydn Jones (Meirionnydd) ac Ellis W. Davies (Eifion) gydag eraill mewn darlleniadau gwahanol. Yr Ysgrifennydd Cartref yn unig a ymddiswyddodd o'r Llywodraeth dros y mater; ond drwy hyn crëodd Lloyd George elyniaeth o fewn ei blaid.

Y Ddeddf newydd oedd y symudiad mwyaf arwyddocaol o bosibl mewn cyflyru Prydain yn llwyr ar gyfer rhyfel. Gan gymryd dyddiad cofrestru 15 Awst 1915 fel ei sail, ystyrid pob dyn Prydeinig a oedd rhwng 19 a 41 oed ar y pryd yn ymrestredig ar gyfer gwasanaeth cyffredinol yn y

Fyddin Wrth Gefn ar y diwrnod y daeth y Ddeddf i rym yn llawn, dydd Iau, 2 Mawrth. Pe gwrthodai unrhyw un ymddangos mewn ymateb i'w byddino, byddent yn cael eu trin fel gwrthgilwyr neu o fod yn absennol heb ganiatâd, o dan Ddeddf y Fyddin 1881 a reolai'r Llu Wrth Gefn. Roedd eithriadau, yn cynnwys cyn-filwyr a ryddhawyd ar seiliau meddygol, a'r rheiny oedd ar 2 Tachwedd yn briod neu'n ddynion gweddw gyda phlant yn ddibynnol arnynt. Eithriwyd y rhai â rhyddhad ffurfiol, y rhai a wrthodwyd yn feddygol yn flaenorol, a gweinidogion ordeiniedig pob enwad crefyddol o weithrediadau'r Ddeddf.

Atgyfodwyd Cynllun Derby yn rhannol er mwyn rhoi un cyfle olaf i ddynion ifanc oedd heb ardystio i ymuno'n wirfoddol. Parhaodd canfasio dynion gyda'r amcan hwn mewn golwg. Gyda llawer o gyhoeddusrwydd cyhoeddwyd, tra medrai dynion priod a sengl ymrestru'n uniongyrchol neu ardystio fel o'r blaen, ystyrid y dynion sengl na wnai'r naill na'r llall trwy gyfraith yn aelodau o Ddosbarth 'B' y Fyddin Wrth Gefn ar 2 Mawrth. Hysbysodd Hugh Pritchard, ysgrifennydd Cyngor Dosbarth Gwledig Llŷn, gyfarfod o'r cyngor ar 9 Chwefror bod cannoedd o ddynion ifanc wedi cysylltu ag ef yn gofyn am gyngor sut i osgoi gwasanaeth milwrol. Gwrthododd y Cyngor gais o'r newydd gan y Pwyllgor Sirol i ailymweld a chanfasio dynion oedd heb ardystio, ond cytunwyd y dylai pob aelod geisio rhoi cymorth i unrhyw un ardystio.

Megis gyda'r Cynllun, disgwylid i bob dyn gael ei leoli mewn grwpiau'n cyfateb i rai Derby, a gallent apelio yn erbyn byddino. Gellid dyfarnu tystysgrifau eithrio gan adrannau llywodraeth i'w gweithwyr yn ogystal â thribiwnlysoedd. Trwy Gyfarwyddyd Cyngor y Fyddin ar 19 Chwefror, roedd y bathodynnau llabed pres 'Ar Wasanaeth Rhyfel' (dynion 'bathodynnog') a ddosbarthwyd gan y Morlys, Swyddfa'r Rhyfel neu'r

Weinyddiaeth Arfau Rhyfel cyn 1 Mawrth yn hafal i dystysgrif eithrio. Rhoddwyd y cyfrifoldeb ar unigolion i roi gwybod i'r awdurdodau pe newidiai eu hamgylchiadau, ac roedd dirwyon am fethu â gwneud hynny a dedfrydau carchar posibl am wneud datganiadau ffug neu gynorthwyo milwr wrth gefn am absenoli ei hun.

Anogai posteri, rhai ohonynt yn Gymraeg, i'r rhai dibriod gamu ymlaen cyn 2 Mawrth. Ar ddiwedd y cyfnod hwn o ras, canfuwyd bod dros 130,000 o ddynion wedi ymrestru neu ardystio ers 1 Ionawr. Caniatawyd i ddynion priod Grwpiau 36-41 wirfoddoli ar gyfer hyfforddiant arfau rhyfel, gyda'r bwriad iddynt gymryd lle dynion sengl 'hanfodol' yn y galwedigaethau hynny.

Roedd y Ddeddf yn annigonol, ac felly ar ôl ychydig o gam-ddechreuadau llwyddodd Asquith i gyflwyno 'Mesur Gwasanaeth Milwrol (Sesiwn 2)' arall ar 3 Mai 1916. Anelai hwn at gwblhau'r broses trwy gonsgriptio dynion priod 18 i 41 oed oedd heb ardystio. Dechreuodd weithredu fel Deddf ar 23 Mehefin, ac erbyn Awst byddinwyd yr holl grwpiau a'r dosbarthiadau amrywiol. Nid oedd dewis uned bellach ar gael – anfonid recriwtiaid i ble bynnag y dymunai'r Fyddin iddynt fod. Ailarchwiliwyd y rheiny a ryddhawyd yn flaenorol ar sail iechyd neu a wrthodwyd yn feddygol hyd yn oed. Gellid trosglwyddo Tiriogaethwyr yn awr, heb eu caniatâd i ganghennau eraill y Fyddin, gan ddirwyn dewis Gwasanaeth Cartref i ben a rhyddhau miloedd o ddynion abl, hyfforddedig ar amrantiad.

Y cwbl yr oedd rhaid i recriwtwyr wneud o hyn ymlaen oedd gwirio'u rhestrau cyfrifiad a galw'r dynion cymwys ymlaen er mwyn cwrdd â'u cwota misol. Gelwid ar ieuenctid ar ôl iddynt gyrraedd eu deunawfed pen-blwydd, hyfforddent gyda bataliynau Hyfforddi Wrth Gefn 'Graddedig' a 'Milwyr Ifanc' tan iddynt gyrraedd yr oed isaf swyddogol o 19 cyn mynd dramor. Galwyd mwy a mwy o ddynion anghymwys yn ôl i weld a allai safonau meddygol gostyngol ganiatáu iddynt gael eu defnyddio mewn rhyw swyddogaeth filwrol neu'i gilydd. Teneuai'r defnydd cynyddol o lafur plant neu ferched rengoedd y gweithwyr 'serennog' a 'bathodynnog'. Roedd hi'n dal yn bosibl i ddynion gynnig eu gwasanaeth cyn cael eu galw, ac o Fedi 1916 caniateid i rai 17oed (a aned yn 1899) ardystio'n wirfoddol, er na chaent eu galw tan iddynt gyrraedd 18 oed.

Yn ystod gweddill y rhyfel, parheid i ostwng safonau meddygol a chodwyd yr oedran galw i fyny i 50 yn Chwefror 1918 (gydag amod i'w ymestyn i 56 yn ôl y galw). Er hynny, yn ystod blwyddyn ola'r rhyfel, roedd 41% o'r consgriptiaid yn anghymwys ar gyfer gwasanaeth milwrol. Cyrhaeddodd dynion Derby a'r consgriptiaid cynharaf y rhyfel yn ystod cyfnod llym brwydrau'r Somme yn 1916. Cwtogwyd y cyfnod hyfforddi a chyrhaeddai dynion y Ffrynt heb brin danio'u reifflau o'r blaen. Yn ystod argyfwng ymosodiadau Almaenig Mawrth 1918, gostyngwyd oedran mynd dramor i 18½ (os oedd chwe mis o hyfforddi wedi'i gwblhau), ac yn ddiweddarach y flwyddyn honno amcangyfrifid bod hanner y Fyddin Brydeinig ar y Ffrynt Gorllewinol dan 19 oed. Pan ddechreuodd y Cynghreiriaid symud ymlaen yn ddiatal o'r diwedd o Awst tan y Cadoediad ar 11 Tachwedd, y consgriptiaid a wawdiwyd a ymladdai yn bennaf – ond ni chawsant erioed y clod am hynny. Roedd milwyr Parhaol a gwirfoddolwyr 1914–15 yn aml erbyn hynny naill ai'n farw, wedi'u rhyddhau'n feddygol neu wedi'u symud am reswm cyflyrau iechyd i ardal waith wrth gefn neu garsiynnau Cartref. Consgriptiwyd 2,504,183 o ddynion – dros hanner holl ymrestriadau cyfnod y rhyfel.

Hyd yn oed wedi'r Cadoediad a Chytundeb Heddwch Mehefin 1919 roedd rhaid i'r Fyddin gael ei hailadeiladu, ac felly parheid â gwasanaeth gorfodol tan 30 Ebrill 1920. Pan oedd yr Ail Rhyfel Byd ar ddigwydd, nid oedd unrhyw oedi mewn gosod Consgripsiwn (Gwasanaeth Cenedlaethol) y tro hwn ac fe'i hymestynnwyd am gyfnod maith wedyn i ddiwallu anghenion datgysylltu Ymerodraethol Prydain a'r Rhyfel Oer. Dysgwyd y wers nad oedd gwirfoddolwyr yn ddigon yn y tymor hir i ennill rhyfel.

Diweddglo

Erbyn Tachwedd 1918 roedd Cymru wedi cyflenwi 272,924 o ddynion i'r Fyddin, yn wirfoddolwyr a chonsgriptiaid. Mae sut y cymhara hyn yn ystadegol â rhannau eraill o Brydain yn dibynnu ar ffactorau amrywiol. Cymylwyd ymdrech gynnar at gyfrifo yn 1919 gan Ivor Nicholson a Trevor Lloyd-Williams, gan ymdrechion y ddau gynswyddog propaganda hyn i gyflwyno Cymru yn y golau gorau posibl. Defnyddient ffigwr o 280,000 o ddynion ar gael mor gynnar â Ionawr 1918 (tua 240,000 o ymrestriadau Byddin fyddai'n gywir yr adeg honno) a'i gymharu â phoblogaeth Gymreig cyfrifiad 1911 – gan eithrio'n arwyddocaol sir Fynwy – i ddangos bod Cymru wedi rhoi mwy o ddynion o ran cyfran y boblogaeth (13.82%) na rhanbarthau eraill Prydain Fawr.

Yn 1922 rhoddodd Swyddfa'r Rhyfel hefyd gynnig ar yr ystadegau cenedlaethol hyn, gan ymgorffori sir Fynwy â Chymru a defnyddio amcangyfrif o boblogaeth Prydeinig Gorffennaf 1914. Rhoddodd hyn ffigwr ymrestriadau cyfrannol i Gymru o 10.96%, o gymharu â Lloegr 11.57%, yr Alban 11.50% ac Iwerddon 3.07%. Amcangyfrifasant ymhellach hefyd y ganran a ymrestrodd o'r boblogaeth wrywaidd (amcangyfrifiedig yng Ngorffennaf 1914) (1,268,284 ar gyfer Cymru) yn 21.52% i Gymru, 24.02% i Loegr, 23.71% i'r Alban a 6.14% i Iwerddon.

Ac eithrio Iwerddon, nid yw'r ffigyrau hyn yn bell oddi wrth ei gilydd pa ddull bynnag a ddewisir. Dangosant yn y pen draw bod mwy o gonsgriptiaid wedi bod ar gael na gwirfoddolwyr, a bod Cymru wedi darparu'n gyfrannol tua'r un nifer o ddynion ar gyfer y Fyddin â rhanbarthau

Prydeinig eraill. Mewn gwirionedd mae'r holl ystadegau'n annibynadwy oherwydd ar y gorau cofnodant ymrestriadau o fewn ardal recriwtio arbennig, heb ystyried o lle deuai'r milwr. Ymunodd llawer o Gymry a weithiai yn Lloegr, yr Alban ac Iwerddon yn y lleoedd hynny, ac i'r gwrthwyneb.

O gymhwyso hyn i raddfa blwyfol, noda astudiaeth ddiweddar Gerwyn James o effaith y rhyfel ar ardal Llanfair Pwllgwyngyll (poblogaeth 1911 tua 1,500) mai dau filwr a morwr yn unig a ymunodd yn ystod Awst 1914, yn codi i 18 erbyn diwedd Hydref, 51 erbyn Ebrill 1915 (yn cynnwys 6 morwr) a 80 erbyn Ionawr 1916 – cyfartaledd o un gwirfoddolwr fesul wythnos o'r gwrthdaro. Cafwyd 120 trwy gonsgripsiwn yn ystod 1916–18, cyfanswm o tua 200 o ddynion, 13.3% o'r boblogaeth cyn y rhyfel, a wasanaethodd yn y lluoedd arfog.

Gellid dweud i ymdrechion recriwtwyr fod yn wastraff ar amser. O edrych yn ôl, roedd hi'n anochel na ddeuai digon o ddynion ymlaen yn wirfoddfol i gynnal y lluoedd Prydeinig mewn gwrthdaro lle roedd angen miliynau o filwyr. Gorfodaeth oedd yr unig ateb realistig i'r broblem honno, ac fe'i gweithredwyd heb oedi cyn i'r rhyfel ddechrau yn 1939. Ond os enillwyd y rhyfel yn y pen draw gan gonsgriptiaid 1916–18, roedd hynny ar gefn y gwirfoddolwyr a ddaeth ymlaen yn 1914–15. Roedd y Fyddin Barhaol a'i milwyr wrth gefn wedi'u defnyddio i raddau helaeth erbyn 1915 ac er gwaethaf amheuon milwyr proffesiynol am y Tiriogaethwyr amatur (ynghyd â Chorfflu India a milwyr y Dominiwn), y rheiny a gymerodd y straen am ddigon o amser i alluogi'r Byddinoedd Newydd i ymuno. Er ei holl ddiffygion roedd yr Arglwydd Kitchener yn gweld yn glir beth oedd ei angen wrth greu'r bataliynau hyn. Galluogodd y peirianwaith ymrestru torfol a'r hyfforddiant a roddwyd yn ei le ar y dechrau gonsgriptiaid diweddarach i gael eu prosesu a chymryd eu lle yn y frwydr.

Yng ngogledd-orllewin Cymru, ni allai neb fod wedi rhagweld yn Awst 1914 y byddai miloedd o ddynion lleol, llawer ohonynt yn fynychwyr capeli, yn ymuno â'r lluoedd arfog yn wirfoddol. Camarweiniwyd rhai i ymgymryd â phrofiad oedd yn bell o'r crwsâd delfrydgar a bortreadwyd. Roedd gan y rheiny a feddyliai yn y dechrau y byddai'r rhyfel yn dipyn o hwyl – math gwahanol o wyliau, fyddai'n gorffen cyn 'cwymp y dail' – hamdden i ddifaru yn llaid llaith Fflandrys. Roedd eraill, fel y myfyriwr diwinyddol o dde Cymru, Morgan Watcyn-Williams, a bendronodd yn faith am foesoldeb rhyfel cyn penderfynu mai ymrestru oedd ei unig ddewis. Dywedodd ei fod yntau ac eraill wedi mynd i'r gwrthdaro gyda'u llygaid 'yn go agored, ond wedi'n hanesmwytho i wreiddiau'n bodolaeth.' Erbyn 1918 roedd wedi cael ei glwyfo a'i anrhydeddu am ei ddewrder, ond daethai i bob pwrpas yn 'wrthwynebwr cydwybodol' mewn *khaki*. Eto i gyd hyd yn oed fel gweinidog Methodist Calfinaidd Cymraeg yn ystod y Dirwasgiad, yn protestio yn erbyn yr anghyfiawnderau a orfodwyd ar gyn-filwyr sâl gan fiwrocratiaid, daliai i gredu ei bod yn rheidrwydd ar Brydain i fynd i ryfel yn 1914.

Cyflymodd y rhyfel newidiadau o fewn y gymdeithas yng Nghymru fel pob man arall. Rhoddwyd y bleidlais i fenywod, a chryfhaodd yr undebau llafur. Gwthiodd llwyddiant chwyldroadol Comiwnyddieth yn Rwsia ac anniddigrwydd cyffredinol gyda llywodraeth cyfnod y rhyfel fwy o weithwyr yn bellach i'r chwith, er budd y Blaid Lafur yn y pen draw ac er colled y Rhyddfrydwyr.

Bu gohirio datgysylltu hirddisgwyliedig yr Eglwys Anglicanaidd yng Nghymru yn 1914 yn siom i'r anghydffurfwyr: erbyn cyfnod ei weithredu yn 1919–20 symudasai'r byd yn ei flaen, ac nid oedd ond hen ddadl a fawr o ddiddordeb ynddi. Defnyddiasai'r Eglwys newydd yng Nghymru'r amser yn ddoeth a dod yn barod, tra oedd yr anghydffurfwyr yn colli cefnogaeth. Ni faddeuai llawer i'w gweinidogion am redeg gyda'r garfan o blaid y rhyfel, neu roedd eu ffydd wedi gwywo yng ngwres y gwrthdaro.

Yn baradocsaidd gallai'r Rhyfel Byd Cyntaf fod wedi gwanhau diwylliant Cymraeg traddodiadol ond wedi rhoi hwb i genedlaetholdeb Cymreig. Dadwreiddiwyd cannoedd o filoedd o ddynion a menywod o bentrefi gwledig hanfodol uniaith, pyllau glo, chwareli, capeli a theuluoedd, a'u hailaddysgu mewn gwersylloedd, barics, ffosydd, llongau rhyfel, ffatrïoedd arfau rhyfel a dociau â'r Saesneg yn brif iaith. Canfyddai pobl, nad oedd eu syniad o deithio prin yn ymestyn at y sir nesaf, eu hunain yn yfed gwin gwyn rhad mewn *estaminets* Ffrengig, yn syllu ar y pyramidiau Eifftaidd, yn taro mosgitos yn Salonika neu'n cael eu heillio gan farbwr yn Karachi. Ehangodd eu gorwelion yn enfawr, ac i'r rheiny a oroesodd i ddychwelyd adref ni fyddai pethau byth yr un fath. Er gwell neu er gwaeth, byddai eu geirfa'n wahanol ac ni fyddai eu hagweddau at fywyd mwyach yn gyfyngedig o fewn ffin y plwyf.

Chwalwyd mudiad cenedlaetholgar *Cymru Fydd* y 1890au gan wrthwynebiad o fewn y Blaid Ryddfrydol Gymreig ei hun, ond ni bu farw'r ymdeimlad o hunaniaeth wleidyddol. Taflodd creu Llyfrgell Genedlaethol ac Amgueddfa yn 1907, agor adeiladau newydd y Brifysgol ym Mangor yn 1911 a hyd yn oed Arwisgiad Tywysog Cymru yng Nghaernarfon yr un flwyddyn oleuni ar Gymru a'i dyheadau cenedlaethol. Yn 1914, fodd bynnag, tra oedd Ymreolaeth Wyddelig yn gorfodi'i ffordd trwy'r senedd, suddodd Mesurl cyfochrog Ymreolaeth Cymru gan Edward T. John AS. Dywedwyd bod y rhyfel wedi cynnig y cyfle i Gymru i fynnu'i hawl, fel y Dominiynau, i haeddu hunanlywodraeth helaethach, a bod mudiadau fel y Corfflu Cymreig yn cefnogi hynny.

Nid oes modd gwadu bod rhai yn meddwl felly: yng

Ngorffennaf 1916, yn fuan ar ôl i Adran 38 (Cymreig) ymladd yng Nghoedwig Mametz, ysgrifennodd Arthur W. Brazel at ysgrifennydd y PCGC ynglŷn â chroniclwr swyddogol gweithgareddau'r Adran. Clerc gyda'r Bwrdd Masnach oedd Brazel, brodor o Abertawe a wasanaethai'r PCGC fel ysgrifennydd cynorthwyol, a dywedodd:

> The Welsh Army Corps is special, abnormal, but its 'value' ... its permanent significance, is so distinctively National as to claim special notice ... Bye and bye, and not at any appreciable distance of time, Wales will be an autonomous nation. It will be the result of this War. The Scots, the Irish and the Colonials have been singled-out for individual treatment in the public press. How does Wales stand? In the shade. Why cant we get ready for 'after-the-war' and in the meantime keep pace with if not outclass our rivals?

Mae hi yr un mor glir, fodd bynnag, nad oedd y PCGC a gododd y llu yn gweithredu ar hyd llinellau cenedlaetholgar Cymreig, er y duedd honno yn areithiau Lloyd George. Nid yn aml chwaith y sylwyd ar undod o fewn y Pwyllgor, oherwydd ei aelodaeth wleidyddol a chrefyddol amrywiol. Byddai'r propaganda ynghylch recriwtio ac amcanion y rhyfel yn pwysleisio hawliau cenhedloedd bychain – y cenhedloedd 'pum troedfedd a phump' fel gwlad Belg a Serbia – yr ymleddid ar eu rhan. Roedd rhaid i 'Gymru fach ddewr' gael ei gweld yn chwarae'i rhan yn hyn oll neu fentro cael cyhoeddusrwydd a allai fod yn niweidiol. Ond gallai'r teimladau hyn, trwy areithiau'n canmol ei gorffennol milwrol, y taflenni'n cyfeirio at ei hymladdwyr arwrol dros annibyniaeth, a'r dreigiau coch lluosog oll fod wedi creu effaith gynyddol o hybu ymwybyddiaeth arbennig o hunaniaeth Gymreig hyd yn oed os oedd hynny o fewn ymdrech Ymerodraethol.

Gwêl K. O. Morgan y rhyfel yn ddiwedd yr hen radicaliaeth Gymreig, ac yn cyflwyno 'Cenedlaetholdeb newydd a chryfach' a arweiniodd at sefydlu Plaid Cymru yn 1925. Gwelsai rhai o'i harweinyddion, fel y llenor Saunders Lewis, wasanaeth gweithredol yn y gwrthdaro. Erbyn yr Ail Ryfel Byd, roedd Cenedlaetholdeb Cymreig yn sail swyddogol dros eithrio o wasanaeth rhyfel.

Awgrymwyd yn ddiweddar na fyddai modd ymladd 'Rhyfel Mawr' arall yn ein cyfnod ni, gan nad oes gan y gymdeithas Brydeinig fodern unrhyw ymdeimlad o ymrwymiad eang i achos y gellid ei gefnogi i'r un graddau. Mae hynny'n rhannol oherwydd y profiad o fod yn rhan o ddwy ryfel byd – rhyfeloedd nad oedd ond yn bosibl oherwydd bod mwyafrif y boblogaeth yn fodlon cefnogi llywodraethau'r cyfnodau hynny. Mae'r syniad y byddai miliynau o ddynion a menywod yn awr yn barod i giwio i beryglu'u bywydau yng ngwasanaeth eu gwlad, neu y byddai llywodraeth yn barod i'w harfogi a'u hyfforddi, gan gyflyru'r economi a diwydiant i'r diben hwnnw ei hun yn rhan o hanes. Mae bwlch y ddealltwriaeth rhyngom ni Gymry 2014 a'n cyndadau yn 1914, yn fwy na'r hyn a'i gwahanai hwy yn eu tro â dyweder Cymry 1814. Mae'r byd wedi newid yn aruthrol – a chynorthwyodd y rhyfel hwn i'w newid.

Mae nofel L. P. Hartley, *The Go Between* (1953) yn agor gyda'r ymadrodd arwyddocaol: *'The past is a foreign country: they do things differently there.'* Mae'r astudiaeth hon wedi dangos sut yr ymatebodd byd coll gogledd Cymru yn 1914 i bethau a fyddai, i lawer yn ein cyfnod ni, yn estron a rhyfygus. Dichon ein bod yn anghytuno â'r dewisiadau a wnaeth pobl, ond mae'n ddyletswydd arnom i geisio deall beth ddigwyddodd yn hytrach na barnu yn ôl ein moesoldeb cyfoes ni (a hwnnw'r un mor ddiffygiol yn aml) ar y byd pell hwnnw ac ar y rhai a ymgodymodd ag argyfyngau na fedrwn eu dychmygu. Dylid cymhwyso ôl-ddoethineb yn ofalus os yw am osgoi dyfarniadau dadleuol, emosiynol ac anghywir.

Llyfryddiaeth

Mae'r canlynol yn cynnwys y prif ffynonellau a ddefnyddir yn y gyfrol hon:

Ffynnonellau archif
Archifau Prifysgol Bangor –
Bangor Ms.4892 *Diary of Rev. R. Peris Williams*, incl. *with Welsh Territorials in Northampton 1914–15*
Bangor Ms.5479, 5480 *Papers of William Jones MP*
Bangor Ms.7059, 7060 *Wheldon Papers* incl. *War Diary 14th Battn. RWF, and Embarkation Roll of battn. December 1915*
Bangor Ms.25623 *Darbishire Papers*, Penmaenmawr
Casglodd a lluniodd Dr Thomas ('T.J.' neu Tom) Jones (1870–1955) amrywiol gyfraniadau tuag at hanes arfaethedig Cymru yn y Rhyfel Byd Cyntaf, dan Waddol Carnegie ar gyfer Heddwch Rhyngwladol. Ni chwblhawyd y prosiect ond diogelwyd y deunyddiau gan gynnwys y canlynol:
Bangor Ms.3169 *How the War came to Wales* – Arolwg gan T.J. o adroddiadau'r wasg ar doriad y rhyfel 1914
Bangor Ms.3192 *Bethesda During the War*
Bangor Ms.4569 *The Slate Industry in North Wales*
Bangor Ms.5278 llyfr lloffion E. Edwards *Education* yn cynnwys taflenni amrywiol ac yn y blaen
Bangor Ms.19885 *An Economic and Social History of North Wales 1914–22* yn cynnwys erthyglau amrywiol, yn eu plith *The Welsh press* gan David Thomas
Llyfrgell Gymraeg Prifysgol Bangor –
ID.135-115841 taflenni Cymraeg a Saesneg, *To the Welsh People*
ID.139-141 115861 *University of Wales Battalion* taflen, Medi 1914
ID.141 1/6 Batn. FfCB. *Statement of casualties reported to the Anglesey and Caernarfonshire Territorial Force Association up to October 31st 1915*
Gwasanaeth Archifau Gwynedd, Caernarfon –
Vaynol Papers, X/Vaynol/3690 *Survey of motor cars in Caernarfonshire, January 1916*
XNWQU, *North Wales Quarrymen's Union Papers*

XM/417 *Lleyn Local Tribunal, Minute Book 1915-18*
XM/490, taflenni *Snowdonia. Territorial Camps at Caernarvon* (1912)
XM/2874/1 *Caernarfonshire County Recruiting Committee circular re. canvassers November 6th 1915*
Gwasanaeth Archifau Gwynedd, Dolgellau –
Z/DP/12/4 R. J. Lloyd Price, *correspondence re. recruiting in Bala area 1914*
Swyddfa Cofnod Tŷ'r Arglwyddi, Llundain –
Papurau Lloyd George
Imperial War Museum, Llundain –
Adran Llyfrau printiedig:
K.865 *Record of the service of the 2/6th Battn. RWF*
K.42684 *Record of the service of the 2/7th Battn. RWF*
K.44699 *Various recruiting leaflets*
BO 8.30/179 *First Report of the Prince of Wales's Fund, March 31st 1915*
Adran Dogfennau:
73/148/1 *Personal Experiences of Lieutenant-Colonel H. Lloyd-Williams* (1925)
CHS Coleg Prifysgol Gogledd Cymru Bangor, swyddog ar y pryd gyda Batn. 9 FfCB
77/44/1 Yn cynnwys *Memorandum to Recruiting Officers November 14th 1914*, Y Swyddfa Rhyfel
77/121/1 *Notes on 1914-18 War by Regimental Signaller W. R. Thomas* (c.1972)
Thomas, Ffestiniog, Gwasanaethodd gyda Bataliwn 14eg FfCB, yna Bataliwn 1
77/179/1 Brigadier H. C. Rees *A Personal Record of the War*, Cyf. 1915-17, Swyddog staff, 38th (Welsh) Division HQ
PP/MCR/171 Papurau Air Vice Marshal Sir Philip Game. Yn cynnwys sylwadau ar swyddogion ac arweinyddion Adran 38 (Cymreig) 1915
P97 Papurau R. D. Blumenfeld (Editor, *Daily Express*) Llythyr gan David Lloyd George yn beirniadu'r system recriwtio wirfoddol, Hydref 1915
Archifau Cenedlaethol, Kew –
Papurau Kitchener
Papurau *Ministry of National Service Papers*: NATS 1/84, 1/85 *area recruitment statistics*
Swyddfa Ryfel, Cyfres WO 339 – ffeiliau unigol swyddogion y Fyddin
Llyfrgell Genedlaethol Cymru, Aberystwyth –
Papurau'r Corfflu Cymreig. Casgliad helaeth o bapurau gweinyddol, yn cynnwys hefyd taflenni sampl, pamffledi, a deunydd arall (gweler

285

Ffynonellau Rhyngrwyd isod). Yn ymgorffori'n arbennig set o Orchmynion Recriwtio yr Uwch-gapten Lucas ar gyfer Ardal Recriwtio Rhif 4 1914-15.
NLW Ms.2143D Taflen Bwrdd Llywodraeth Leol 26 Hydref 1915 yn sefydlu tribiwnlysoedd
NLW Ms.5448C Papurau Pwyllgor Recriwtio dwyrain sir Ddinbych
NLW Ms.6079A, 6080A: Rholiau Cwmni, Bataliynau 16 a 20 FfCB 1915-16
NLW Ms.10850C (Frondirion Ms. 37) Llythyr D. R. Daniel at olygydd *Y Goleuad* yn beirniadu gweinidogion anghydffurfiol yn helpu recriwtio (n.d.)
NLW Ms.20433C Papurau Teulu Lloyd George
Aston Hall Ms. 4876 Papurau'r Uwch-frigadydd Syr Francis Lloyd, adroddiad ar yr Adran Gymreig (Tiriogaethol) 1911
Papurau Syr J. Herbert Lewis, 1943 Deposit,e item 143, llythyr printiedig William Jones AS 'To My Fellow Welshmen' Medi 1914
XM 1743.T45 Taflen ganu *'Come Along, Can't You Hear?'* gan Beddoes, D. M. a Thomas, Vaughan (Caerdydd, 1914) 'The War Book Aberystwyth' (4 cyfrol. toriadau papur newydd lleol, taflenni ac yn y blaen)

Hanes llafar
Rhaglen BBC Radio Cymru, *'Souvenirs De France'* a ddarlledwyd 12 Tachwedd 1978, yn cynnwys atgofion Edward Vaughan, New Broughton. Bataliwn 1/4 FfCB
Nodiadau o sgwrs tua 1976-78 gyda William Huw Jones, Porthaethwy. Ymrestrwr dan oed Bataliwn 6 FfCB, yn ddiweddarach Magnelwyr Garsiwn Brenhinol Cymreig 1/1 (Caernarfon)
Cyfweliadau Tachwedd 1977 gyda Hugh Caulfield, Bangor. Iwmoniaeth sir Ddinbych 1/1 yn ddiweddarach Bataliwn 24 FfCB

Cyhoeddiadau swyddogol
Army Orders 1914, 1915
Debates on Army Affairs. House of Lords Session 1914-16 (1916)
General Annual Reports on The British Army ... for the period 1st October, 1913 to 30th September, 1919 (Cmd. 1193) (1921)
The General Annual Report on The British Army for the year ending 30th September 1923 (Cmd. 2272) (1924)
The Monthly Army List, August 1914; July 1915; September 1915
Royal Warrant for the Pay, Appointment, Promotion and Non-effective Pay of the Army 1914 (1914)

Statistics of the Military Effort of the British Empire during the Great War 1914-1920 (1922)

Gweithiau Bywgraffyddol cyfeiriol

Clutterbuck, Col. L. A. a Dooner, Col. W. T. (Gol.) *The Bond of Sacrifice: A Biographical Record of all British Officers who fell in the Great War* Cyf. I (Awst-Rhagfyr 1914), Cyf. II (Ionawr-Mehefin 1915) (Anglo-African Publishing Contractors, Llundain 1915, 1916)

De Ruvigny, Marquis *The Roll of Honour: A Biographical Record of all members of His Majesty's Naval and Military Forces who have fallen in the War 1914-1918* (Standard Art Book Co., Llundain 1920)

Mee, Arthur (Gol.) *Who's Who In Wales* (Arg. 1af) (Western Mail Cyf., Caerdydd 1921)

Owen, Parch. W. J. *Cofeb Y Dewrion, Heroes' Memorial 1914-1918* (cyhoeddwyd yn breifat, Lerpwl, c.1919-20) Bywgraffiadau meirwon y rhyfel o Fangor

Prifysgol Cymru: University of Wales, Roll of Service 1914-18 (Nixon and Jarvis, Bangor 1921)

Cyhoeddiadau cyfoes

Jones, John Morris (Gol.) *Gwlad Fy Nhadau. Rhodd Cymru I'w Byddin* (Hodder & Stoughton, Llundain 1915) Antholeg o lenyddiaeth Gymraeg a chelf Cymreig a werthwyd er budd Cronfa Genedlaethol y Milwyr Cymreig

Jones, W. Lewis (Gol.) *The Land Of My Fathers. A Welsh Gift Book* (Hodder & Stoughton, Llundain 1915) Megis uchod, argraffiad Saesneg

Kernahan, Coulson *The Experiences of a Recruiting Officer* (Hodder and Stoughton, Llundain 1915)

[Lambert, Richard C., MP] *The Parliamentary History of Conscription in Great Britain: Being a Summary of the Parliamentary Debates Etc.* (George Allen and Unwin, Llundain 1917)

Morgan, Rev. J. Vyrnwy *The War And Wales* (Chapman & Hall Cyf., Llundain 1916) Golwg Anglicanaidd ddadleuol braidd o effaith y rhyfel ar bobl Cymru

Nicholson, Ivor a Lloyd-Williams, Trevor (Gol.) *Wales: Its Part In The War* (Hodder and Stoughton, Llundain 1919) Ymgais gynnar i groniclo rhan Cymru yn y rhyfel

Stevenson, F. L. (arr.) *Through Terror To Triumph. Speeches and Pronouncements of the Right Hon. David Lloyd George, MP, Since the Beginning of the War* (Hodder and Stoughton, Llundain 1915)

[Papur newydd *The Times*] *The Times History of the War* Vol. VI (*The Times*, Llundain 1916)

Astudiaethau hanesyddol

ap Glyn, Ifor *Lleisiau'r Rhyfel Mawr* (Gwasg Carreg Gwalch, Llanrwst 2008) Llythyrau, dyddiaduron ac adroddiadau papur newydd gan filwyr Cymreig yn y Rhyfel Mawr

Baynes, John *Morale. A Study of Men and Courage* (Cassell & Company, Llundain 1967)

Beckett, Ian F. W. *Britain's Part-time Soldiers. The Amateur Military Tradition 1558–1945* (Pen & Sword Military, Barnsley 2011)

Beckett, Ian F. W. a Simpson, Keith (Gol.) *A Nation In Arms. A Social Study of the British Army in the First World War* (Pen & Sword Books, Barnsley 2004)

Bet-el, Ilana *Conscripts. Forgotten Men of the Great War* (The History Press, Stroud 2009)

Davies, Dewi Eirug *Byddin y Brenin (Cymru a'i chrefydd yn y Rhyfel Mawr)* (Tŷ John Penry, Abertawe 1988) Astudiaeth o Gymru a'i ffydd yn ystod y Rhyfel Mawr.

Holmes, Richard *Soldiers. Army Lives and Loyalties From Redcoats to Dusty Warriors* (Harper Press, Llundain 2011)

Hughes, Colin *Mametz. Lloyd George's 'Welsh Army' at the Battle of the Somme* (Orion Press, Gerrards Cross 1982)

James, Brigadier E. A. *British Regiments 1914–1918* (5th Editon, Naval & Military Press, Heathfield 1998)

James, Gerwyn *Y Rhwyg. Hanes y Rhyfel Mawr yn ardal Llanfair Pwllgwyngyll 1914–1932* (Gwasg Carreg Gwalch, Llanrwst 2013) Astudiaeth o effaith y rhyfel ar Lanfairpwll, Môn

Kilvert Jr., B. Cory *Echoes of Armageddon, 1914–1918* (Author House, Bloomington IN 2004) 'An American's Search Into The Lives And Deaths Of Eight British Soldiers In World War One'. Yn cynnwys Capt. Bleddyn Williams Bat. 17 FfCB

Knight, Graham *Fighting With The Royal Welsh. Men of the Midlands in the Royal Welsh Fusiliers 1900–1919* (cyhoeddwyd yn breifat, Solihull 2013)

Marwick, Arthur *The Deluge. British Society and the First World War* (Macmillan Press, Llundain 1975)

Mitchinson, K.W. *Defending Albion. Britain's Home Army 1908–1919* (Palgrave Macmillan, Basingstoke 2005)

Mitchinson, K. W. *England's Last Hope. The Territorial Force, 1908–14* (Palgrave Macmillan, Basingstoke 2008)

Morgan, Kenneth O. *Wales in British Politics 1868–1922* (Gwasg Prifysgol Cymru, Caerdydd 1963)
Morgan, Kenneth O. (Gol.) *Lloyd George Family Letters 1885–1936* (Gwasg Prifysgol Cymru, Caerdydd a Oxford University Press, Llundain 1973)
Simkins, Peter *Kitchener's Army. The Raising of the New Armies 1914–1916* (Pen & Sword Military, Barnsley 2007)
Taylor, A. J. P. (Gol.) *Lloyd George: A Diary by Frances Stevenson* (Hutchinson, Llundain 1971)
Van Emden, Richard *Boy Soldiers of the Great War* (The History Press, Stroud 2009)
Williams, R. R. *Breuddwyd Cymro Mewn Dillad Benthyg* (Gwasg y Brython, Lerpwl 1964) Stori'r Cwmni Myfyrwyr Cymreig, Corfflu Meddygol Byddinol Brenhinol 1916–19
Winter, Denis *Death's Men* (Allen Lane, Llundain 1978)

Cyhoeddiadau catrodol ac unedau eraill

[Anon.] *Standing Orders of the Royal Welch Fusiliers* (Gale & Polden, Aldershot 1935)
[Dunn, Capt. J. C.] *The War the Infantry Knew 1914–1919* (Abacus, Llundain 1999) Hanes answyddogol Bataliwn 2 FfCB yn y Rhyfel Mawr
[Highman, S. Stagoll] *The Regimental Roll of Honour and War Record of the Artists Rifles* (3ydd arg., Howlett and Son, Llundain 1922)
Munby, Lieut.-Col. J. E. (Gol.) *A History of the 38th (Welsh) Division* (Hugh Rees Cyf., Llundain 1920)
Owen, Hugh J. *Merioneth Volunteers and Local Militia during the Napoleonic Wars (1795–1816)* (Hughes Brothers, Dolgellau 1934)
Ward, Maj. C. H. Dudley *History of the 53rd (Welsh) Division (T.F.) 1914–1918* (Western Mail Cyf., Caerdydd 1927)
Ward, Maj. C. H. Dudley *Regimental Records of the Royal Welch Fusiliers*, Cyfrolau III a IV (Forster Groom & Co. Cyf., Llundain 1928, 1929)
[Welsh National Executive Committee] *Welsh Army Corps 1914–1919. Report of the Executive Committee* (Western Mail Cyf., Caerdydd 1921)
Wynne, Col. R. W. Williams, a Stable, Maj. W. N. *The Historical Records of the Montgomeryshire Yeomanry Vol. II 1909–1919* (Woodall, Minshall, Thomas & Co., Croesoswallt 1926)

Hanesion personol cyhoeddedig

Davies, Emlyn *Taffy Went To War* (Cyhoeddwyd yn breifat, Knutsford 1973) Atgof rhyfel dyn o Groesoswallt gyda Bataliwn 17 FfCB yn

ddiweddarach Cwmni Signal Adran 38 (Cymreig)
Davies, E. Beynon *Ar Orwel Pell. Atgofion am y Rhyfel-Byd Cyntaf 1914–1918* (Gwasg Gomer, Llandysul 1965) Atgofion rhyfel gwas sifil genedigol o Geredigion, a ymrestrodd â Bataliwn 15 FfCB, swyddog yn ddiweddarach gyda Bataliwn 19 (Bantam)
George, David Lloyd *War Memoirs Of David Lloyd George* (Arg. Cyf. 2) (Odhams Press Cyf., Llundain 1938)
Graves, Robert *Goodbye To All That* (The Folio Society, Llundain 1981) Atgofion yn cynnwys bod yn swyddog gyda Llu Arbennig Wrth Gefn FfCB 1914–18
Gruffydd, Ifan *Gŵr o Baradwys* (Gwasg Gee, Dinbych 1963) Hunangofiant gwas fferm o Fôn a ymrestrodd â Llu Arbennig Wrth Gefn FfCB yn 1914
Jones-Edwards, W. *Ar Lethrau Ffair Rhos. Atgofion Mwynwr* (Cymdeithas Lyfrau Ceredigion Gyf., Aberystwyth 1963) Atgofion gŵr o Geredigion yn cynnwys ymrestru â Gororwyr De Cymru
Richards, Frank *Old Soldiers Never Die* (Argraffiad gyda nodiadau gan H. J. Krijnen a D. E. Langley) (Cyhoeddwyd gan y golygyddion, Peterborough 2004)
Sassoon, Siegfried *The Complete Memoirs of George Sherston* (Faber & Faber, Llundain 1980) Atgofion yr awdur, dan gochl denau ffuglen, yn cynnwys gwasanaeth fel swyddog Llu Arbennig Wrth Gefn FfCB 1915–18
Silsoe, Lord [Eve, Malcolm Trustram] *Sixty Years a Welsh Territorial* (Gwasg Gomer, Llandysul 1976) Atgofion gwasanaeth fel swyddog o 1914 ymlaen gyda Batn. 6 FfCB
Watcyn-Williams, Morgan *From Khaki To Cloth* (Calvinistic Methodist Book Agency, Caernarvon 1949) Atgofion yn cynnwys gwasanaeth swyddog gyda Bataliwn 10 FfCB 1916–18, ordeiniwyd yn ddiweddarach

Cofiannau
Cassar, George H. *Kitchener: Architect of Victory* (William Kimber, Llundain 1977)
Gilbert, Martin *Winston S. Churchill Vol. III 1914–1916* (Heinemann, Llundain 1971)
Hetherington, H. J. W. *The Life And Letters Of Sir Henry Jones* (Hodder and Stoughton Cyf., Llundain 1924)
Hughes, R. R. *Y Parchedig John Williams, DD. Brynsiencyn* (Gwasg y Cyfundeb, Caernarfon 1929)

Pretty, David A. *Farmer, Soldier and Politician. The Life of Brigadier-General Sir Owen Thomas, MP. Father of the 'Welsh Army Corps'* (Bridge Books, Wrexham 2011) Dyma fersiwn ddiwygiedig, ehangach a gyfieithwyd o'i lyfr cynharach *Rhyfelwr Môn. Y Brigadydd-Gadfridog Syr Owen Thomas, A.S., 1858-1923* (Gwasg Gee, Dinbych 1989)

Seymour-Smith, Martin *Robert Graves: His Life and Work* (Paladin, Llundain 1987)

Thomas, David *Silyn (Robert Silyn Roberts 1871-1930)* (Gwasg y Brython, Lerpwl 1956) Cofiant yn cynnwys bod yn Ysgrifennydd Anrhydeddus Cymru ar gyfer CHS Inns of Court

Wilson, Jean Moorcroft *Siegfried Sassoon. The Making of a War Poet. A Biography (1886-1918)* (Gerald Duckworth & Co. Cyf., Llundain 1999)

Erthyglau cyhoeddedig

[Anon.] 'Milwr Da i Iesu Grist' *Yr Eurgrawn Wesleaidd* Cyf. CVII Rhif 3, Mawrth 1915. Coffâd i A. V. Jones, Caernarfon a Llundain, Cwmni Magnelwyr Anrhydeddus (Milwyr Troed)

Diffey, Harold 'Memories of the 1914-18 War' *Y Ddraig Goch* (Regimental Journal of the RWF) Cyf. XXII Rhif 1, Mawrth 1979. Un o gyfres o erthyglau byr yn croniclo'i wasanaeth gyda Bataliwn 15 FfCB

Douglas, Roy 'Voluntary Enlistment in the First World War and the work of the Parliamentary Recruiting Committee' *The Journal of Modern History* Cyf..42 rhan 4, December 1970

Lloyd, Tecwyn 'Welsh Public Opinion and the First World War' *Planet* 10, Chwefror/Mawrth 1972

Lloyd, Tecwyn 'Welsh Literature and the First World War' *Planet* 11, Mai 1972

Rhys, Ieuan 'Llythyr Ieuan Rhys at ei Ewythr' *Yr Eurgrawn Wesleaidd* Cyf. CVIII Rhif 10, Hydref 1916. Llythyr at ewythr yn Awstralia yn cynnwys barn ar Dribiwnlysoedd a Chynllun Derby

Rowlands, Eryl Wyn 'Etholiad Cyffredinol 1918 ym Môn' *Transactions of the Anglesey Antiquarian Society 1976-77* Astudiaeth o'r Etholiad Cyffredinol ym Môn 1918

Papurau newydd a chyfnodolion

Ymgynghorwyd ag amrywiaeth o'r rhain (gweler cyfeiriadau yn y testun), ond y rhai canlynol yn ddyfnach:

Y Genedl Gymreig – Papur newydd wythnosol a gyhoeddid yng Nghaernarfon, yn Rhyddfrydol o ran gwleidyddiaeth ac yn rhoi cefnogaeth amodol i'r rhyfel

Y Goleuad – Papur newydd wythnosol enwad y Methodistiaid Calfinaidd Cymraeg, cyhoeddid yn Nolgellau. Ildiodd niwtraliaeth neu ansicrwydd dechreuol i'r hyn a ystyriai rhai yn deimladau o blaid rhyfel *The Welsh Outlook* – Cylchgrawn misol, a gyhoeddwyd gyntaf 1914 (dan olygyddiaeth Thomas Jones) gyda'r nod o hybu newid cymdeithasol yng Nghymru. Rhydfrydol flaengar a chenedlaetholgar, a gefnogai'r rhyfel ar ôl dechrau'n niwtral ond yn gyffredinol gytbwys.

Ffynonellau printiedig eraill
Prifysgol Bangor, Llyfrgell Gymraeg – Posteri recriwtio 1914–15
Imperial War Museum, Llundain – Posteri recriwtio 1914–16
Llyfrgell Genedlaethol Cymru, Aberystwyth – Posteri recriwtio 1914–16

Ffynonellau rhyngrwyd
Cymru 1914
Deunydd digidol Llyfrgell Genedlaethol Cymru ynglŷn â'r Rhyfel Byd Cyntaf, gan gynnwys Papurau'r Corfflu Cymreig, delweddau; gohebiaeth, a chyhoeddiadau byrhoedlog
Papurau newydd Cymreig ar-lein
Papurau newydd Cymreig wedi'u digideiddio gan Lyfrgell Genedlaethol Cymru yn cynnwys llawer o gyfnod y Rhyfel Byd Cyntaf
Cyfnodolion Cymreig ar-lein
Cyfnodolion Cymreig wedi'u digideiddio gan Lyfrgell Genedlaethol Cymru yn cynnwys *The Welsh Outlook* ac eraill o gyfnod y Rhyfel Byd Cyntaf
Ancestry.co.uk
War Office series WO 363 – 'Burnt papers' – cofnodion gwasanaeth yn goroesi o Rengoedd Eraill y Fyddin
War Office series WO 364 – Ffeiliau pensiwn Rhengoedd Eraill y Fyddin
The Great War Forum
Trafodaeth ac ymchwil am amrywiaeth eang iawn o bynciau parthed y Rhyfel Byd Cyntaf
The Long, Long Trail
Safle yn ymgorffori gwybodaeth eang am unedau'r Fyddin Brydeinig yn y Rhyfel Byd Cyntaf, ac agweddau ar fywyd milwr

Mynegai Enwau Personol

Aberconway, Arglwydd 74
Arnold, Athro E. V. 210, 264-5
Asquith, Prif Weinidog 165, 173, 181-2, 257, 268-270, 274

Ballard, Lefftenant-Gyrnol 132
Beddoes, D. M. 215
Brace, William AS 174
Brangwyn, Frank 219
Brazell, Arthur W. 281
Breese, C. E. 100, 104, 113
Burton, Alfred 97
Burton, J. H. 97
Burton, Richard 97

Chamberlain, R. S. 262
Churchill, Winston AS 181
Cornwallis-West 121, 132
Crooks, William AS 246
Crozier, Frank P. 111

Daniel, D. R. 243
Darbishire, Charles Henry [*Darbishire, C. H.*] 69, 147
Davies, A. O. 238
Davies, David 100, 105, 127-8, 131, 176, 183
Davies, Ellis W. AS 25
Davies, Emlyn 226
Davies, Evan Beynon 187
Davies, Frederick 206
Davies, Henry Rees [*Davies, H. R.*] 17
Davies, Humphrey 23
Davies, Parch. J. Gwynoro 168, 204, 238, 242
Davies, J. Isaard 262
Davies, Athro J. R. 242
Davies, J. T. 244
Davies, Richard H. [*Davies, R. H.*] 217
Davies, T. Gwernogle 204
Derby, Arglwydd 31, 41, 65, 131, 172, 178, 190, 196-7, 199, 257, 259, 267-8, 271
Dixon, C. E. 18

Drake-Brockman, G. P. L. 128
Dunn, Capten R. H. W. 125-6, 131, 182

Edwards, D. T. 231
Edwards, Isaac 28, 228
Edwards, O. M. 184, 202, 212, 232, 235, 242
Evans, Beriah Gwynfe 205
Evans, E. 243
Evans, Horatio J. 119, 130
Eve, Malcolm Trustram (Arglwydd Silsoe) 103

Fuller, William 19

Gaskell, Lefftenant-Gyrnol 183
George, William 176
Graves, Robert 34, 69, 78, 99, 141
Greaves, J. E. 24-5, 235, 240, 255
Greaves, R. M. 262
Greenwood, Hamar AS 129
Griffith, Ellis J. AS 12, 138, 220, 234, 254-5, 272
Griffith, Thomas 262
Gruffydd, Ifan 20, 35, 78, 143
Gwynne, H. A. 174

Haldane, Arglwydd 96, 136, 139, 145, 253
Hammond, Miss 19
Hardie, Keir AS 175
Harris, Howell (Trefeca) 243
Hennessey, Rhingyll 20
Herbert, Syr Ivor AS 26, 37-40, 42, 47, 124-6, 130, 174, 176-7, 182, 185, 189-192, 194, 196, 238, 254-5, 272
Hobson, Mr 224, 232, 255
Hoskins, Parch. D. 235
Hughes, John Ceiriog ('Ceiriog') 204
Huws, H. G. 86, 220, 244

Ingham, T. Samuel 18, 22, 31, 267

James, Gerwyn 278
James, Hugh Richard 66
James, Parch. Spinther 242
Jelf-Reveley, A. E. R. 100
Jelly, Mess-Sergeant 78
Jenkins, Parchedig G. J. 209

Jervis, Mr 255
Job, Parch. J. T. 224, 241
John, Edward T. AS [*John, E. T.*] 272, 280
Johnson, Mr 206
Jones, Albert Victor 89
Jones, C. N. 117
Jones, Syr David Brynmor AS 174
Jones, Haydn AS 27, 235, 238, 272
Jones, Athro Syr Henry 245, 249-250
Jones, I. H. 117
Jones, J. G. 262
Jones, John (Gwalchmai) 68
Jones, Syr John Pritchard 229
Jones, Athro Lewis 236, 242
Jones, Lewis Davies ('Llew Tegid') 18, 241
Jones, Parch. O. Selwyn 242
Jones, R. H. 204
Jones, R. T. 174, 183
Jones, T. Gwynn 204
Jones, T. Williams 104
Jones, W. J. 211
Jones, Walter Cradoc 18
Jones, William AS 109, 211, 241
Jones-Edwards, William 20
Jones-Roberts, H. 100, 104

Kenyon, Arglwydd 174
Kitchener, Arglwydd 10, 22, 25, 29, 41, 71, 77-82, 84, 87, 89-90, 105, 107, 116, 121, 124-5, 129-130, 142-4, 150-3, 165-7, 170, 174-5, 180-2, 185, 190-1, 198, 203, 216-7, 224, 236, 256-7, 271, 278
Knight, Capten J. J. 207

Lansdowne, Arglwydd 257
Law, Arthur Bonar AS 271
Levi, Athro Thomas A. 204
Lewis, Syr Henry 31, 91, 126, 234, 239, 242, 262, 265
Lewis, Llywelyn 108
Lewis, Saunders 282
Lloyd George, David AS 10, 12, 15, 19, 23, 25, 27, 36, 75, 81-2, 87, 93, 99, 105, 112, 114-6, 123-5, 127-134, 143, 150-1, 167, 173-6, 179-182, 184-5, 189, 191-2, 194, 197, 200, 210-5, 230, 233, 239-240, 243-4, 253, 255-7, 267-9, 271-2, 281

Lloyd George, Gwilym 129
Lloyd-George, Margaret 115, 234
Lloyd George, Richard 25, 127, 154, 185
Lloyd, Robert Love 101
Lloyd, T. E. J. 24
Lloyd-Mostyn, Henry 127, 147, 249
Lloyd-Williams, Hugh [*Lloyd-Williams, H.*] 78-9, 107, 110, 231
Lloyd-Williams, Trevor 277

Mackinnon, Cadfridog Syr Henry 86, 176, 190, 194, 259
McKenna, Reginald AS 174
Mills, F. 226
Mills, Frederick 183
Mills-Roberts, R. H. 100, 102, 105
Milner-Barry, Athro 236
Môn, Marcwis [*Anglesey, Marquis of*] 73
Morgan-Jones, J. C. 117
Morris, A. E. 117
Morris, Athro Richard 225
Morris-Jones, Athro John 208, 210, 212-4, 236
Mostyn, Arglwydd 127, 255
Mummery, John William 135-6

Nicholson, Ivor 277

Owen, O. W. 25, 27, 80, 113, 115-6, 129, 173, 194, 214, 238, 244
Owen, William YH 235

Parry, Llewelyn England Sydney 179
Parry, W. J. 18
Parry, William John 263
Parry-Edwards, Dr. Edward Llewelyn [*Parrry-Edwards, Dr E. Ll.*] 47, 237
Penrhyn, Arglwydd 24, 147, 232
Philipps, Ivor AS 120, 126, 129, 133, 176, 188, 190
Philipps, John Wynford (Barwn Tyddewi) 127
Platt, Cyrnol / Colonel Henry AS 237
Plymouth, Iarll 130, 173, 177, 190
Price, R. J. Lloyd 32, 72, 265
Price-Davies, Llewelyn Alberic Emilius 132
Pritchard, Hugh (Llangefni) 24, 26, 46, 116

Pritchard, Hugh (Llŷn) 273
Pritchard, Parch. T. 168
'Probert', Preifat 141

Ransome, Capten 19
Raymond, Parch. J. 71
Rees, Evan ('Dyfed') 14
Rees, G. Caradog AS 272
Reichel, Syr Harry 107, 210, 214, 232, 253
Rhondda, Arglwydd 176, 183-4
Rhys, Ieuan 265
Richard, Henry 12
Richards, Capten 20
Richards, Frank 137
Richards, Tom AS 272
Roberts, Cadlywydd Maes Arglwydd 218
Roberts, Lefftenant 225
Roberts, Parch. D. Francis 243
Roberts, Edward Thomas 235
Roberts, Evan 11
Roberts, R. Silyn 119-120, 211, 213, 248
Roberts, T. E. 117
Robertson, Syr Henry 202
Rowlands, Hugh 117

Sassoon, Siegfried 99
Stanley, Edward (Arglwydd) 232
Stapleton-Cotton, Cyrnol 214, 234
Stevenson, Frances 130, 211

Tennant, H. J. AS 174
Thomas, Arthur 68
Thomas, Owen 81, 86, 114-6, 119-120, 124, 130-2, 153, 176, 178, 181, 183-6, 197-8, 207, 216, 223, 233-4, 241, 249-250, 255, 267
Thomas, Dr Vaughan 215-6
Thomas, W. R. 82, 92

Vaughan, Lefftenant 241
Vaughan, Robert 18

Watcyn-Williams, Morgan 279
Watts-Morgan, David AS 196
Wheldon, W. P. 246
Whiskin, Uwch-gapten 205
Williams, Bleddyn 114
Williams, Caradog 114-5
Williams, Parch. H. Berrow 242
Williams, H. P. 117
Williams, Harry 123
Williams, Parch. Hugh 243
Williams, John (Brynsiencyn) 26, 116, 125, 176, 183, 185, 198, 204, 234, 240, 242-3, 245, 249, 255
Williams, Laurence 130
Williams, Syr Osmond 241, 255
Williams, R. J. 231
Williams, Parch. R. Peris 88
Williams, Rhingyll 234-5
Williams, Robert 115
Williams, Parch. Thomas Charles [*Williams, T.C.*] 235, 241-2
Williams, W. Llewelyn AS 212, 272
Williams, William Henry 110
Williams-Wynn, Syr Watkin 32, 124, 130, 158, 176, 202, 225, 235
Wilson, Syr Henry 132, 174
Wyatt, Capten 18
Wynne-Edwards, Lefftenant-Gyrnol 183

Cyfrolau eraill ar y Rhyfel Mawr:

Lleisiau'r Rhyfel Mawr

Ifor ap Glyn

Addasiad Lyn Ebenezer

Detholiad o dystiolaeth Gymraeg o'r cyfnod
Llythyrau... Dyddiaduron personol... Erthyglau papur newydd...

Hanes y Rhyfel mewn un Pentref ym Môn
– y colledion a'r rhwygiadau yn y gymdeithas

Y Rhwyg
Hanes y Rhyfel Mawr yn ardal Llanfair Pwllgwyngyll 1914–1932

Gerwyn James

Beirdd o'r Alban, Iwerddon, Cernyw, Llydaw a Chymru yn y Rhyfel Mawr
– eu profiadau, eu cerddi a'u cofebau

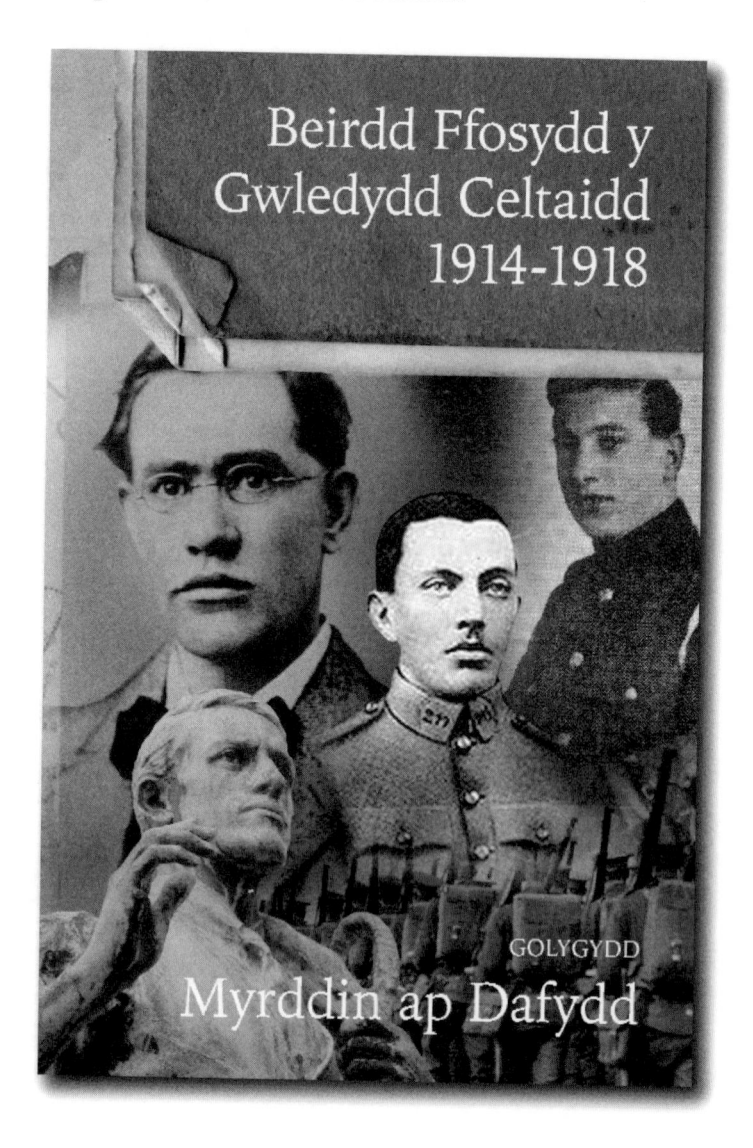

Beirdd Ffosydd y Gwledydd Celtaidd 1914-1918

GOLYGYDD
Myrddin ap Dafydd